区域级综合能源系统规划与评估

培训教材

国网山东省电力公司经济技术研究院 编

中国电力出版社
CHINA ELECTRIC POWER PRESS

内 容 提 要

为实现“碳达峰、碳中和”战略目标，推动能源高质量发展，构建经济高效的区域级综合能源系统是有效的途径。国网山东省电力公司经济技术研究院开展了区域级综合能源系统规划与评估的相关研究，组织编写了本书，旨在为推动区域级综合能源系统的建设落地提供参考。

本书共五章，分别是区域级综合能源系统综述、区域级综合能源系统规划应用场景及供需特性、区域级综合能源系统规划关键技术、区域级综合能源系统多维度能效评估关键技术、国内典型区域级综合能源系统建设案例分析。并附有综合能源设备特性表。

本书可供从事综合能源发展与能源转型事业的相关技术人员使用。

图书在版编目（CIP）数据

区域级综合能源系统规划与评估培训教材 / 国网山东省电力公司经济技术研究院编. —北京：中国电力出版社，2022.2（2023.3重印）

ISBN 978-7-5198-6072-1

Ⅰ. ①区… Ⅱ. ①国… Ⅲ. ①能源规划–技术培训–教材 Ⅳ. ①F407.2

中国版本图书馆 CIP 数据核字（2021）第 208536 号

出版发行：中国电力出版社
地　　址：北京市东城区北京站西街 19 号（邮政编码 100005）
网　　址：http://www.cepp.sgcc.com.cn
责任编辑：罗　艳　邓慧都　高　芬
责任校对：黄　蓓　王海南
装帧设计：张俊霞
责任印制：石　雷

印　　刷：北京天宇星印刷厂
版　　次：2022 年 2 月第一版
印　　次：2023 年 3 月北京第二次印刷
开　　本：710 毫米×1000 毫米　16 开本
印　　张：13.75
字　　数：248 千字
定　　价：78.00 元

编写成员名单

主　　编　鉴庆之　杨立超

副 主 编　吴　健　李文升　文　艳　李　琨　吴奎华
赵　龙　郑志杰　王　艳

编写人员　綦陆杰　杨　波　冯　亮　梁　荣　崔　灿
杜　鹏　赵　韧　王耀雷　张　雯　杨　扬
刘　蕊　张博颐　李　昭　王延朔　赵　昕
李　沐　杨慎全　刘　钊　刘淑莉　李　凯
邓少治　贾善杰　李　勃　陈兆强　龙茂峰
张德坤　王　辉　薛万磊　李晨辉　刘知凡
刘从浩　丁铭真

前言

能源是保障经济社会平稳运转的重要物质基础。近年来，我国经济迅速发展，能源需求大幅增长，能源发展转型变革处于关键时期。2020 年 9 月，我国提出了“碳达峰、碳中和”的战略目标。根据不同能源资源优势规划区域能源系统，构建经济高效的区域级综合能源系统成为能源规划领域实现“碳达峰、碳中和”战略目标的研究热点。

区域综合能源系统是园区级能源互联网的物理系统表现形态，能通过高效利用多种可再生能源，为园区用户提供冷、热、电等多种能源应用，并实现系统的“横向多能互补，纵向源网荷储协调”。综合能源系统中冷/热/电等多能流具备各自的物理特征，网络约束复杂、非线性，如何针对综合能源系统多种能源需求开展冷/热/电综合负荷预测；如何在发挥综合能源系统多能互补优势，满足用户可靠、清洁、高效的用能需求；如何考虑源/网/荷/储协调互动以及多品类能源协调联动的特性，实现综合能源系统的合理配置；如何对综合能源的社会、环境与经济效益进行综合评估，均已成为当前亟待解决的重要问题。因此，研究区域综合能源系统规划与评估问题具有十分重要的实际意义。

针对以上难点，国网山东省电力公司经济技术研究院开展了区域级综合能源系统规划与评估技术的相关研究，编写《区域级综合能源系统规划与评估培训教材》，紧密围绕区域级综合能源系统建设涉及的负荷预测、设备特性分析、容量优化配置、区域级综合能源系统评估、综合能源建设案例等多方面技术问题，向广大读者展示综合能源规划的基本技术环节以及常见解决方法，帮助初学者快速了解综合能源规划流程，为推动区域级综合能源系统的建设落地提供重要参考。

希望更多关心综合能源发展的读者以及即将投身于能源转型事业发展的技术人员与学者，都能够从本书中获得收获，同时也希望本书能够增进社会各界对综合能源的认知，促进综合能源健康快速发展。

由于编者水平和经验所限，书中难免有疏漏和不足之处，恳请读者批评指正。

编 者

2021 年 12 月

目录

第一章　区域级综合能源系统综述

综合能源系统（integrated energy system，IES）作为一种整合多种能源发/输/配/送于一体的新型开放能源系统，通过多种能源系统的综合运行，建立多种能源系统相互配合的网络，实现了热、电、气综合调度。综合能源系统能够减少对化石能源的过度依赖，提高清洁能源使用与效率，是能源系统发展的热点方向。区域级综合能源系统是综合能源系统最基础的一层，是推进综合能源系统发展最急需的切入点。

本章通过区域级综合能源系统概述、区域级综合能源系统国内外发展现状、区域级综合能源系统发展前景及展望三方面论述，详细介绍了综合能源系统的基本架构与特点、系统规划的国内外发展现状、我国建设综合能源系统的内外部环境与展望等内容。

第一节　概　　述

一、区域级综合能源系统的基本架构

区域级综合能源系统即多种能源类别互补的、可实现能源综合、智慧利用的能源供需系统，是以功能区为对象，可实现不同类别能源的综合规划、综合设计与智慧运行的一种综合能源供应模式。该类型系统可以实现横向的“冷、热、电、气、水”能源多品种之间，纵向“源、网、荷、储”能源多供应环节之间的生产协同、管廊协同、需求协同以及生产与消费间的智慧互动，从而满足当地社区乃至区域的用能需求。区域级综合能源系统靠近能源的消费侧，可以交互的非电能源形式更加多样，能源消纳的手段也更加丰富，更能体现“多能互补、多源协同”的能源优化运行方式，提升整体能源利用效率。

区域级综合能源系统是能源互联网和多能互补概念的一种具体体现，其内涵又覆盖了分布式能源、智能电网、微网、燃气三联供等，但综合能源与分布式能源、智能电网、微电网和燃气三联供等概念均有所不同，其供能种类和范围不但更加广泛，且着重强调整体运行的“智慧化”和能源生产、消费之间的“互动性”，是一种更加高级、具体的能源系统构成方式。

（一）物理架构

区域级综合能源系统的物理架构主要由能源生产、转换、输送与用能环节组成，通过综合管理系统的集中与分散式管理实现系统的智慧运行。其物理架构是保障区域级综合能源系统基本运行、实现能源系统优化建模的基础，大致分为 4 个子系统，如图 1–1 所示。

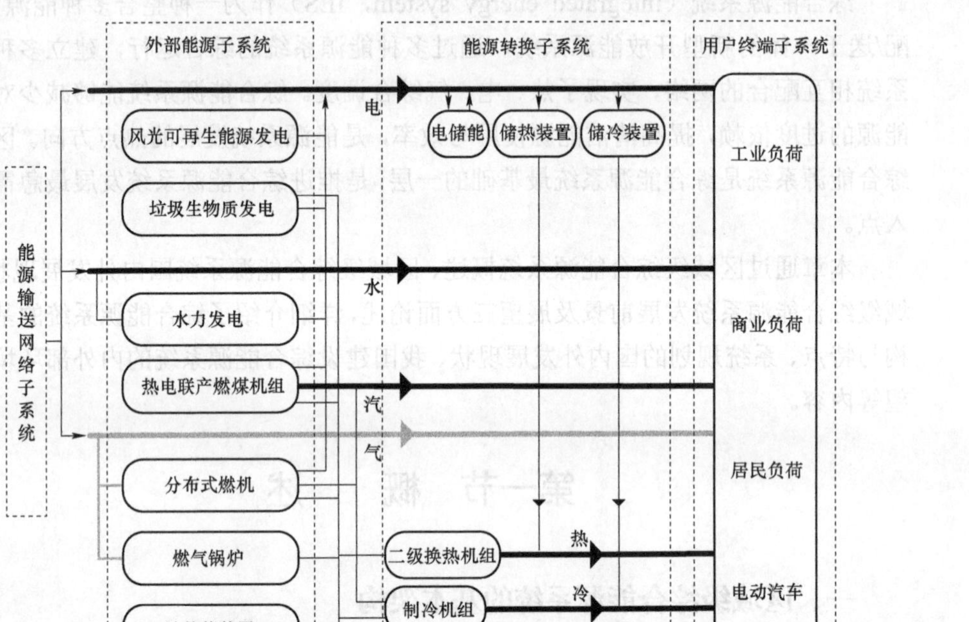

图 1–1　区域级综合能源系统的物理架构

（1）外部能源供应子系统。外部能源供应子系统是保障区域级综合能源系统基本运行的关键因素，在区域级综合能源系统内起到能源补充的重要作用，其主要包括天然气、燃油等一次能源和市政电网供电的二次能源。

（2）能源转换子系统。能源转换子系统主要包含三种类型：第一类是小规模可再生能源发电系统，例如，光伏发电、小型风力和小水力发电系统等；第二类是热电联产或冷热电三联产系统，其主要代表设备为燃气轮机、微燃机、燃料电池等原动机；第三类是辅助型能源转换系统，其主要设备包括燃气/油锅炉、储能设备等。能源转换子系统的作用就是采取各种方式将一次能源和二次能源高效快捷地转化成多种能源形式，以达到满足终端用户需求的目的。

（3）能源输送网络子系统。能源输送网络子系统主要包括供热（冷）网、电力网、水网、气网等。其中，供热网多为枝状管网布置、地下敷设方式；电力网则是其骨干网架，多为与外网相连的环形或放射状；天然气网包括低、中、高压管网，具有调峰、调压等功能；综合管廊将电力、通信，燃气、供热、给排水等各种功能管线集于一体，高效可靠。

（4）用户终端子系统。用户终端既是能源的消费者，也是能源的生产者，可实现不同能源产消者之间和产消者与能源主体之间的互动，并可通过高度市场化的能源价格机制，促进能源利用效率明显提高。

（二）信息架构

信息架构是实现区域级综合能源系统智慧管控的关键，主要包括信息在单一系统内的纵向传递与在不同系统间的横向传递，而作为系统物理信息融合设备的能源交换器则是整个系统的信息处理中心。

区域级综合能源系统与已有系统的主要不同是多能源间的信息交互以及不同类别信息间的综合智慧管控。因此，其信息系统是实现智慧型供能、用能的关键性基础，其架构必须在实际供能、配能与用能的特征分析基础上，结合实际能源供需特性，实现个性化的智能设计与智慧管控。能源交换器是其关键部件，负责收集分配信息，指挥能源路由器，构成完整的信息物理系统，从而实现不同类别能源间的综合与智慧利用。

区域级综合能源系统的信息架构是建立在综合能源系统物理架构基础上，以能源交换器作为信息枢纽，实现综合能源系统的能源供应、能源转换、能源输送、用户间的信息交换，实现能源信息、需求信息与物理架构的融合。

区域级综合能源系统覆盖能源生产、传输、消费、存储、转换的整个能源链，存在着网络、环境和各个系统间的能源流、信息流。区域级综合能源系统的能量流与信息流相互整合、互联互动、紧密耦合，形成了一个信息物理系统。系统中的互联网、物联网、大数据、云计算等的深度应用使区域级综合能源系统的运行更加灵活智能，通过信息物理系统中信息和物理架构的融合，使区域级综合能源系统更加可靠、安全、高效、实时协同，具有重要而广泛的应用前景。区域级综合能源系统的信息架构见图 1-2。

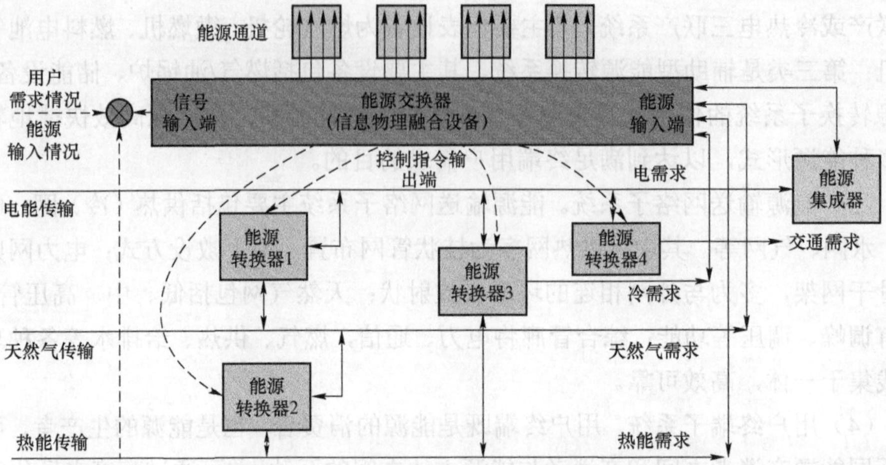

图 1-2　区域级综合能源系统的信息架构

二、区域级综合能源系统的特点

区域级综合能源系统包括电力能源供应、天然气供应、热（冷）能源供应，以及能源生产、传输与分配、转换、存储、消费等环节。通过利用不同类别能源之间的特性差异和相互转换，可以促进可再生能源的消纳，实现多能源的耦合互补，提高用户用能的可靠性，为电网运行提供更多柔性资源；通过利用区域级综合能源系统的物理架构实现能源从生产、传输与分配、转换、存储、消费等环节的统一，实现多元聚合互动，可减少基础设施的重复建设，达到经济、安全、灵活的供能效果。

（一）“电、热、冷、气”的多能耦合互补

“电、热、冷、气”的多能耦合互补基础是智能电网，主要原因在于以下几个方面：

（1）社会生产、生活的各个环节的正常运行都依赖于电力的供应；同时，风能、太阳能、生物质能等其他形式能源需要首先转化成电能方可规模化开发利用。

（2）智能电网就是电网的智能化，未来电网应具有足够的灵活性和可靠性，能够可自愈地应对来自电网内外的各类扰动、激励并保护用户、提高设备利用率和能源综合利用效能，提供满足 21 世纪用户需求的电能质量。

（3）电能作为一种广泛使用、替代性强的能源，能够实现不同能源形式的相互转化。

因此，综合能源发展是以电力为核心，带动其他能源产业的发展。智能电网建设不仅推动了电网本身的发展，更加强了整个能源体系的相互协调，是区域级综合能源系统建设的基础和关键。

传统电、热、冷、气能源系统设计一般是单独规划设计，各个能源系统之间独立运行且互不联系。区域级综合能源系统的核心特征之一就是多能耦合、协同互补，这就降低了传统能源系统对外部能源网络的依赖，即使遇到大电网瓦解等极端情况也能具备足够的自愈能力，保障用户生产生活。区域级综合能源系统在以电力网络为基础的物理架构上，充分利用了电力、天然气、供热（冷）系统在用能需求、价格、特性上拥有的多能互补特性，从而以信息架构为基础有效调节各能源系统工作时的随机性和波动性，提高系统协同效益。因此，通过构建区域级综合能源系统来达到各能源系统间的有机协调与配合，是区域级综合能源系统的主要特征之一。

（二）"源—网—荷—储"的多元聚合互动

为促进可再生能源发电消纳、解决当前电力系统的双侧随机问题，应当充分调用电力系统的各方面资源，形成一套包括电源、电网、负荷、储能等元素在内的整体解决方案：从规划、运行、控制等多个环节入手，以智能电网技术、先进输配电技术为技术支撑，在电源侧，将可再生能源发电与火电等可调控发电资源形成相对可控的机组优化组合；通过合理的电价机制、激励机制充分调用需求侧资源，辅以成熟的储能技术，实现电源—电网、电网—用户、电源—用户之间的协调优化，引导用户负荷主动追踪可再生能源发电出力，实现系统供需双侧的协调匹配。通过上述手段实现电力系统"源—网—荷—储"四个环节的整体协调优化，是解决当前双侧随机问题、可再生能源消纳难题的关键。

传统能源供应主要是以单一能源的生产供应为核心，实现能源系统的设计规划和运行方案的生成，但由于用户用能需求的多样性及波动性，导致不同能源供应存在错峰和互补的现象。分布式能源设备的技术更新，打通了不同能源间相互转化的技术壁垒，为能源间互补关系的确定提供了技术支撑。通过整合分布式能源设备的资源及各类用户的刚性用能需求和柔性用能需求，以及对储能设备进行建设规划及运行策略的调整，实现了各供能子系统间的有机协调，缓解或消除能源浪费和效率低下的问题，从而实现综合能源柔性互动以及"源—网—荷—储"的纵向一体化。

第二节　国内外发展现状

一、国内发展现状

（一）综合能源系统发展政策

2015年，国务院发布《关于进一步深化电力体制改革的若干意见》，明确提出，鼓励专业化能源服务公司与用户合作或以“合同能源管理”模式建设分布式电源。

2015年7月国务院印发的《关于积极推进“互联网+”行动指导意见》提出“互联网+”智慧能源行动。2016年2月国家发改委等联合印发《关于推进“互联网+”智慧能源发展的指导意见》。同年6月份国务院常务会议审议国家能源局《关于实施“互联网+”智慧能源行动的工作情况汇报》。

2016年7月4日，国家发改委、国家能源局《关于推进多能互补集成优化示范工程建设的实施意见》，强调了创新管理体制和商业模式。

2016年7月26日，国家能源局发布《关于实施“互联网+”智慧能源示范项目的通知》，鼓励在工业园区或者开发区等区域，推动绿色能源的灵活自主微平衡交易，开展化石能源互联网交易平台试点，开展分布式电源直供负荷试点，在试点区域内探索过网费标准和辅助服务费标准、交易监管等政策创新。

2017年1月25日，国家发改委、能源局发布《关于公布首批多能互补集成优化示范工程的通知》，首批多能互补集成优化示范工程共安排23个项目，其中，终端一体化集成供能系统17个、风光水火储多能互补系统6个，即从上报申请的261个项目中选择了23个。

2017年2月7日，国家能源局发布《微电网管理办法（征求意见稿）》。意见稿提出，通过城镇电网建设改造、智能电网等现有专项建设基金专项，加大微电网建设的资金支持力度；鼓励地方政府和社会资本合作（PPP），以特许经营等方式开展微电网项目的建设和运营。

2019年国家电网公司发布1号文件《国家电网有限公司关于新时代改革“再出发”加快建设世界一流能源互联网企业的意见》（以下简称《意见》）。《意见》提出推动电网与互联网深度融合，着力构建能源互联网；培育壮大发展新动能，创新能源互联网业态等八项重点工作。

2019年国家电网有限公司正式印发《推进综合能源服务业务发展2019—2020年行动计划》，国家电网未来两年将紧紧抓住新一轮能源技术革命、信息通信技术革命和产业融合发展的新机遇，践行公司“三型两网、世界一流”战略目标，坚持以电为中心、多能互济，以推进能源互联网、智慧用能为发展方向，构建开放、合作、共赢的能源服务平台，将公司建设成为综合能源服务领域主要践行者、深度参与者、重要推动者和示范引领者。

（二）综合能源系统发展技术标准

综合能源系统是国内外的研究热点，中国在智能电网、能源互联网与微电网等相关领域也开展了一系列标准化的研究工作。中国智能电网的标准化建设目前已取得阶段性成果，智能电网标准体系框架已经编制完成，涵盖了9个专业分支、25

个技术领域、110 个标准系列的技术标准体系。

2016 年 10 月中电联正式发布了 T/CEC 101.1—2016《能源互联网　第一部分：总则》，该标准明确了能源互联网的基本概念与形态，对能源互联网领域的基本原则和系统架构等方面提出了技术性要求，是后续其他部分标准制修订的基础。

在分布式能源和微电网标准化方面，中国已经承担了 IECSC8A 的秘书处工作，主导并且制定了多项相关国际标准，标准化竞争力日益提高。

国家电网公司牵头制定的 Q/GDW 480—2010《分布式电源接入电网技术规定》，由 2016 年发布的 Q/GDW 1480—2015 取代，该标准参考已有的行业标准、IEC 和 IEEE 标准，提出电能质量、安全与保护、测量、通信及操作响应特性等方面的技术要求。

2017 年，中国电科院牵头编写的《微电网接入配电网测试规范》正式发布，GB/T 34129—2017《微电网接入配电网测试规范》规定了微电网并网测试条件，测试方法以及测试报告等技术要求，适用于接入 35kV 及以下电压等级配电网的新建、扩建及改造微电网的并网测试。

2018 年，国家标准化管理委员会发布了《微电网能量管理系统技术规范》和《微电网监控系统技术规范》两项微电网标准。

2019 年，由住房和城乡建设部标准定额研究所组织，住建部公布了国家标准《微电网工程设计标准》。

二、国外发展现状

传统能源服务产生于 20 世纪 70 年代中期的美国，主要针对已建项目的节能改造、节能设备推广等，合同能源管理是其主要商业模式。

基于分布式能源的能源服务，产生于 20 世纪 70 年代末期的美国，以新建项目居多，推广热电联供、光伏、热泵、生物质等可再生能源，其融资额度更大，商业模式更加灵活。现如今，互联网、大数据、云计算技术出现，融合清洁能源与可再生能源的区域微网技术的新型综合能源服务模式开始诞生。综合能源服务对提升能源利用效率和实现可再生能源规模化开发具有重要支撑作用，因此，世界各国根据自身需求制定了适合自身发展的综合能源发展战略。下面主要介绍欧洲主要国家，以及美国和日本的发展情况。

（一）欧洲主要国家

欧洲是最早提出综合能源系统概念并最早付诸实施的地区，其投入大，发展也最为迅速。早在欧盟第五框架（FP5）中，尽管综合能源系统概念尚未被完整提出，但有关能源协同优化的研究被放在显著位置，如 DGTREN（Energy & Transport）（能源与运输总局）项目将可再生能源综合开发与交通运输清洁化协调考虑；

ENERGIE 项目寻求多种能源（传统能源和可再生能源）协同优化和互补，以实现未来替代或减少核能使用；Microgrid 项目研究用户侧综合能源系统（其概念与美国和加拿大所提 IES 和 ICES 类似），目的是实现可再生能源在用户侧的友好开发。在后续第六（FP6）和第七（FP7）框架中，能源协同优化和综合能源系统的相关研究被进一步深化，Microgrids and More Microgrids（微电网与更多微电网）、Trans-European Networks（跨欧洲网络）、Intelligent Energy（智慧能源）等一大批具有国际影响的重要项目相继实施。欧洲各国除了在欧盟框架下统一开展综合能源系统相关技术研究外，还根据自身需求开展了大量更为深入的有关综合能源系统的研究，如英国 HDPS（highly distributed power systems）（高度分布式电力系统）项目关注大量可再生能源与电力网间的协同，HDEF（highly distributed energy future）（未来高度分布式能源）项目关注智能电网框架下集中式能源系统和分布式能源系统的协同等；而德国自 2011 年开始，在环境部和经济与技术部等机构的统一领导下，年追加 3 亿欧元，从能源全供应链和全产业链角度，实施对能源系统的优化协调，近期关注的重点则是可再生能源、能源效率提升、能源储存、多能源有机协调以提高能源供应安全等方面。根据 Utilities UK 集团的市场调研，欧洲已经涌现出上千家能源服务公司。对于欧洲很多国家而言其能源系统间的耦合和互动急剧增强，英国和德国就是典型案例。

英国的企业注重能源系统间能量流的集成。英国作为一个岛国，和欧洲大陆的电力和燃气网络仅通过相对小容量的高压直流线路和燃气管道相连。英国政府和企业长期以来一直致力于建立一个安全和可持续发展的能源系统。除了国家层面的集成的电力燃气系统，社区层面的分布式综合能源系统的研究和应用在英国也得到了巨大的支持。例如，英国的能源与气候变化部 DECC 和英国的创新代理机构 Innovate UK（以前称为 TSB）与企业合作资助了大量区域综合能源系统的研究和应用。2015 年 4 月创新英国在伯明翰成立“能源系统弹射器”（Energy Systems Catapult），每年投入 3 千万英镑，用于支持英国的企业重点研究和开发综合能源系统。

与英国相比，德国的企业更侧重于能源系统和通信信息系统间的集成，其中 E-Energy 是一个标志性项目，并在 2008 年选择了 6 个试点地区，进行为期 4 年的 E-Energy 技术创新促进计划，总投资约 1.4 亿欧元，包括智能发电、智能电网、智能消费和智能储能 4 个方面。该项目旨在推动其他企业和地区积极参与建立以新型信息通信技术（ICT）通信设备和系统为基础的高效能源系统，以最先进的调控手段来应付日益增多的分布式电源与各种复杂的用户终端负荷。通过智能区域用能管理系统、智能家居、储能设备、售电网络平台等多种形式开展试点，E-Energy 最大负荷和用电量均减少了 10%～20%。此外，在 E-Energy 项目实施以后，德国政府还推进了 IRENE、Peer Energy Cloud、ZESMIT 和 Future Energy Grid 等项目。

（二）美国

在管理机制上，美国能源部（DOE）作为各类能源资源最高主管部门，负责相关能源政策的制定，而美国能源监管机构则主要负责政府能源政策的落实，抑制能源价格的无序波动。在此管理机制下，美国各类能源系统间实现了较好协调配合，同时美国的综合能源供应商得到了较好发展，如美国太平洋煤气电力公司、爱迪生电力公司等均属于典型的综合能源供应商。

在技术上，美国非常注重综合能源相关理论技术的研发。美国能源部在 2001 年即提出了综合能源系统（integrated energy system，IES）发展计划，目标是提高清洁能源供应与利用比重，进一步提高社会供能系统的可靠性和经济性，而重点是促进对分布式能源和冷热电三联供（combined cooling heating and power，CCHP）技术的进步和推广应用。

2007 年 12 月美国颁布能源独立和安全法，明确要求社会主要供用能环节必须开展综合能源规划（integrated resource planning，IRP），并在 2007～2012 财年追加 6.5 亿美元专项经费支持 IRP 的研究和实施；将智能电网列入美国国家战略，以期在电网基础上，构建一个高效能、低投资、安全可靠、灵活应变的综合能源系统。在需求侧管理技术上，美国包括加州、纽约州在内的许多地区在新一轮电力改革中，明确把需求侧管理提高电力系统灵活性作为重要方向。

（三）日本

日本的能源严重依赖进口，因此日本成为最早开展综合能源系统研究的亚洲国家。2009 年 9 月，日本政府公布了其 2020、2030 年和 2050 年温室气体的减排目标，并认为构建覆盖全国的综合能源系统，实现能源结构优化和能效提升，同时促进可再生能源规模化开发，是实现这一目标的必由之路。在日本政府的大力推动下，日本主要的能源研究机构都开展了此类研究，并形成了不同的研究方案，如由 NEDO 于 2010 年 4 月发起成立的 JSCA，主要致力于智能社区技术的研究与示范。智能社区类似于加拿大 ICES 方案，是在社区综合能源系统（包括电力、燃气、热力、可再生等）基础上，实现与交通、供水、信息和医疗系统的一体化集成。TokyoGas 公司则提出更为超前的综合能源系统解决方案，在传统综合供能（电力、燃气、热力）系统基础上，还将建设覆盖全社会的氢能供应网络，同时在能源网络的终端，不同的能源使用设备、能源转换和存储单元共同构成了终端综合能源系统。

虽然国际上尚无公认的综合能源系统标准，但是已经发布了与之相关的智能电网、微电网和分布式电源等各组件标准，欧盟、美国、加拿大、新西兰等也都颁布了相应的标准。

1. 智能电网

智能电网是综合能源系统的基础与核心，目前国际上已经颁布了一系列智能电网的重要核心标准。2014 年 5 月，IEC 智慧能源系统委员会（SyC Smart Energy）在 IECSG3 智能电网战略工作组和 IECSEG2 智能电网系统评估组的基础上正式成立，主要致力于智能电网和智慧能源系统顶层标准的战略研究，包括与热、气的互动。2017 年其颁布的《IEC 智能电网标准化路线图》，总结了 7 个对智能电网的发展和应用具有重要意义的核心系列标准，以及 IEC TR 62357－1 和 IEC 60870－5 等另外 9 个重要标准。

IEEE－SASCC21 系 IEEE 标准协会下属的标准协调委员会，主要负责燃料电池、光伏（PV）、分布式发电和储能领域标准的制定。该委员会成立了以智能电网标准制定为核心的 P2030 工作组，并强调 2030 年智能电网标准的共同目标是通过相互关联和互补的技术支持互操作性。P2030 工作组发布的一系列标准为全球范围内智能电网的尝试和实践提供了指南，现已从多方面启动。

为推进智能电网的架构、网络安全、测试和认证以支持行业实施和部署，美国国家标准与技术研究院（national institute of standards and technology，NIST）于 2012 年正式成立了智能电网互操作性专家组（smart grid interoperability panel，SGIP2.0），已经相继发布了 3 个版本的《智能电网互操作标准框架和技术路线图》，目前第 4 版正在开发中，将包括对各种电网运行场景所需通信类型和结构及其与电网网络安全和经济关系的深入研究成果。

德国电工委员会（DKE）为支持本国“E－Energy”系列示范性项目与标准化组织合作的要求，成立了 DEK 智能电网标准化技术中心，旨在跟踪及研究国际和欧洲的智能电网标准化问题。在深入研究 IEC 和美国 NIST 标准化路线图的基础上，结合德国BDI发起的E－Energy和能源互联网项目中关于智能电网领域标准应用上存在的瓶颈，该组织于 2013 年更新并发布了适合本国标准化的《德国 E－Energy/智能电网路线图 2.0——智能电网标准化的现状、趋势与前景》。

2. 微电网与分布式能源

微电网和分布式能源作为综合能源系统的重要组成部分，近年来，不仅相关技术与市场得到了飞速的发展，其各项技术的标准化进程也不断加快。IEC/TS 62257《乡村电气化用小型可再生能源与混合系统的标准规范》是 IEC 最早发布的与微电网相关的系列标准，2006 年发布的 IEC/TS 62257－9－2—2006 首次提出了微电网的概念，其中微电网以乡村能源子系统的形式出现，且容量限制在 100kVA 以内。为适应与支撑微电网与分布式能源的大规模建设，IEC 于 2017 年成立了 TC8/SC8B 分布式电力能源系统分技术委员会，先后批准了由中国牵头编制的 IEC/TS 62786 分布式能源与电网互联系列标准和 IEC/TS 62898 微电网系列标准。已经发布或正在编制的 IEC 62898 系列标准对微电网的规划设计、运行控制、保护动作和能量管理系统等方面进行了规范。

2003 年由 IEEE SCC 21 发布的 IEEE 1547—2003《分布式资源与电力系统互联标准》，是国际上最早发布的针对分布式能源及微电网进行并网规范的标准，目前获得了各组织和国家的广泛认可，成为 IEEE 标准共识过程的基准里程碑，且已完善扩展成为系列标准。其中的 IEEE 1547.4—2011《微电网并网的设计、运行和集成导则》首次为分布式资源孤岛系统的设计运行、微电网并网提供了国际规范。

欧洲是最早提出综合能源系统概念并最早付诸实施的地区。欧洲委员会机电标准化出台了《微型发电机与公共低压配电网的连接要求草案》，规定了微电源及其保护装置接入公共低压配电网的连接及操作技术要求。欧洲各国除了在欧盟框架下统一开展综合能源系统相关技术研究外，还根据本国国情开展了大量更为深入的相关研究。以德国为例，其分别于 2008 年 6 月和 2011 年 8 月发布了中压并网标准《发电厂接入中压电网并网指南》和低压并网标准《发电系统接入低压配电网并网指南》。两项指南从不同的电压等级出发，适用于水力发电、光伏发电、火力发电和包括热电联产在内的联合发电系统等多种发电系统，标准内容涉及并网条件、保护装置、运行与控制和测试与计量等多方面内容。

在德国乃至欧洲能源结构转化的大背景下，2014 年德国还成立了 VHPready 工业联盟，意在通过制定开放互通的工业标准实现能源互联。2015 年 11 月，VH Pready 工业联盟发布了基于 IEC 61850 和 IEC 60870-5-104 技术的行业标准，旨在连接虚拟电厂中的热泵、热电联产机组和储能系统，以满足不同能源的无缝接入，为能源平衡市场提供负载平衡和分布式发电。

除智能电网与微电网外，在新能源汽车、智慧城市、能源互联网等与综合能源系统密切相关的技术领域，国际和主要国家的标准组织的标准研究也在不断推进，大量的国际标准、区域标准、国家标准、行业标准和企业标准已经出台或正在编制。综合能源系统标准体系应在上述标准的基础上，进一步地完善和拓展。

第三节 发展前景及展望

一、我国建设区域级综合能源系统的内外部环境

（一）内部环境

1. 能源体制情况

自 20 世纪 80 年代初以来，全世界一半以上的国家都经历了电力市场化改革。

这一世界范围的改革浪潮以提高效率、降低成本和改善质量为基本目标，形成了与不同制度条件相适应的多种改革路径和市场模式。大致同期，中国也开始逐步改革高度集中的传统计划电力体制，并在90年代中期开始推进市场化进程。不过在2002年《电力体制改革方案（国发〔2002〕5号）》（简称5号文）确定的厂网分开等改革取得一定成果后，市场机制的探索却一度非常缓慢，直到2015年的《关于进一步深化电力体制改革的若干意见（中发〔2015〕9号）》（简称9号文）出台，新一轮电力体制改革才重新启动。

自党的十四大确立了建立社会主义市场经济体制改革目标以后，电力体制改革也开始加速推进。这一改革不仅仅是为了解决电力行业的发展问题，更是为了适应和支撑经济体制由计划向市场的转型，因此中国电力改革同样是转型经济下的电力改革。这就意味着，电力改革的视角无法局限于电力行业，电力改革内容也不仅仅是电力行业内部的市场议题，研究中国的电力改革，必须将电力市场建设的普遍规律与中国特殊的制度背景紧密结合起来。

2. 能源消费情况

（1）能源消费增速上扬，天然气消费量增长。根据《中国能源统计年鉴2019》数据统计，2019年，全年能源消费总量48.6亿t标准煤，比上年增长3.3%。其中，煤炭消费量增长1.0%，原油消费量增长6.8%，天然气消费量增长8.6%，电力消费量增长4.5%。煤炭消费量占能源消费总量的57.7%，比上年下降1.5个百分点；天然气、水电、核电、风电等清洁能源消费量占能源消费总量的23.4%，上升1.3个百分点。

十年来，能源消费总量持续上升，2019年较2012年能源消费总量增长了38%。从增速看，2012年开始同比增速下降，2015年开始同比增速开始回升，但均属于低增速状态。

（2）清洁能源消费占比持续上升。2019年末全国发电装机容量201 066万kW，比上年末增长5.8%。其中，火电装机容量119 055万kW，增长4.1%；水电装机容量35 640万kW，增长1.1%；核电装机容量4874万kW，增长9.1%；并网风电装机容量21 005万kW，增长14.0%；并网太阳能发电装机容量20 468万kW，增长17.4%。

从近十年能源消费结构数据看，煤炭消费占比呈下降趋势，2019年跌入60%以内，但短期内仍是我国主要能源来源。十年间，清洁能源消费占能源消费总量的比重从2009年的12%上升到2019年的23.4%。总体来看，我国能源构成中，煤炭处于主体性地位，石油和天然气对外依存度高，但清洁能源消费占比在持续提升。

（3）我国能源消费量居世界第一，煤炭消费占比仍偏高。根据《BP世界能源统计年鉴》，中国一次能源消费总量为3132.2百万t油当量，美国为2234.9百万t油当量，欧盟为1689百万t油当量，位居榜单前三名。印度、俄罗斯分别以753.7百万、698.3百万t油当量居于第四、五名，均超过500百万t油当量。

在一次能源消费结构中，中国、印度煤炭占比均超过50%，主体能源地位明显。美国、欧盟、俄罗斯、日本均以油气为主要消费品种，合计占比均超过60%。加拿大、巴西能源消费结构中，水电占比较高，超过25%。

从能源清洁度看，俄罗斯、加拿大清洁能源消费占比较高，分别为64.9%、63.5%，而中国一次能源消费结构中清洁能源占比为20.2%。

3.能源技术情况

新能源一般是指在新技术基础上加以开发利用的可再生能源，包括太阳能、生物质能、水能、风能、地热能、波浪能、洋流能和潮汐能，以及海洋表面与深层之间的热循环等；此外，还有氢能、沼气、酒精、甲醇等，而已经广泛利用的煤炭、石油、天然气、水能等能源，称为常规能源。随着常规能源的有限性以及环境问题的日益突出，以环保和可再生为特质的新能源越来越得到各国的重视。

随着新一轮工业革命兴起，应对气候变化达成全球共识，能源技术成为引领能源产业变革、实现创新驱动发展的源动力。目前，世界主要国家和地区均把能源技术视为新一轮科技革命和产业革命的突破口，从能源战略的高度制定各种能源技术规划、采取行动加快能源科技创新，以增强国际竞争力。同时，能源技术开发的最新动态也预示着未来全球能源发展趋势。

近年来，能源行业积极实施“互联网+”战略，全面提升行业信息化、智能化水平，充分利用现代信息通信技术、控制技术，实现智能设备状态监测和信息收集，激发新型作业方式和用能服务模式。随着各类能源业务的快速增长，电网设备、电力终端、用电客户迫切需要通过最新的通信技术及系统支撑，满足爆发式增长的通信需求。5G技术将支持能源领域基础设施的智能化，并支持双向能源分配和新的商业模式，以提高生产、交付、使用和协调有限的能源资源的效率。可再生能源、电网通信、智能电网等领域将成为5G在全球能源行业的重点应用场景。

对新技术而言，“分布式”取代了“集中式”，“矩阵式”取代了“单点式”。从事能源开发利用的企业越来越轻量化，单个企业设立的目标，可能仅仅是满足附近区域的能源需求。大规模的集中开发、调配依然存在，但重要性将会逐步减弱。随着能源企业的轻量化、区域化，全球能源供给格局的多极化趋势将进一步发展，逐步呈现出扁平化、离散化的特点。由此带来的在定价机制、国际能源协作等方面的变革，必将十分显著。

（二）外部环境

1. 经济层面

据国家统计局《中华人民共和国2019年国民经济和社会发展统计》，初步核算全年国内生产总值990 865亿元，比上年增长6.1%。

第一产业增加值70 467亿元，增长3.1%；第二产业增加值386 165亿元，增长5.7%；第三产业增加值534 233亿元，增长6.9%。第一产业增加值占国内生产总值比重为7.1%，第二产业增加值比重为39.0%，第三产业增加值比重为53.9%。全年最终消费支出对国内生产总值增长的贡献率为57.8%，资本形成总额的贡献率为31.2%，货物和服务净出口的贡献率为11.0%。人均国内生产总值70 892元，比2018年增长5.7%。国民总收入988 458亿元，比2018年增长6.2%。全国万元国内生产总值能耗比2018年下降2.6%。全员劳动生产率为115 009元/人，比2018年提高6.2%。

供给侧结构性改革继续深化。全年全国工业产能利用率为76.6%，比2018年提高0.1个百分点。其中，黑色金属冶炼和压延加工业产能利用率为80.0%，提高2.0个百分点；煤炭开采和洗选业产能利用率为70.6%，与2018年持平。年末商品房待售面积49 821万m^2，比2018年末减少2593万m^2。其中，商品住宅待售面积22 473万m^2，减少2618万m^2。年末规模以上工业企业资产负债率为56.6%，比2018年末下降0.2个百分点。全年教育、生态保护和环境治理业固定资产投资（不含农户）分别比2018年增长17.7%和37.2%。“放管服”改革持续深化，微观主体活力不断增强。全年新登记市场主体2377万户，日均新登记企业2万户，年末市场主体总数达1.2亿户。全年减税降费超过2.3万亿元。

新动能保持较快发展。全年规模以上工业中，战略性新兴产业增加值比上年增长8.4%。高技术制造业增加值增长8.8%，占规模以上工业增加值的比重为14.4%。装备制造业增加值增长6.7%，占规模以上工业增加值的比重为32.5%。全年规模以上服务业中，战略性新兴服务业企业营业收入比上年增长12.7%。全年高技术产业投资比2018年增长17.3%，工业技术改造投资增长9.8%。全年服务机器人产量346万套，比2018年增长38.9%。全年网上零售额106 324亿元，按可比口径计算，比2018年增长16.5%。

区域协调发展扎实推进。分区域看，全年东部地区生产总值511 161亿元，比2018年增长6.2%；中部地区生产总值218 738亿元，增长7.3%；西部地区生产总值205 185亿元，增长6.7%；东北地区生产总值50 249亿元，增长4.5%。全年京津冀地区生产总值84 580亿元，比2018年增长6.1%；长江经济带地区生产总值457 805亿元，增长6.9%；长江三角洲地区生产总值237 253亿元，增长6.4%。

2. 资源层面

（1）能源结构：以煤为主、多样化发展，受自给率约束。

1）化石能源份额：中国与全球平均水平相当（为85%），美国略低（为84%），日本较高（为88%），欧盟较低（仅为75%）。

2）化石能源具体包括石油、天然气、煤炭，由于我国的资源禀赋一直是“富煤缺油少气”，因此我国化石能源大幅偏重煤炭，直到2018年煤炭在我国一次能源中的占比仍然高达58%，而石油和天然气仅分别占20%和7%。从全球平均水平来看，石油、天然气、煤炭的占比更加均衡，分别为34%、24%、27%；美国、欧盟的化石能源都更加依赖于石油和天然气，而煤炭占比仅分别为14%、13%。

3）低碳能源包括核电、水电、可再生能源，中国的低碳能源以水电为主，水电份额（为8%）高于美、日、欧的水平（分别为3%、4%、5%）；但中国的核能份额仅为2%，大幅低于美国、欧盟（分别为8%、11%），日本在福岛核事故后核电份额大幅下降，目前也仅为2%；可再生能源方面，欧盟和日本的份额较高（分别为9%、6%），美国为5%，中国和全球平均水平一致（均为4%）。

（2）煤电在电源结构中占据核心地位。煤电、气电、油电作为火电的主要组成部分，煤电、油电为高碳、高污染化石能源发电，且我国油电数量极少，绝大部分为煤电，气电则为今后一段时间内主力推动的低碳、清洁能源发电。事实上，从全球来讲，水电、风电、太阳能光伏、核电等非化石能源发电的间歇性、随机性、不稳定性、安全性的难题都未从根本上完全克服，因此，火电在未来很长一段时间内的发电主导地位不会动摇。

3. 发展需求层面

（1）我国能源供给保障能力持续增强，供给质量不断优化。2019 年，我国能源生产增速高于消费增速 1.6 个百分点。综合我国煤炭、油气和电力等细分行业生产态势，我国能源生产增速将延续高于消费增速的态势，能源供给保障能力将持续增强。其中，煤炭持续推进结构性去产能、系统性去产能，优质产能将陆续释放，煤炭的清洁高效利用水平稳步提升；油气勘探开发能力不断强化，非常规油气资源的接续效果逐步显现，石油产量将回升，非常规油气有望延续去年增速为 11.5%的增长势头；电力年新增装机将延续连续多年破亿的态势，清洁电力装机持续壮大，其中预计风电、光伏发电新增装机超过 6000 万 kW，在建在运核电项目有序推进。但也需注意，能源总体供需宽松与个别品种区域性、时段性供给紧张并存的问题。

（2）能源消费增长，结构清洁化。2019 年，外部经济环境总体趋紧，国内经济存在下行压力，国内生产总值增长 6.11%，低于 2018 年 6.6%的经济增速。2020 年及未来几年受疫情影响，能源消费增速预计放缓。同时，能源消费更加低碳化、清洁化，非化石能源和天然气占一次能源消费的比重将继续提高，煤炭消费占比将继续下降。

（3）电力消费预计高位回落。2017 年因全国大范围持续高温天气以及工业经济回暖的影响，全年全社会用电量增速将达到 6%，2018 年随着气温逐步回归正常，对电力需求的影响将明显减弱；另外，目前我国经济处于探底的过程中，2018 年我国经济或遭遇二次探底，二产增速将在 6%左右的底部前行，用电增速难以快速提高。此外，2018 年的高基数也将影响 2019 年的增速。综合来看，未来用电增速将保持在 4%～5%范围。

（4）煤炭消费增速大幅回落。由于电力需求增速有所放缓，加之水电恢复正常供应，核电及并网风电、太阳能发电等替代能源继续快速推进，煤电的市场空间将进一步被压缩，预计发电用煤增速将大幅回落。与此同时，随着供给侧结构性改革推进及大气污染治理力度加大，钢铁、建材及其他行业散煤消耗将持续减少，而现代煤化工用煤有望继续保持稳定增长。综合来看，未来煤炭消费增速将大幅回落。

（5）成品油消费平稳增长，汽煤柴油走势依然分化。我国正步入“汽车进入家庭”的发展阶段，越来越多的家庭计划购买汽车，带动汽油消费持续较快增长，但共享出行不断替代汽车出行在一定程度上降低了汽油消费，预计汽油消费总体仍将保持 6%～8%的增速。近年，受房地产投资下行、地方基建投资高速增长难以持续等因素影响，柴油消费增速将有所回落。但同时，工业经济将保持 6%的速度平稳增长，大宗商品生产和需求形势基本稳定，继续拉动交通运输需求，加之国家对炼油行业监管的逐步升级，非标准油品有望逐步退出市场，柴油消费仍有增长的潜力。随着航空物流业、旅游业等快速发展，我国航空运输业依然处于高速发展期，煤油消费将以 8%～10%增速稳定持续增长。综合来看，未来成品油消费将继续保持中低速平稳增长。

（6）天然气消费继续保持较快增长。国家将持续推进环保政策，加强环保监管，各地仍面临较大的环保压力，将推动用气需求增长，主要增量仍然会来自居民、供热及交通运输用气。工业燃料用气依然受制于经济探底形势，而燃气发电受气温回归正常以及发电成本较高等因素影响，短期依旧难以大幅改观。

二、我国区域级综合能源系统建设的展望

区域级综合能源系统内部不同子系统在时间尺度上存在较大差异，相比较热力系统、燃气系统、电力系统均具有较大的时间常数。对于系统中彼此耦合的电、

气、热能源系统多时间尺度特性及差异是区域级综合能源系统的热点和难点。清洁能源并网存在不确定因素，再加上原有负荷需求的不确定性，二者叠加成为区域级综合能源系统规划、运行不容忽视的重要挑战。面对区域级综合能源系统所面临的多时间尺度耦合及源、荷侧不确定性问题，区域级综合能源系统的发展趋势面向智能化、多能协同、梯级利用、多能替代、能源转化、储能应用、需求响应等方向。

1. 智能化技术的未来发展趋势

提高智能推理技术泛化能力，解决区块链技术的安全性、效率、资源等潜在问题；提升智能量测技术的负荷分解精度；为终端能源设备配置完备的智能化信息采集与处理模块，统一终端能源设备的接口、协议。

2. 多能协同技术的未来发展趋势

对包含可再生能源发电不确定性、负荷波动性、多能源供需耦合、多时间尺度动态特性等问题的复杂能源网络规划开展研究；开发具备多目标优化、负荷多元化、仿真与规划融合等特点的多能源系统规划设计软件；进一步研究计及随机波动变量等复杂因素的多能运行优化算法。

3. 能量梯级利用技术的未来发展趋势

对电池板的封装技术进行优化，改善传热效果和生产工艺；将 PV/T 技术与其他天然气三联供、风电等综合能源技术进行技术集成；解决生物质热解汽化过程产生大量焦油物质难以除去的问题；采用经济、高效的工艺制取用于发电的低焦油含量气体。

4. 电能替代技术的未来发展趋势

电极式电锅炉与蓄能技术相组合，通过蓄能设施满足高效的蓄热蓄冷需求；采用室内侧补充电加热供热、在低温工况下提高压缩机低蒸发压力下的制热能力和降低室内采暖负荷及供水温度等方法，解决空气源热泵产热量与建筑负荷不匹配的问题；深入研究干热岩供暖实施工程的安全性问题，提高热量回收和利用率，避免出现热突破、热短路现象。

5. 能源转化技术的未来发展趋势

目前进行能源资源的高效利用时，能源转换技术也为一项非常重要的实现综合能源系统应用的技术，具体应用此项技术时侧重于对一次、二次能源的有效转换，从而使得能源利用价值较之于以往有着大幅度的提升。能源转换技术的未来发展趋势：加强新能源材料的国产化前瞻性的布局，在做好硅材料的太阳能电池材料的基础上，探索化合物半导体和有机体材料的光电转换材料。

6. 储能技术的未来发展趋势

提升液流电池运行效率；利用盐穴等优质地理条件，发展大型压缩空气储能技术，同时，实现压缩空气储能与储热技术协调规划、调度、运行；继续发展化学储氢技术，提高化学储氢技术的储氢、产氢效率；提升相变储热材料的储热效率。

7. 需求响应技术的未来发展趋势

完善负荷功率精准预测技术、用户行为特性精细化分析和动态电价及激励政策技术；完善自主式高可靠性配电开关和多品位能源自适应接入路由器高级量测系统；完善信息模型标准、适配器与用户接口标准和设备安全性及一致性标准。

小结

区域级综合能源系统，即多种能源类别互补的、可实现能源综合、智慧利用的能源供需系统。系统包括物理架构和信息架构两个层面，物理架构实现“冷、热、电、气、水”及“源、网、荷、储”多供应环节之间的生产协同、管廊协同；信息架构实现区域级综合能源系统智慧管控，满足需求协同以及生产与消费间的智慧互动，构建多种能量流之间开放互联的区域级综合能源系统，实现“多能互补、多源协同”的能源优化运行，提升能源利用效率。

2015～2020 年，国务院、国家发改委、国家能源局等多部委下发综合能源系统相关政策文件，促进综合能源系统的规划发展；与此同时，国内在智能电网、能源互联网与微电网等相关领域也开展了一系列标准化的研究工作。中国智能电网的标准化建设目前已取得阶段性成果，智能电网标准体系框架已经编制完成，涵盖了 9 个专业分支、25 个技术领域、110 个标准系列的技术标准体系。国外综合能源发展领先的国家与地区有欧盟、美国和日本，分别通过政策及法律文件促进综合能源系统的研究及应用。各方通过分布式能源、智能电网、微网、燃气三联供等，开展综合能源的研究及应用，但是均重强调整体运行的“智慧化”和能源生产、消费之间的“互动性”。

我国在区域级综合能源系统的内外部环境，面对区域级综合能源系统所面临的多时间尺度耦合及源、荷侧不确定性问题，区域级综合能源系统的发展趋势面向智能化、多能协同、梯级利用、多能替代、能源转化、储能应用、需求响应等方向。

思考题

1. 区域级综合能源系统的“智慧化”与“互动化”是如何建立的？
2. 阐述区域级综合能源系统的能源消费格局的变化趋势。
3. 区域级综合能源系统相比于传统能源系统的优势体现在哪里？

第二章 区域级综合能源系统规划应用场景及供需特性

第一节 典型应用场景分类

一、用户类型划分原则

区域级综合能源用户类型划分结合区域规划，从综合能源多样性、功能性、灵活性、市场性的特点出发，采用“因地制宜、由下至上”的建设理念，基于不同用户能源需求特征，将区域级综合能源系统中的用户在空间维度划分为“能源细胞层、功能单元层”两个层级，两个层级由下至上逐层聚集，底层的多个建筑聚集成中间层的典型场景，中间层典型场景聚集成区域级综合能源系统。其中：

（1）能源细胞层。代表区域级综合能源系统中最小的用户单位，主要根据地块类型、所属行业等因素进行划分，是开展综合能源用户用能特性分析的最小载体，一般指的是不同类型建筑物。

（2）功能单元层。由能源细胞层聚集而成，按行业标识为工业型、行政办公型、商务型、教育科研型、商业型、农业经济型、混合型，是开展综合能源负荷预测、供能模式选取、综合能源规划等工作的载体，也是综合能源的重要组成部分。

表 2–1 给出区域级综合能源系统用户类型划分方法及层级划分原则。

二、用户类型划分

首先对用户按用地类型、所属行业进行分类，依据 GB 50137—2011《城市用地分类与规划建设用地标准》，用地分类包括城乡用地分类、城市建设分类两部分。城乡用地共分为 2 大类、9 中类；城市建设用地共分为 8 大类、35 中类，总计 10 大类、44 中类；对不同用地的用户按其所属行业进行划分，根据 GB/T 4754—2017

《国民经济行业分类》，共有20门类、97大类。

表2-1　　　　用户类型划分方法及层级划分原则

分类	类型划分	划分条件
能源细胞	工业用地、农业用地、居住用地、商业用地、行政办公用地、文化设施用地、教育科研用地、体育用地、医疗卫生用地等	一种及以上相同或相似类别功能建筑
功能单元	工业型、行政型、商务型、商业型、教育型、生活型、农业型、混合型区域	一种或以上相邻的相同或相似用地类型、行业，除混合型区域外，其他类型区域的主导建筑类型占比大于60%
综合能源	—	一个或以上功能单元

将用地类型与行业类型相比对，得到各用户用地类型与所属行业的关系情况，如表2-2所示。

表2-2　　　　用地类型与所属行业的关系情况

类别代码	类别名称	编号	行业分类
E1	水域	04	渔业
E2	农林用地	01	农业
		03	畜牧业
		05	农、林、牧、渔服务业
R	居住用地	52	零售业
		62	餐饮业
		80	居民服务业
		83	教育
		96	基层群众自治组织
A1	行政办公用地	91	中国共产党机关
		92	国家机构
		93	人民政协、民主党派
		94	社会保障
		95	群众团体、社会团体和其他成员组织
A2	文化设施用地	88	文化艺术业
A3	教育科研用地	73	研究和试验发展
		83	教育
A4	体育用地	89	体育
A5	医疗卫生用地	84	卫生

续表

类别代码	类别名称	编号	行业分类
A6	社会福利设施用地	85	社会工作
A8	外事用地	97	国际组织
A9	宗教设施用地	95	群众团体、社会团体和其他成员组织
B1	商务设施用地	51	批发业
		52	零售业
		61	住宿业
		62	餐饮业
B2		06	煤炭开采
		07	石油和天然气开采业
		08	黑色金属矿采选业
		09	有色金属矿采选业
		10	非金属矿采选业
		11	开采辅助活动
		12	其他采矿业
		63	电信、广播电视和卫星传输服务
		64	互联网和相关服务
		65	软件和信息技术服务业
		66	货币金融服务
		67	资本市场服务
		68	保险业
		69	其他金融业
		70	房地产业
		73	研究和试验发展
		74	专业技术服务业
		86	新闻和出版业
		87	广播、电视、电影和影视录音制作业
B3	娱乐康体设施用地	90	娱乐业
B4	公用设施营业网点用地	44	电力、热力生产和供应业
		45	燃气生产和供应业
		46	水的生产和供应业
		60	邮政业
		63	电信、广播电视和卫星传输服务

续表

类别代码	类别名称	编号	行业分类
M1	一类工业用地	39	计算机、通信和其他电子设备制造业
		40	仪器仪表制造业
		41	其他制造业
M2	二类工业用地	13	农副食品加工业
		14	食品制造业
		15	酒、饮料和精制茶制造业
		16	烟草制品业
		17	纺织业
		18	纺织服装、服饰业
		20	木材加工和木、竹、藤、棕、草制品业
		21	家具制造业
		23	印刷和记录媒介复制业
		24	文教、工美、体育和娱乐用品制造业
		27	医药制造业
		28	化学纤维制造业
		29	橡胶和塑料制品业
		30	非金属矿物制品业
		33	金属制品业
		34	通用设备制造业
		35	专用设备制造业
		36	汽车制造业
		43	金属制品、机械和设备修理业
M3	三类工业用地	19	皮革、毛皮、羽毛及其制品和制鞋业
		22	造纸和纸制品业
		26	化学原料和化学制品制造业
		31	黑色金属冶炼和压延加工业
		32	有色金属冶炼和压延加工业
		37	铁路、船舶、航空航天和其他运输设备制造业
		38	电气机械和器材制造业
W（W1/W2/W3）	物流仓储用地	58	多式联运和运输代理业
		59	装卸搬运和仓储业

续表

类别代码	类别名称	编号	行业分类
S3	交通枢纽用地	53	铁路运输业
		54	道路运输业
		55	水上运输业
		56	航空运输业
U1	供应设施用地	44	电力、热力生产和供应业
		45	燃气生产和供应业
		46	水的生产和供应业
U2	环境设施用地	42	废弃资源综合利用业
		76	水利管理业
		77	生态保护和环境治理业
		78	公共设施管理业

然后根据用户类型划分原则，将用户类型按区域内建筑功能划分为八类典型场景，将其典型区域内建筑形式与能源需求特点进行汇总。

1. 工业聚集区

场景内主要地块为工业园区、开发区等，用地类型主要为工业用地以及物流仓储用地，包括工矿企业的生产车间、库房、附属设施用地以及相关物流仓储用地，包括专用铁路、码头和附属道路、停车场等用地，不包括露天矿用地。

2. 行政中心区

场景内用地类型主要为行政办公用地，其中行政办公用地是指党政机关、社会团体、事业单位等办公机构及其相关设施用地。建筑类型以行政机构、党政机关等办公建筑为主。

3. 中心商务区

场景主要包括地区性、全国性或国际性的大公司、大商行、大银行等机构及高级商场建筑。用地类型主要包括行政办公用地和商业、商务、服务业设施用地，其中行政办公用地是指党政机关、社会团体、事业单位等办公机构及其相关设施用地，商业、服务业设施用地是指商业、商务、娱乐康体等设施用地，不包括居住用地中的服务设施用地。

4. 教育科研区

场景以各级院校、科研单位、图书馆、展览馆等文化机构和设施为主，一般距工业区较远，具有较好的自然环境、便利的交通和发达的通信等条件。用地类型主要为文化设施用地、教育科研用地和体育用地，其中文化设施用地是指图书、展览等公共文化活动设施用地，包括图书展览设施用地和文化活动设施用地；教育科研用地是指高等院校、中等专业学校、中学、小学、科研事业单位及其附属设施用地，包括为学校配建的独立地段的学生生活用地，包括高等院校用地、中等专业学校用地、中小学用地、特殊教育用地和科研用地；体育用地是指体育场馆和体育训练基地等用地，不包括学校等机构专用的体育设施用地。

5. 生活集中区

场景包括各类居住区及配套的服务性设施，一般距工业区较远，具有较好的交通、医疗、休闲条件。用地类型主要为居住用地、医疗卫生用地、商业、服务业设施用地和绿地与广场用地。其中，居住用地是指住宅和相应服务设施的用地，居民区的功能主要是供人居住，因此其建筑以普通居民楼为主，附带一些绿化用地以及小型购物用地等，居民区内的住宅用地占比应在50%以上，通常分布在市中心以及郊区；医疗卫生用地是指医疗、保健、卫生、防疫、康复和急救设施等用地；商业、服务业设施用地是指商业、商务、娱乐康体等设施用地，不包括居住用地中的服务设施用地；绿地与广场用地是指公园绿地、防护绿地、广场等公共开放空间用地。

6. 核心商业区

场景包括商圈、大型商超、综合市场，多位于市中心和交通便利场景。用地类型主要为商业、服务业设施用地，即商业、商务、娱乐康体等设施用地，不包括居住用地中的服务设施用地。

7. 农业经济区

场景用地类型主要包括农副产品加工业、商业、服务业设施用地和物流仓储用地，其中商业、服务业设施用地是指商业、商务、娱乐康体等设施用地，不包括居住用地中的服务设施用地；物流仓储用地是指物资储备、中转、配送等用地，包括附属道路、停车场以及货运公司车队的站场等用地。

8. 混合经济区

场景涵盖工厂、机关、商店、学校、医院、住宅、综合交通枢纽等功能中的多个类型，通常位于老城区或郊区。用地类型主要包括社会福利设施用地、公用设施用地、工业用地、道路与交通设施用地和物流仓储用地。其中社会福利设施用地是指为社会提供福利和慈善服务的设施及其附属设施用地；公用设施用地是指城市道路、交通设施等用地；物流仓储用地是指物资储备、中转、配送等用地，包括附属道路、停车场以及货运公司车队的站场等用地。

典型场景功能与能源需求情况见表2−3。

表 2-3 典型场景功能与能源需求情况

场景类型	代表性区域	场景内建筑物类型	建筑物主要用途	能源需求特点
工业生产区	工业园、产业园	公共类建筑	办公管理	（1）电负荷曲线变化明显，主要集中在上下班时间和工作日时间段，曲线存在明显峰谷差； （2）冷负荷需求在夏季且保持稳定； （3）进驻企业决定热负荷及蒸汽需求
		工业类建筑	厂房、车间、仓库等	
		居住类建筑	宿舍、公寓、住宅等	
行政办公区	CBD 商务中心、政府办公区、金融中心等	公共类建筑	写字楼	照明、暖通空调、各类办公设备，存在工作日能源需求集中特征
商务区	CBD 商务中心、金融中心、商业中心等	公共类建筑	写字楼	（1）照明、暖通空调、各类办公设备，存在工作日能源需求集中特征； （2）单位面积耗电密度高、全年总耗电量大，能源消耗与围护结构相关性较小
			商场	
教育科研区	大学城、科研院所等	公共类建筑	教学、科研、办公	建筑面积大，需求总量大；能源需求品种多，具有时间分布特征
		居住类建筑	宿舍、公寓	
生活居住区	城市中各类型集中住宅区；各类高档公寓、别墅集中区	居住类建筑	普通住宅	采暖、空调、炊事、热水、照明、家用电器能耗为主
			高档公寓、别墅等	
		公共类建筑	超市、生活服务业	能源需求品种多，具有时间分布特征
商业区	商业中心、商业街等	公共类建筑	商场	（1）单位面积耗电密度高、全年总耗电量大，能源消耗与围护结构相关性较小； （2）暖通空调设备多且运行时间长、生活热水需求量大，能源需求时间特征明显
	星级酒店		酒店宾馆	
农业经济区	农业产业园	农业类建筑	温室、畜禽饲养场	（1）照明、风机等农业生产用能需求； （2）以电能需求为主
		工业类建筑	农产品加工站	
混合区	—	公共类建筑	商场	（1）单位面积耗电密度高、全年总耗电量大，能源消耗与围护结构相关性较小； （2）暖通空调设备多且运行时间长、生活热水需求量大，能源需求时间特征明显； （3）生产用能需求
			宾馆	
		工业类建筑	厂房、车间、仓库等	
		居住类建筑	普通住宅	采暖、空调、炊事、热水、照明、家用电器能耗为主

第二节　区域级综合能源系统用户用能特性分析

一、不同建筑类别的用户用能特性分析

通过对建筑类型进行调研分析，总结出可以代表大部分建筑类型的 11 类典型建筑，包括办公建筑、商场建筑、住宅建筑、教学楼建筑、医院建筑、宾馆酒店建筑、餐饮建筑、禽畜舍建筑、仓储建筑、体育馆建筑、工业建筑等。不同类型的建筑负荷特性如下。

1. 办公建筑动态负荷特性

办公建筑包括党政机关、社会团体、事业单位、公司办公大楼等建筑，特点是负荷规律性强，负荷主要集中在上班时间，室内人员较为固定，受节假日影响较大。

某场景办公建筑典型日冷、热、电负荷特性如图 2–1 所示。

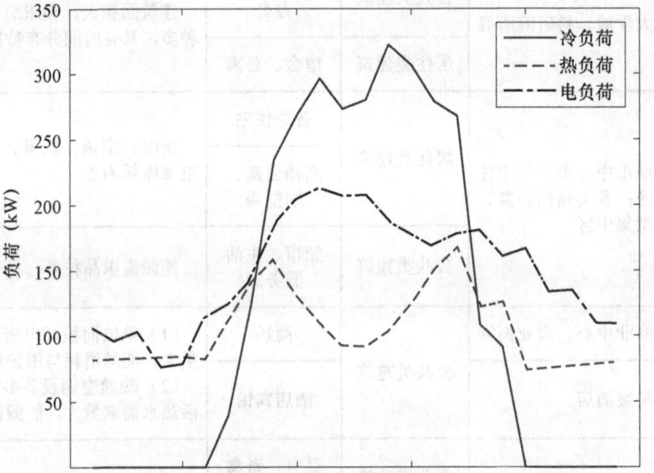

图 2–1　某场景办公建筑典型日冷、热、电负荷特性

办公建筑冷、热、电负荷具有较强的规律性：

（1）冷负荷。7 点陆续上班，冷负荷随之迅速上升达到峰值，中午休息外出，负荷略微下降，14～15 点冷负荷再次达到峰值，18 点左右陆续下班，冷负荷开始下降。

（2）热负荷。7 点陆续上班，热负荷随之迅速上升达到第一个峰值，随着气温升高，热负荷降低，达到一个谷值，15 点后随着气温下降，热负荷上升，17 点左

右达到第二个峰值，18 点左右陆续下班，热负荷开始下降。为保持室内保持在 12℃以上温度，夜间热负荷并不为零。

（3）电负荷。电负荷呈现“白天高峰”的特点。办公建筑年电负荷特性在夏季与冬季呈现出双高峰（如图 2-2 所示），主要由于夏季空调制冷与冬季生活用热导致电负荷增加，呈现周期性变化。

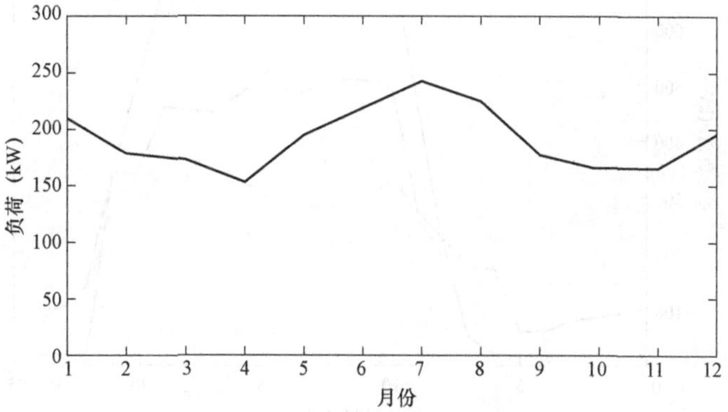

图 2-2 办公建筑年电负荷特性

2. 商场建筑负荷特性

商场建筑可以分为大型商场建筑与小型商铺建筑，本节将逐个讨论。

（1）大型商场建筑包括综合性商业大楼，商业中心建筑，大型超市等建筑，位于市中心和交通便利场景。特点是负荷规律性强，照明功率密度大，人员密度较高。结构上楼层不高，底面积较大，负荷主要集中白天和 21 点前，受节假日影响较大。

某大型商场建筑典型日冷、热、电负荷特性及建筑年电负荷特性如图 2-3 和图 2-4 所示。

1）冷负荷。冷负荷曲线呈现“单高峰”的特点。从 9 点开始缓慢上升，在 10～18 点达到峰值，18 点以后随着气温降低，冷负荷逐渐下降。20 点以后，由于停止营业等因素，负荷迅速下降，22 点后趋近于 0。

2）热负荷。从 8 点开始上升，在 10 点左右达到第一个峰值，并随着气温升高热负荷逐渐下降，15 点后随着气温下降热负荷逐渐上升，20 点以后，由于停止营业等因素，热负荷迅速下降 22 点左右达到最低值，为保持室内保持在 12℃以上温度，夜间热负荷并不为零。

3）电负荷。从 8 点电负荷缓慢上升，在 10～18 点或者 20 点达到用电高峰。20 点以后，由于停止营业等因素，电负荷逐渐下降。商场停止营业后负荷降到最低点，23 点～次日 7 点负荷变化不大。大型商场建筑用户年电负荷特性曲线呈现

“夏季较大高峰、冬季较小高峰”的特点，第一高峰为 5~9 月，第二高峰为 12 月~次年 2 月。

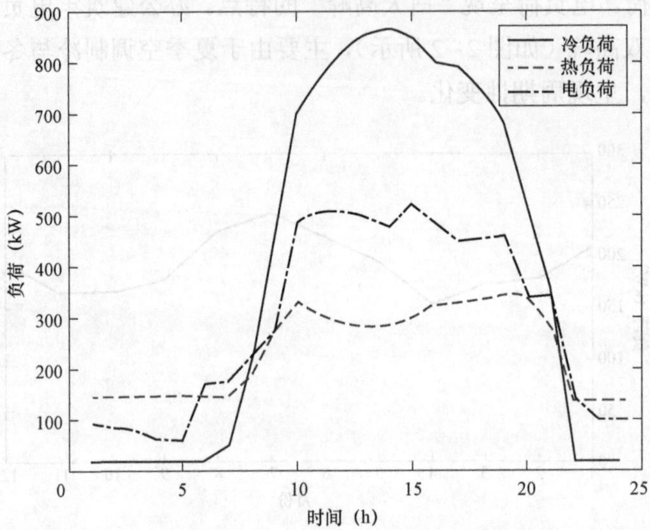

图 2-3　某大型商场建筑典型日冷、热、电负荷特性

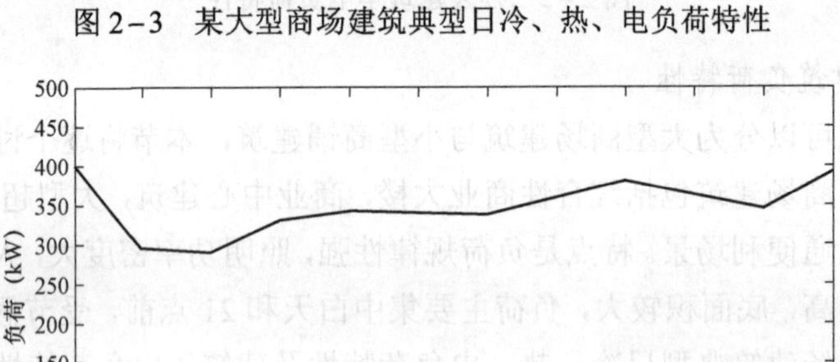

图 2-4　某大型商场建筑年电负荷特性

（2）小型商业建筑包括小型超市，街边商铺等建筑，其特点是人员密度比大型超市小，窗墙也较小。某小型商铺建筑日冷、热、电负荷特性以及建筑年电负荷特性如图 2-5 和图 2-6 所示。

小型商铺建筑围护结构并不全部与外部空气接触，人流量较小，所以其冷、热负荷较小。

1）冷负荷。9 点开业后冷负荷随之上升，12 点左右人流量增大，冷负荷到达最大值随后逐渐下降，17 点左右随人流量增加，冷负荷增加达到第二个峰值。

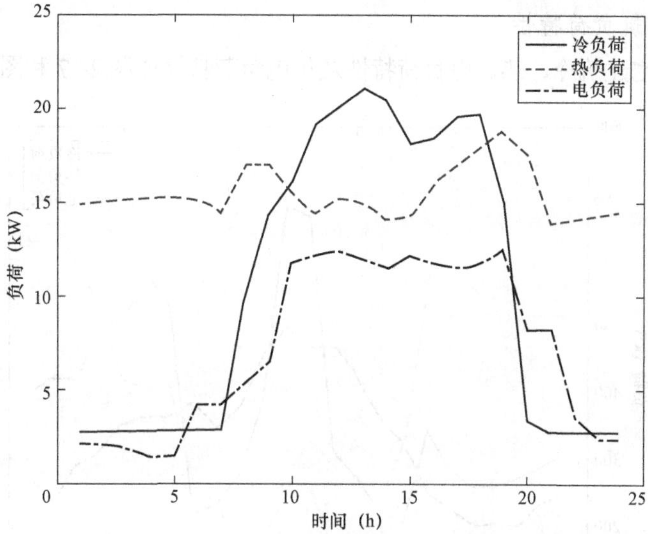

图 2–5　某小型商铺建筑日冷、热、电负荷特性

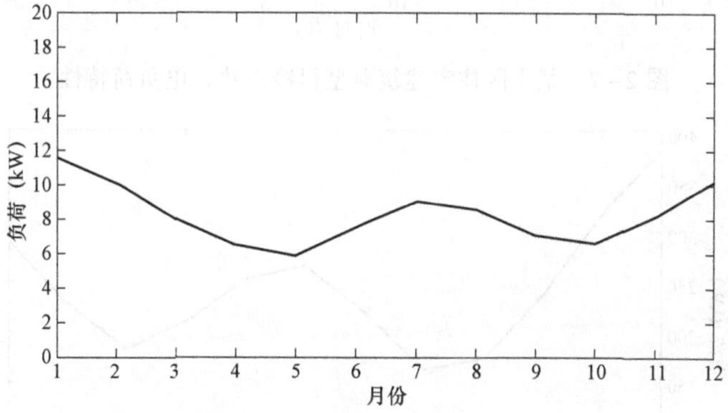

图 2–6　某小型商铺建筑年电负荷特性

2）热负荷。9 点开业后热负荷随之上升并到达最大值，随着温度升高热负荷逐渐下降，17 点左右随温度降低，热负荷增加达到第二个峰值。20 点以后，由于停止营业等因素，热负荷迅速下降，22 点左右达到最低值，为保持室内保持在 12℃以上温度，夜间热负荷并不为 0。

3）电负荷。电负荷从 7 点缓慢上升，在 10～18 点或者 20 点达到用电高峰。20 点以后，由于停止营业等因素，电负荷逐渐下降。停止营业后负荷降到最低点，23 点～次日 7 点负荷变化不大。

小型商铺建筑用户年电负荷特性曲线呈现“夏季较大高峰、冬季较小高峰”的特点，第一高峰为 5～9 月，第二高峰为 12 月～次年 2 月。

3. 住宅建筑负荷特性

某小区住宅建筑冷、热、电负荷特性及年电负荷特性如图2–7和图2–8所示。

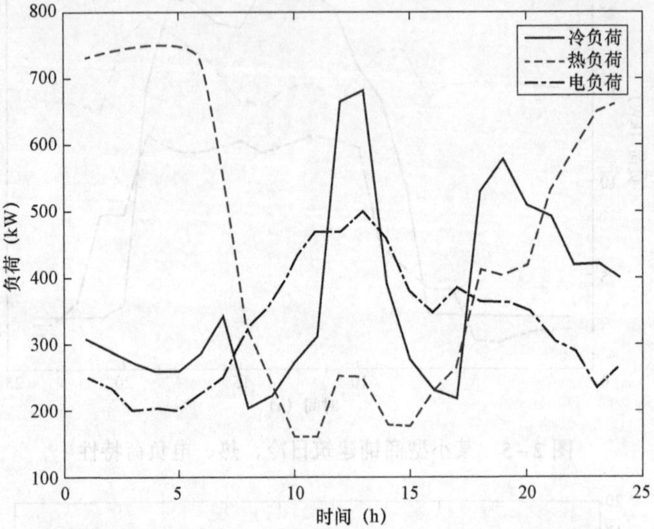

图2–7　某小区住宅建筑典型日冷、热、电负荷特性

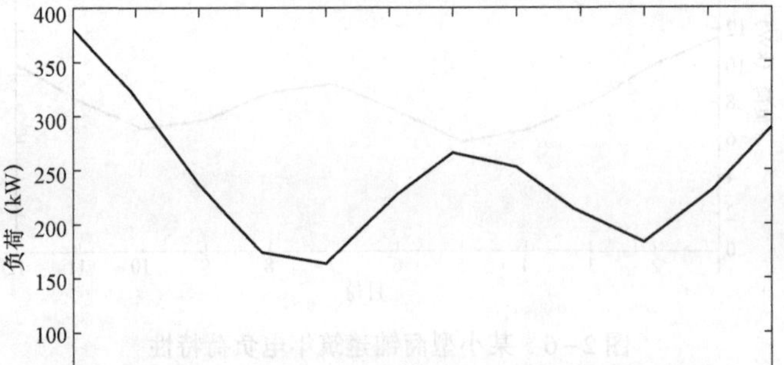

图2–8　某小区住宅建筑年电负荷特性

居民用户典型日冷、热、电负荷曲线呈现“中午高峰”和“晚上高峰”两个负荷高峰的特点：

（1）冷负荷。冷负荷从7点开始缓慢上升，8点以后出现下降，中午下班回家冷负荷上升，在12～14点达到第一个峰值。14点以后，冷负荷缓慢下降。18点以后，冷负荷再度上升，在20点～次日0点达到第二个峰值。1点以后，冷负荷缓慢下降，3～7点冷负荷比较平稳，变化不大。

（2）热负荷。7 点以后，随着人员在室率降低、室外气温升高，热负荷逐渐下降，中午下班回家热负荷上升，在 12～14 点达到第一个峰值，随后热负荷下降，17 点后随着下班回家且气温降低，热负荷逐渐上升，在 18 点后达到第二个峰值并保持平稳至次日 6 时。住宅建筑的热负荷最大值出现在夜晚睡眠时间，此时人员在室率最高、室外温度最低。

（3）电负荷。7 点以后，随着人员在室率降低，电负荷逐渐下降，中午下班回家热负荷上升，在 12～14 点达到第一个峰值，随后电负荷下降，17 点后随着下班回家且气温降低，电负荷逐渐上升，在 20 点左右达到第二个峰值并保持平稳至次日 6 点。居民用户年电负荷特性曲线呈现“夏季、冬季双高峰”的特点，用电第一高峰为 6～9 月，第二高峰为 11 月～次年 2 月。

4. 教学楼建筑负荷特性

教学楼建筑特点是负荷规律性强，负荷主要集中在上班时间，室内人员较为固定，受节假日影响较大，与办公建筑相似（如图 2–9、图 2–10 所示）。

（1）冷负荷。8 点陆续上课冷负荷随之上升，11 点左右达到峰值，中午休息外出冷负荷稍稍下降，17 点以后随着气温下降、陆续下课，冷负荷开始下降，并在 20 点后冷负荷趋近于 0。

（2）热负荷。8 点陆续上课，负荷随之迅速上升达到峰值，随着气温上升热负荷逐渐下降，14 点随着温度下降热负荷逐渐上升，17 点左右陆续下课，热负荷开始下降，20 点以后达到谷值。为保持室内保持在 12℃以上温度，夜间热负荷并不为 0。

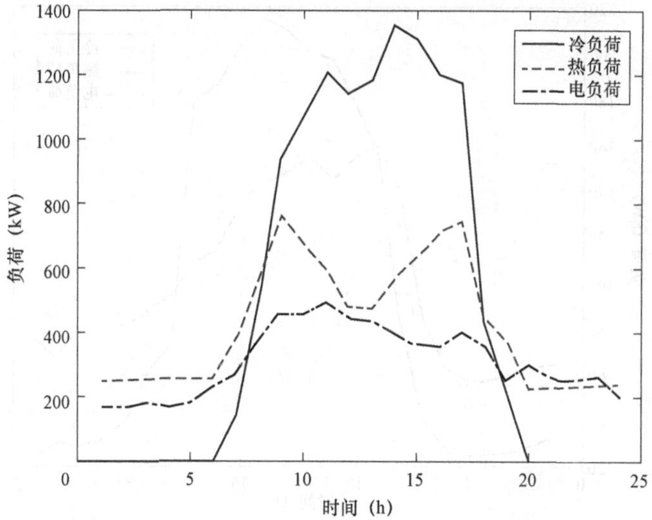

图 2–9　教学楼建筑典型日冷、热、电负荷特性

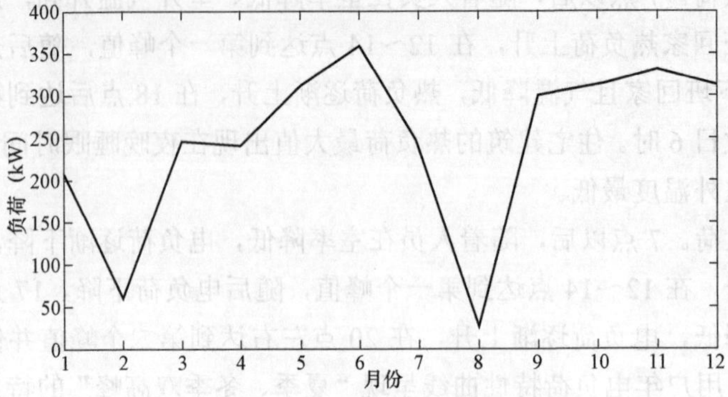

图 2-10　教学楼建筑年电负荷特性

（3）电负荷。8 点陆续上课，电负荷随之迅速上升达到峰值，中午休息外出，电负荷稍稍下降，17 点左右陆续下课，电负荷开始下降，20 点以后达到最低值。受寒暑假影响，教学楼建筑 1、2、7、8 月的负荷较低。

5. 医院建筑负荷特性

某医院建筑典型日冷、热、电负荷特性如图 2-11 所示。某医院建筑年电负荷特性如图 2-12 所示。

（1）冷负荷。冷负荷呈现单峰值特性，在 15 点左右达到峰值，此时室外气温最高，凌晨 4 点左右达到谷值。

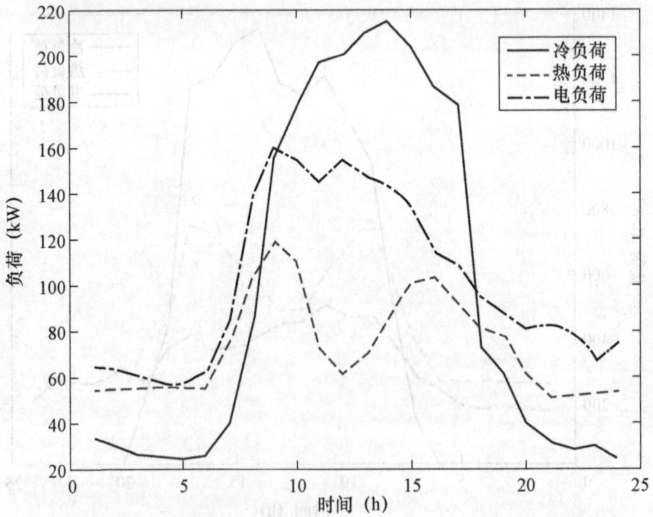

图 2-11　某医院建筑典型日冷、热、电负荷特性

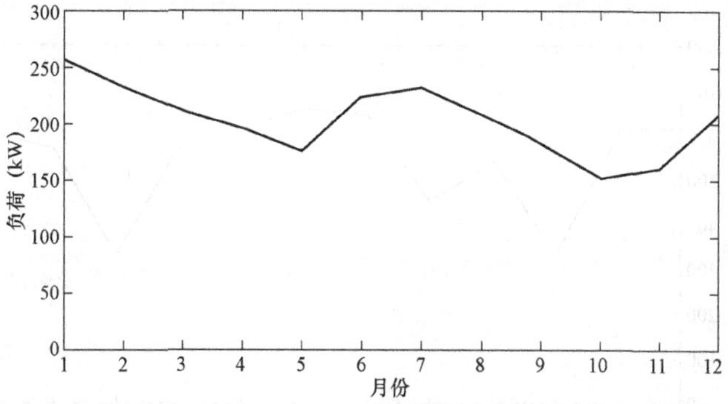

图 2-12 某医院建筑年电负荷特性

（2）热负荷。热负荷呈现双峰值特性，第一个峰值在 10 点左右达到，之后开始降低，13 点后热负荷逐渐升高，在 17 点左右达到第二个峰值，之后随着人流量减少热负荷降低。

（3）电负荷。白天人流量大，电负荷较高，电负荷日曲线呈现单峰值，峰值出现在 10 点左右；年电负荷曲线呈现双峰值，分别出现在冬季与夏季，其中最大值出现在冬季。年电负荷曲线呈现双峰值，分别出现在冬季与夏季，其中最大值出现在冬季。

6. 宾馆酒店建筑负荷特性

宾馆酒店建筑负荷与节假日具有一定相关性，某宾馆酒店建筑典型日冷、热、电负荷特性如图 2-13 所示。某宾馆酒店建筑年电负荷特性如图 2-14 所示。

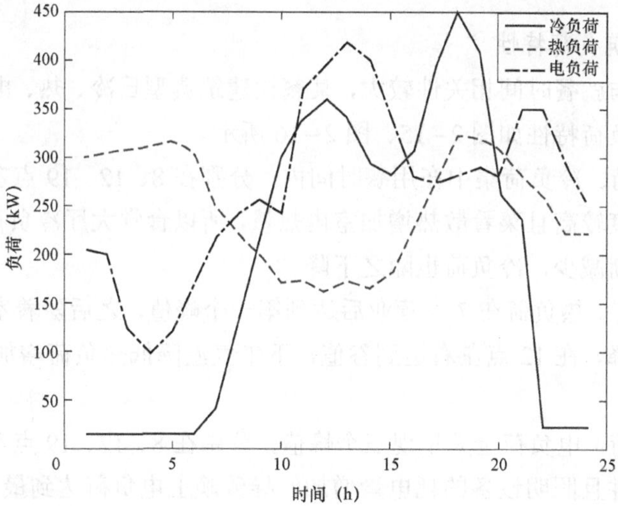

图 2-13 某宾馆酒店建筑典型日冷、热、电负荷特性

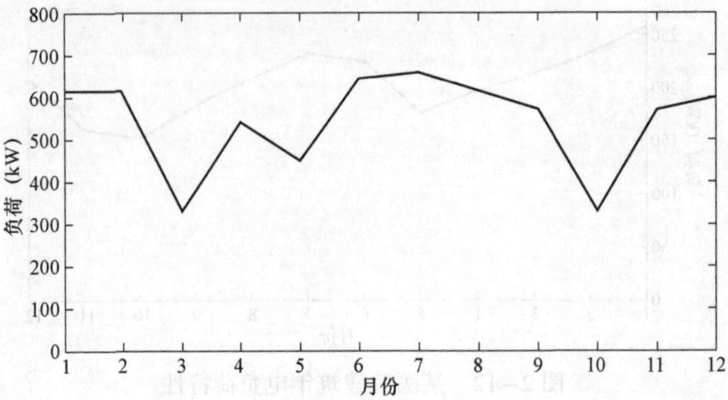

图 2-14 某宾馆酒店建筑年电负荷特性

（1）冷负荷。宾馆酒店建筑冷负荷出现在 13 点左右，呈现第一个峰值，在 19 点左右由于室内人员增多出现第二个峰值。到了 23 点左右随着照明和其他用电设备的关闭以及外部气温的下降，冷负荷随之下降达到谷值。

（2）热负荷。9 点后，随着气温上升、人员在室率降低，热负荷逐渐下降，下午随着气温下降，热负荷逐渐上升，17 点随着气温降低、人员在室率增加，热负荷上升并在 23 点左右达到峰值。

（3）电负荷。电负荷特性呈现单峰值波动特性，夜间电负荷处于较低水平，主要负荷集中在 10～22 点之间。

年电负荷特性为双峰值，分别出现在 7 月与次年 1 月，由电制冷、电制热导致。

7. 餐饮建筑负荷特性

餐饮建筑与就餐时间相关性较大，某餐饮建筑典型日冷、热、电负荷特性以及餐饮建筑年电负荷特性如图 2-15、图 2-16 所示。

（1）冷负荷。冷负荷集中在用餐时间内，分别在 8、12、19 点左右，由于用餐时室内人员密度较高且菜肴散热增加室内热量，所以食堂大厅冷负荷较大。21～23 点之间客人逐渐减少，冷负荷也随之下降。

（2）热负荷。热负荷在 7 点营业后达到第一个峰值，之后随着室外温度的上升热负荷开始下降，在 12 点左右达到谷值，下午气温降低热负荷增加，20 点左右达到第二个峰值。

（3）电负荷。电负荷全天呈现三个峰值，分别在 8、12、19 点左右，其中夜晚用餐人数多，并且照明设备的耗电量增加，导致晚上电负荷达到最大值。

餐饮建筑年电负荷特性为双峰值，分别出现在 7 月和次年 1 月。

8. 仓储建筑负荷特性

某冷库温度为-5℃的仓储建筑典型日冷、热、电负荷特性以及年电负荷特性，如图 2-17、图 2-18 所示。

（1）冷负荷。随着气温上升冷负荷增加，14 点左右达到最大值，随后气温下降冷负荷降低。

（2）热负荷。若冬季存储物品温度要求高于室外温度，则需要供暖，白天随着气温升高热负荷降低，14 点左右达到谷值，下午气温降低热负荷增加，次日 2 点左右达到最大值。

（3）电负荷。电负荷呈现间断性波动，10～15 点电负荷达到一天的峰值，夜晚达到谷值。

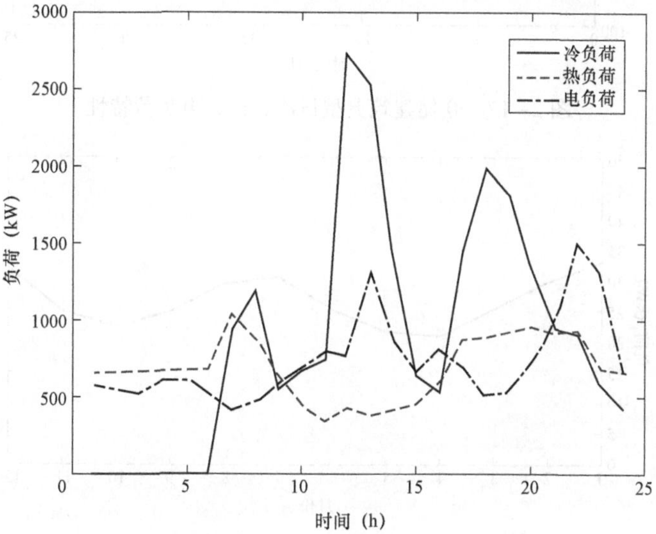

图 2-15 某餐饮建筑典型日冷、热、电负荷特性

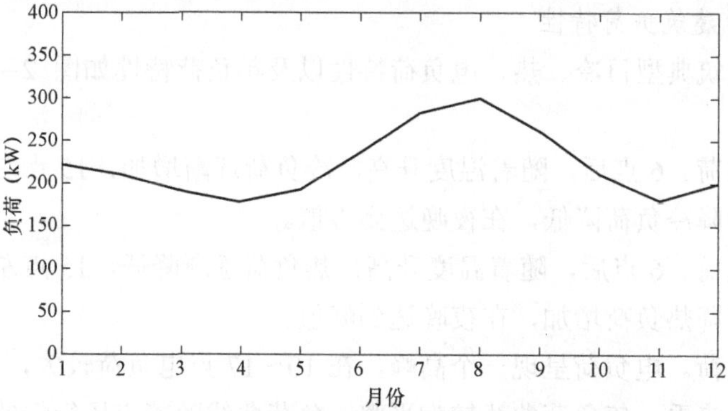

图 2-16 某餐饮建筑年电负荷特性

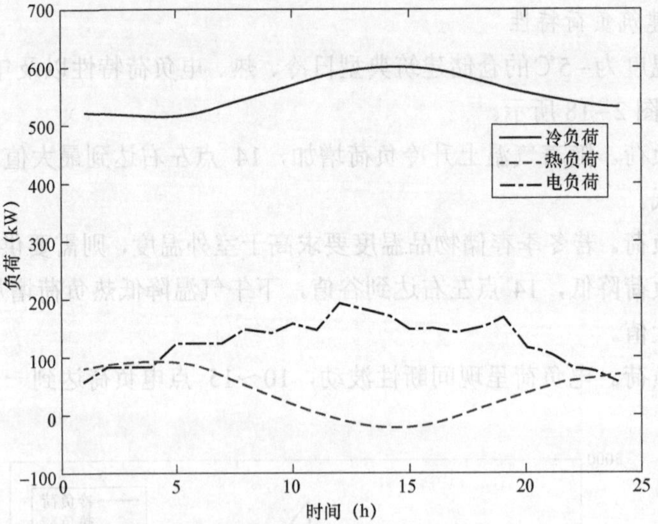

图 2-17　仓储建筑典型日冷、热、电负荷特性

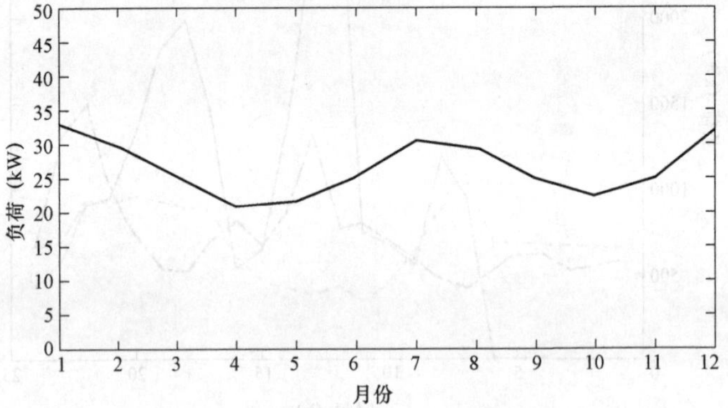

图 2-18　仓储建筑年电负荷特性

9. 禽畜舍建筑负荷特性

禽畜舍建筑典型日冷、热、电负荷特性以及年负荷特性如图 2-19、图 2-20 所示。

（1）冷负荷。6 点后，随着温度升高，冷负荷逐渐增加，15 点左右达到峰值，之后随温度下降冷负荷降低，在夜晚达到谷值。

（2）热负荷。6 点后，随着温度升高，热负荷逐渐降低，15 点左右达到谷值，之后随温度下降热负荷增加，在夜晚达到峰值。

（3）电负荷。电负荷呈现一个高峰，在 10～17 点电负荷较大，夜晚电负荷达到谷值。整体来看，年负荷曲线较为平整，负荷曲线随着市场行情的变化而波动。

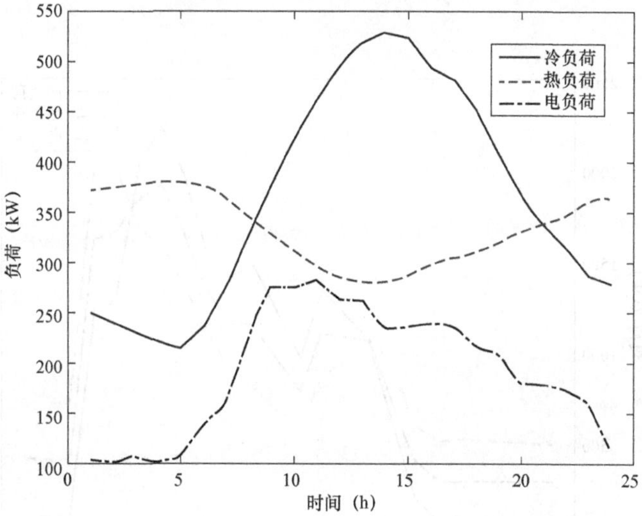

图 2-19　禽畜舍建筑典型日冷、热、电负荷特性

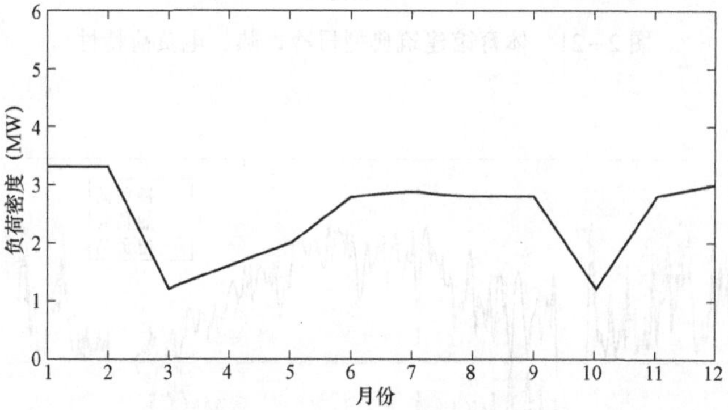

图 2-20　禽畜舍建筑年负荷特性

10. 体育馆负荷特性

体育馆的体育赛事、大型活动举办具有不确定性，当无活动时体育馆中人员密度较小，人员从事体育运动，发热量较高。当有活动举办时由于观众的入场，人员密度较大，但人员从事轻度活动，发热较少。

体育馆建筑典型日冷、热、电负荷特性以及年冷、热、电负荷特性如图 2-21 和图 2-22 所示。

（1）冷负荷。7 点后，随着温度升高，冷负荷逐渐增加，11 点左右达到第一个峰值，中午人员活动减少，冷负荷稍稍降低，下午随温度升高及人员活动增加冷负荷增加，20 点左右达到第二个峰值，之后随温度下降、人员活动减少冷负荷降低，在夜晚达到谷值。

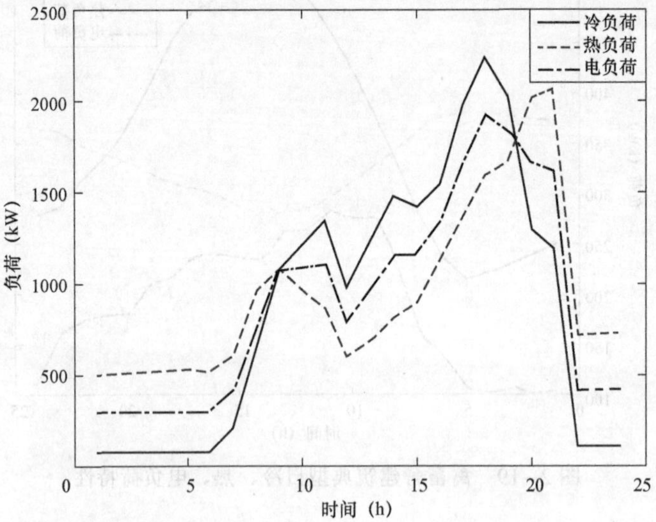

图 2-21　体育馆建筑典型日冷、热、电负荷特性

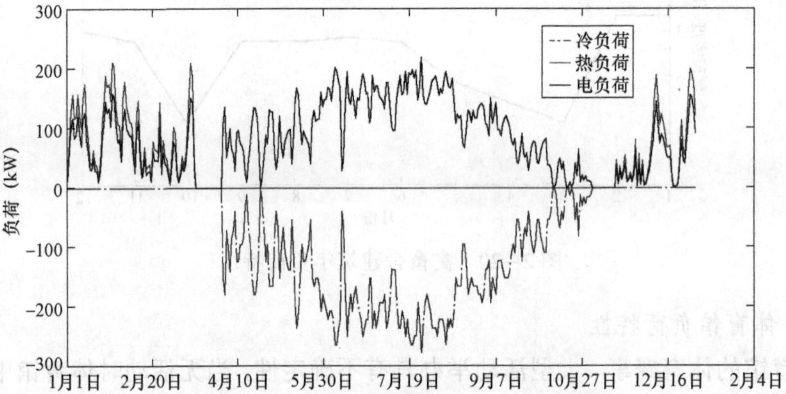

图 2-22　体育馆建筑年冷、热、电负荷特性

（2）热负荷。7 点后，随着人员活动，热负荷逐渐增加，10 点左右达到第一个峰值，随着气温升高、人员活动减少，热负荷降低，下午随温度降低及人员活动增加热负荷持续增加，20 点左右达到第二个峰值，之后随温度下降、人员活动减少冷负荷降低，在夜晚达到谷值。

（3）电负荷。7 点后，随着人员活动，电负荷逐渐增加，10 点左右达到第一个峰值，中午随着人员活动减少电负荷降低，下午随人员活动增加电负荷持续增加，20 点左右达到第二个峰值，之后随人员活动减少电负荷降低，在夜晚达到谷值。

体育馆建筑冷热电负荷特性具有相似性，由年负荷特性曲线可以看出在过渡季中既有冷负荷又有热负荷，体育馆冷热负荷总体各呈现单峰值，在个别日期冷热负荷有明显增加，是由举办大型活动导致。

11. 工业建筑负荷特性

工业生产用热大多较为稳定，热负荷与季节、室外温度关系不大，主要和生产值相关。但某些工业生产受所需原料、生产条件以及市场规律的影响，产值与季节相关。工厂建筑用热与室外温度相关，按照各月冷、热负荷分配（如图 2-23、图 2-24 所示）。

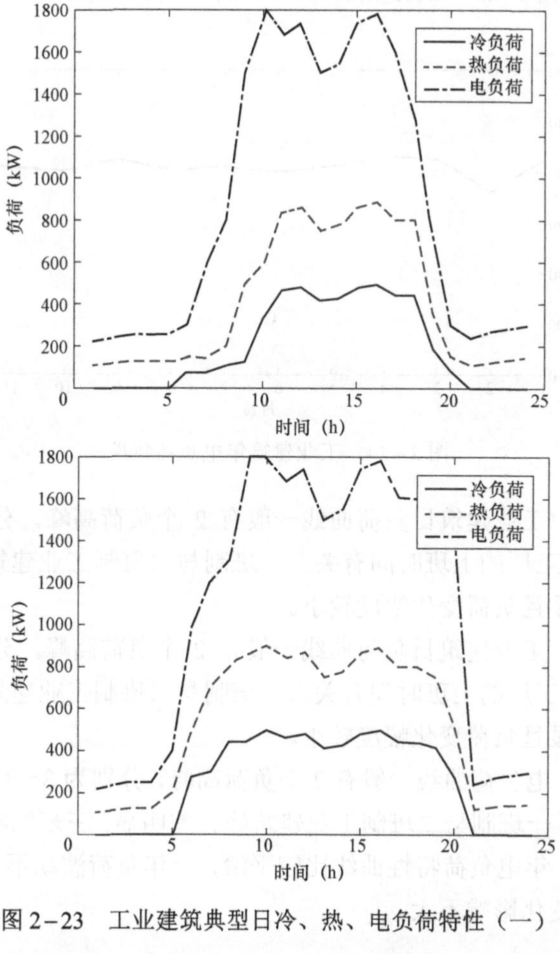

图 2-23　工业建筑典型日冷、热、电负荷特性（一）

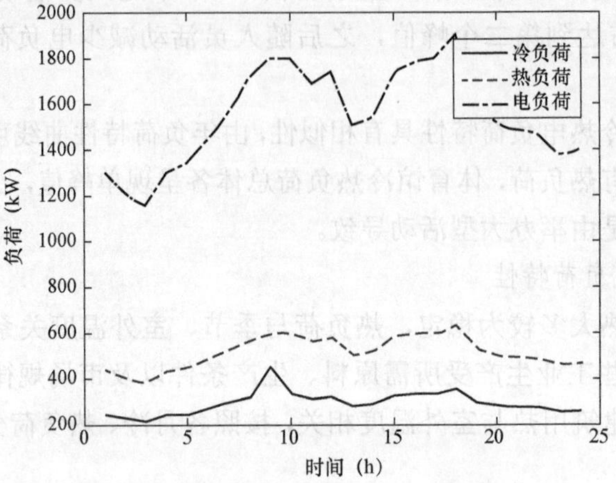

图 2-23　工业建筑典型日冷、热、电负荷特性（二）

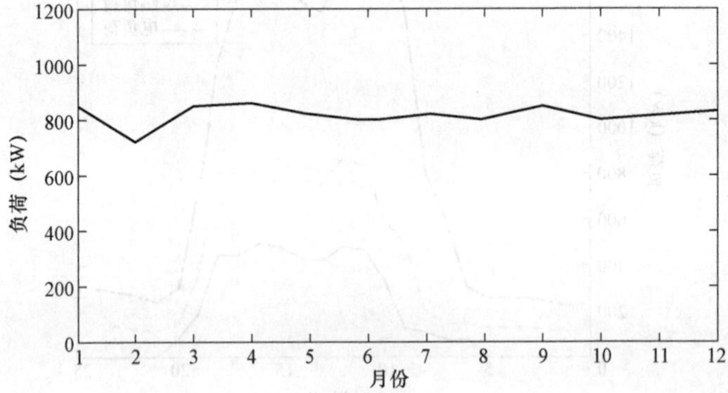

图 2-24　工业建筑年电负荷特性

（1）冷负荷。工业建筑日负荷曲线一般有 2 个负荷高峰，分别为 8～11 点和 14～18 点，这与工厂的上班时间有关。一班制与二班制工业建筑峰谷差明显，三班制峰谷差不明显且负荷变化幅度较小。

（2）热负荷。工业建筑日负荷曲线一般有 2 个负荷高峰，分别为 8～11 点和 14～18 点，这与工厂的上班时间有关。一班制与二班制工业建筑峰谷差明显，三班制峰谷差不明显且负荷变化幅度较小。

（3）电负荷。电负荷曲线一般有 2 个负荷高峰，分别为 8～11 点和 14～18 点，与上班时间有关。一班制与二班制工业建筑峰谷差明显，三班制峰谷差不明显且负荷变化幅度较小。年电负荷特性曲线比较平滑，全年负荷波动不大，一年中负荷比较平稳，受季节变化影响不大。

二、不同典型场景的用户用能特性分析

依据各自场景的建筑类型与数量比例进行叠加计算，得出该场景的负荷特性。具体步骤为：① 确定场景内各类建筑数量；② 确定各建筑的建筑信息；③ 根据各建筑的冷、热、电负荷特性进行逐月逐时叠加，得到场景的冷、热、电负荷特性。

1. 工业聚集区负荷特性

工业聚集区是指工业园区、开发区等，包括仓储、生产工厂、宿舍住宅、办公建筑等，代表性场景为各个工业园、产业园。不同的工业区由于包含的工业不同将有较大的差距，具体应用时需要考虑工业类型。

以某工业园区为例，该场景内存在公共建筑、工业建筑、餐饮建筑、仓储建筑和住宅建筑，其典型日冷、热、电负荷特性如图 2-25 所示。

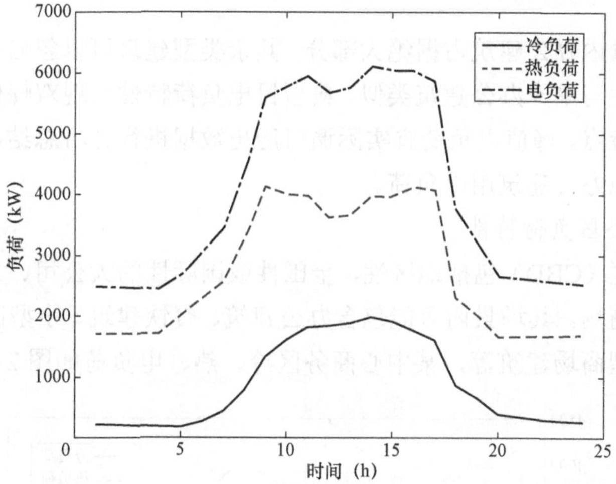

图 2-25　某工业聚集区典型日冷、热、电负荷特性

其冷热负荷主要由包含的工业的排班制度和生产产值决定。工厂聚集区用电以工业生产为主，其电负荷特性与工业电负荷特性类似，与工厂的排班制度与生产规模有关。

2. 行政中心区负荷特性

行政中心区包括地区或城市的行政机构、党政机关等，通常位于交通方便的城市中心场景。用地类型主要为行政办公用地，主要为党政机关、社会团体、事业单位等办公机构及其相关设施用地。该场景存在办公建筑、餐饮建筑、商场建筑等，某行政中心区典型日冷、热、电负荷特性曲线如图 2-26 所示。

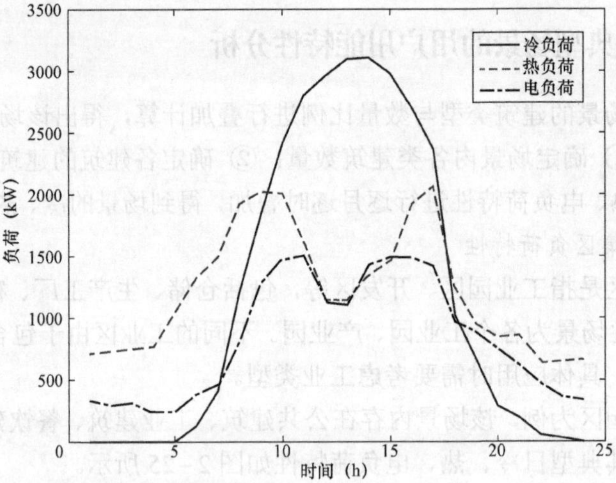

图 2-26　某行政中心区典型日冷、热、电负荷特性

该典型场景内办公建筑占据绝大部分，其余类型建筑可以忽略不计，所以典型场景的负荷特性与单一办公建筑类似。典型日电负荷特性呈现双峰值，白天工作时间较为稳定的特点。峰值电负荷宜实际调研历史数据进行分析总结，若无历史数据可对比参考其他办公建筑用电负荷。

3. 中心商务区负荷特性

中心商务区（CBD）包括地区性、全国性或国际性的大公司、大商行、大银行等机构及高级商场。其场景内可能包含办公建筑、餐饮建筑、小型商铺建筑、宾馆酒店建筑、大型商场建筑等，某中心商务区冷、热、电负荷如图 2-27 所示。

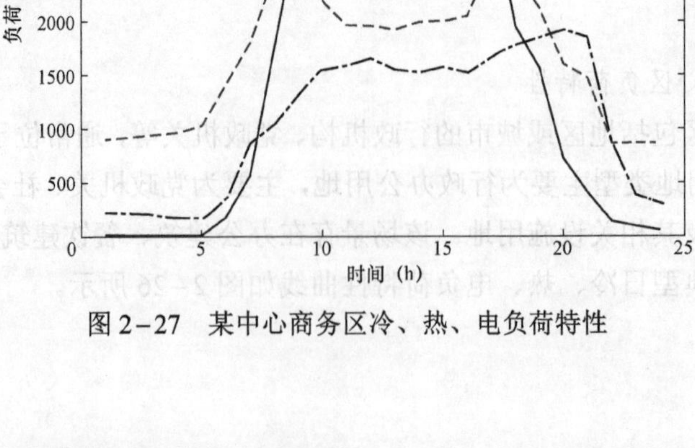

图 2-27　某中心商务区冷、热、电负荷特性

中心商务区与商业建筑负荷特性类似，可见建筑面积占比高的建筑类型将主导该场景的负荷特性。

4. 教育科研区负荷特性

教育科研区一般包含各级院校、科研单位、图书馆、展览馆等文化机构和设施。以大学为例，该场景内包含教学楼建筑、住宅建筑、办公建筑、小型商铺建筑、餐饮建筑、体育馆建筑等功能建筑。某教育科研区的冷、热、电负荷特性如图 2–28 所示。

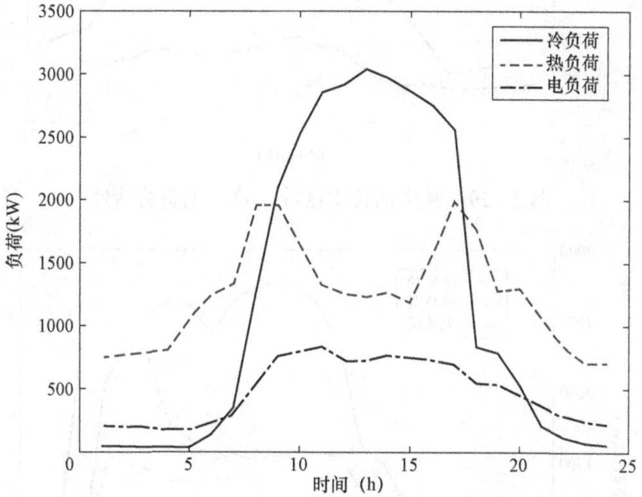

图 2–28　某教育科研区冷、热、电负荷特性

由图 2–28 可知，教育科研区负荷呈现较强的规律性。

5. 生活集中区负荷特性

生活集中区是指各类居住区及配套的服务性设施，具有较好的交通、医疗、休闲条件。居民区内包含住宅建筑、医院建筑、餐饮建筑、小型商铺建筑、教学楼建筑等。某生活集中区冷、热、电负荷特性如图 2–29 所示。

该场景的负荷特性，主要由住宅的负荷特性决定，但其他类型建筑影响作用也不可忽略，不同的场景负荷或有差异。

6. 核心商业区负荷特性

核心商业区包括城市核心区商圈、大型商超综合市场，多位于市中心和交通便利场景，包括办公建筑、餐饮建筑、大型商场建筑、小型商铺建筑、宾馆酒店建筑等。某核心商业区冷、热、电负荷特性如图 2–30 所示。

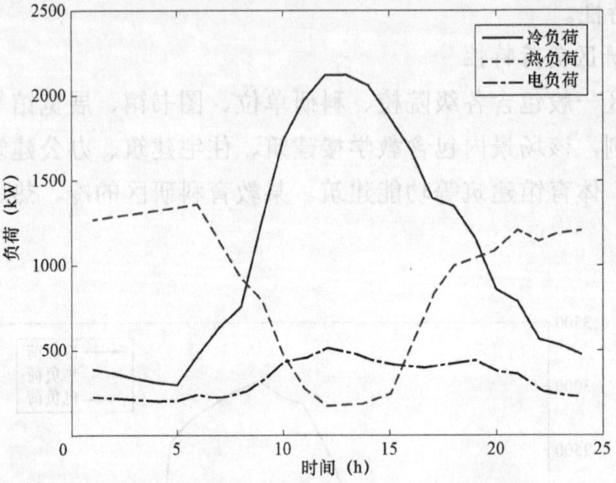

图 2–29　某生活集中区冷、热、电负荷特性

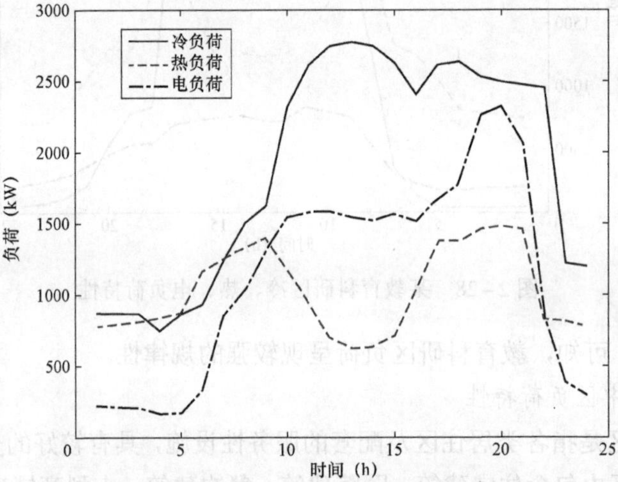

图 2–30　某核心商业区冷、热、电负荷特性

该场景冷热负荷主要受酒店等建筑影响，冷热负荷因住客流动量大的原因较其他场景高，在夜晚也有较大负荷。

7. 农业经济区负荷特性

农业经济区一般为城市服务的城市外围农业区。该场景可能包括办公建筑、小型商铺建筑、工业建筑、餐饮建筑、住宅建筑、仓储建筑、禽畜舍建筑等。建筑类型多，不确定因素大。某农业经济区包括养殖建筑、小型商铺、餐饮建筑、仓储建筑、住宅建筑等，冷、热、电负荷如图 2–31 所示。

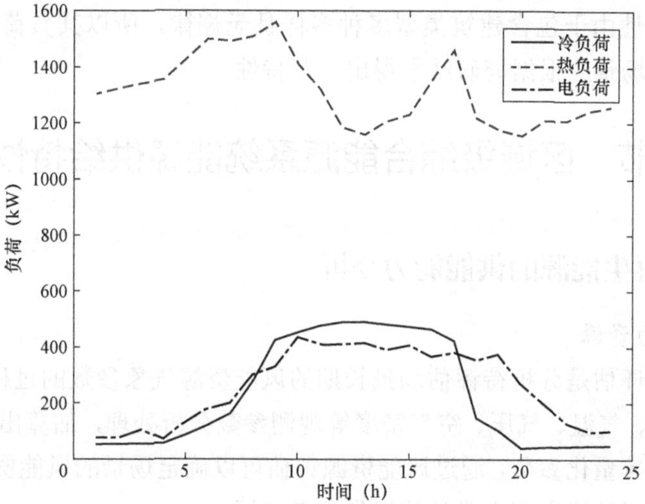

图 2-31　某农业经济区冷、热、电负荷特性

可以看出，若某场景存在较多的养殖舍，则冷热负荷主要来源于养殖舍或者大棚种植，耗量需求巨大。

8. 混合经济区负荷特性

混合经济区是具有综合功能的场景，涵盖工业建筑、小型商铺建筑、商店、学校、医院、住宅、综合交通枢纽等功能中的多个类型。某混合经济区典型日冷、热、电负荷特性如图 2-32 所示。

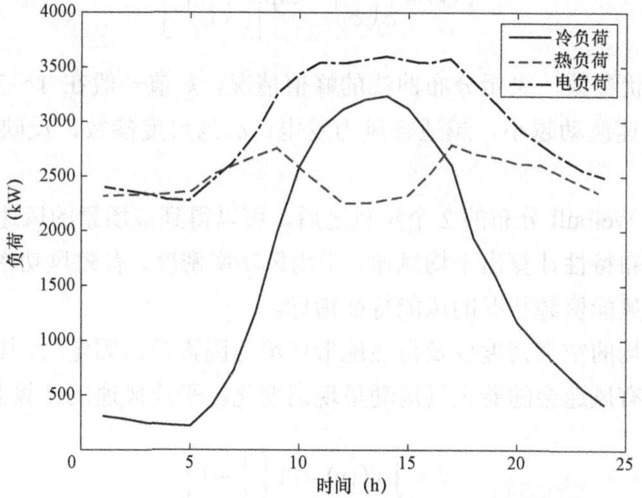

图 2-32　某混合经济区典型日冷、热、电负荷特性

混合功能性由于包含建筑类型多种多样且无规律，所以其负荷特性规律性较差，对于指定场景应根据调研结果得出负荷特性。

第三节 区域级综合能源系统能源供给特性分析

一、可再生能源的供能能力分析

（一）风力资源

风能资源评估是分析待评估场景长期的风能资源气象参数的过程。通过对当地的风速、风向、气温、气压、空气密度等观测参数分析处理，估算出风功率密度和有效年小时数等量化参数，通过风能资源评估可以确定场景的风能资源储量，为综合能源开发利用的确定和电量计算提供参考依据。

风能资源评估的主要特征参数包括，风速统计概率分布、平均风功率密度、风能、有效风能、可利用小时数等。

1. 风速统计概率分布

通过对风速 v 概率统计得出的分布特性能够衡量一个地方风能资源分布情况，风速的频率分布是体现这一特性的主要形式，常采用 Weibull 分布曲线来拟合不同高度层风速的概率分布，其概率密度函数的表达式为

$$f(v)=\frac{k}{c}\left(\frac{v}{c}\right)^{k-1}\exp\left[-\left(\frac{v}{c}\right)^{k}\right] \tag{2-1}$$

式中：k 为形状参数，表示分布曲线的峰值情况，k 值一般在 1～3 之间变化，k 值越大说明风速波动越小，越适合风力发电；c 为尺度参数，反映风电场的平均风速。

在确定了 Weibull 分布的 2 个参数之后，可以得到该场景的风速概率分布，再由风速概率分布特性计算出平均风速、平均风功率密度、有效风功率密度、可利用小时数等体现风能资源状况的风能特征指标。

同一风电场的空气密度以及自然地形环境等因素都是固定的，其对风能资源的影响较小，只有风速会随着大气运动呈现出变化。平均风速的计算公式为

$$\overline{v}=\int_{0}^{+\infty}vf(v)=c\Gamma\left(\frac{1}{k}+1\right) \tag{2-2}$$

式中：$\overline{v}$ 为平均风速，m/s。

2. 平均风功率密度

风能密度是衡量一个地区风能大小和风能储量最有价值的参考量。风功率密度是气流在单位时间内垂直流过单位截面积中所具有的能量。Weibull 平均风功率密度的计算公式为

$$\overline{w}=\frac{1}{2}\rho(Ev^3)=\frac{1}{2}\rho\int_0^{\infty}v^3f(v)\,\mathrm{d}v=\frac{1}{2}\rho c^3\Gamma\left(1+\frac{3}{k}\right) \tag{2-3}$$

式中：ρ 为空气密度，kg/m^3；v 为风速，m/s；$\overline{w}$ 为平均风功率，W/m^2。

3. 风能

风能的利用就是将风流动所产生的动能转换为其他形式的能量。假设气体内分子之间的距离不会改变，那么这种动能就可以视为纯动力，根据动力学原理，在一定的时间 t（s）内，流过截面积为 A 的风，其拥有的动能 E 为

$$E=\frac{1}{2}\rho v^3At \tag{2-4}$$

4. 有效风能

对于风能转换装置而言，可利用的风能是在切入风速到切出风速之间的风速段，这个范围的风能即“有效风能”，该风速范围内的平均风功率密度即有效风功率密度，有效风功率密度计算式为

$$\overline{w}_{\mathrm{e}}=\frac{1}{2}\rho\frac{\int_{v_1}^{v_2}v^3f(v)\,\mathrm{d}v}{\exp\left[-\left(\frac{v_1}{c}\right)^k\right]-\exp\left[\left(\frac{v_2}{c}\right)^k\right]} \tag{2-5}$$

式中：$\overline{w}_{\mathrm{e}}$ 为有效风功率密度，W/m^2；v_1 为有效风速，m/s；v_2 为无效风速，m/s。

5. 可利用小时数

风电场容量系数的高低由可利用小时数决定，可利用小时数越高则说明风电场的投资回报率也越高。统计代表年测风序列中的有效风速的风能可利用小时数计算式为

$$t=N\int_{v_1}^{v_2}v^3f(v)\,\mathrm{d}v=N\left\{\exp\left[-\left(\frac{v_1}{c}\right)^k\right]-\exp\left[\left(\frac{v_2}{c}\right)^k\right]\right\} \tag{2-6}$$

式中：N 为统计时段的总时间，h。其中可利用风能资源储量，通过有效风功率密度、风电场面积和风能利用率之间的关系计算得出。

（二）太阳能

GB/T 31155—2014《太阳能资源等级 总辐射》中指出，采用太阳总辐射年辐照量、稳定度和直射比这三个指标对太阳能资源（总辐射）进行分级。

1. 太阳总辐射年辐照量等级

太阳总辐射年辐照量划分为四个等级：最丰富（A）、很丰富（B）、丰富（C）、一般（D），划分标准见表2–4。

表2–4　太阳总辐射年辐照量等级

等级名称	分级阈值（$kW\cdot h\cdot m^{-2}\cdot a^{-1}$）	分级阈值（$MJ\cdot m^{-2}\cdot a^{-1}$）	等级符号
最丰富	$G\geqslant 1750$	$G\geqslant 6300$	A
很丰富	$1400\leqslant G<1750$	$5040\leqslant G<6300$	B
丰富	$1050\leqslant G<1400$	$3780\leqslant G<5040$	C
一般	$G<1050$	$G<3700$	D

注　G 表示总辐射年辐照量，采用多年平均值（一般取30年平均）。

2. 稳定度等级

稳定度划分为四个等级：很稳定（A）、稳定（B）、一般（C）、欠稳定（D）。划分标准见表2–5。

表2–5　稳定度等级

等级名称	分级阈值	等级符号
很稳定	$R_w\geqslant 0.47$	A
稳定	$0.36\leqslant R_w<0.47$	B
一般	$0.28\leqslant R_w<0.36$	C
欠稳定	$R_w<0.28$	D

注　R_w 表示稳定度。计算 R_w 时，首先计算总辐射各月平均日辐照量的多年平均值（一般取30年平均），然后求最小值与最大值之比。

3. 直射比等级

直射比划分为四个等级：很高（A）、高（B）、中（C）、低（D），划分标准见表2–6。

表2–6　直射比等级

等级名称	分级阈值	等级符号	等级说明
很高	$R_D\geqslant 0.6$	A	直接辐射主导
高	$0.5\leqslant R_D<0.6$	B	直接辐射较多
中	$0.35\leqslant R_D<0.5$	C	散射辐射较多
低	$R_D<0.35$	D	散射辐射主导

注　R_D 表示年直射比。计算 R_D 时，首先计算水平面直接辐射和总辐射年辐照量的多年平均值（一般取30年平均），然后求二者之比。

（三）生物质

农作物秸秆主要包括粮食作物、油料作物、棉花、麻类和糖料作物等五大类，其产量通常依据农作物的产量计算而得。计算公式如下

$$CR = \sum_{i=1}^{n} Qc_i R_i \tag{2-7}$$

式中：CR 为秸秆资源实物量；Qc_i 为第 i 类农作物的产量；R_i 为第 i 类农作物的谷草比系数。

粪类资源。

根据各类畜禽每日粪便产生量和畜禽的饲养周期可以估算畜禽粪便排放量，公式如下

$$D = \sum_{i=1}^{n} Qd_i d_i m_i \tag{2-8}$$

式中：D 为畜类实物量；Qd_i 为第 i 类畜禽的数目；d_i 为第 i 类畜禽每天粪便的产量；m_i 为第 i 类畜禽的饲养周期。

二、外部能源的供能能力分析

（一）电网供能分析

1. 城市配电网供电能力评估内容

配电网供电能力评估的内容主要放在以下几个方面：

（1）供电能力是否满足现有负荷的需要及可能适应负荷增长的程度。

（2）供电可靠性。

（3）正常运行时各节点的电压水平及线路的电压损失、线损。

（4）供电设备更新的可能性和必要性。

通过对某一城区配电网供电网络的统计、分析、计算，评估配电网的结构，找出电网存在的主要问题和薄弱环节，提出改进措施和建议，为城市配电网的规划和改造奠定良好的基础，为未来的投资规划以适应电力市场发展的需要提供保障。

2. 传统城市配电网供电能力评估方法

传统配电网供电能力评估的主要方法有尝试法、容载比法、最大负荷倍数法等。

尝试法是通过给定某一指定系统负荷，按照一定的负荷分配系数将这一负荷分配到各个负荷点，不断地增加系统负荷和进行潮流计算，直至增加微小的负荷就会引起支路功率越限的发生为止。该方法需要对配电网的负荷水平及其在各个负荷点的分布有清晰的整体把握，较多地依赖于工程经验。

容载比法通过考察对象之变电容量与其供电负荷的比值来宏观地检验其供电

能力。从宏观上评价了供电能力，该方法能够简单清晰地反映配电网的供电能力，但是未将网络转移能力、供电可靠性等因素考虑在内。

最大负荷倍数法以系统现有的负荷为基础，通过计算电网所能达到的最大负荷倍数来评估网络的供电能力与对负荷变化的适应性。此评价结果在很大程度上受到网络现有的负荷分布状况的影响。传统评估方法对比见表 2–7。

表 2–7 传统评估方法对比

评估方法	考虑因素	优点	缺点
容载比法	变电站容量裕度	宏观评价，能够简单清晰地反映配电网的供电能力	计算方法烦琐，网络复杂时结果不一定准确
最大负荷倍数法	网络影响因素	考虑了接线模式和现状负荷情况，评估效果明显加强	分析结果与实际情况仍存在一定的误差
基于互联关系的实际计算	N–1 准则和网络约束条件	充分考虑网络转移能力，计算过程简捷有效	有理想假设，实际应用需考虑电网结构和设备容量约束

（二）热网供能分析

热网供能的分析重点在于对热网设计流量进行计算分析。依据 CJJ 34—2002《城市热力网设计规范》给出了对热网设计流量的方法。

1. 采暖热负荷热力网设计流量

$$G_n = 3.6[Q_n / c(t_1 - t_2)] \tag{2-9}$$

式中：G_n 为采暖热负荷热力网设计流量，t/h；Q_n 为采暖热负荷，kW；c 为水的比热容，kJ/（kg・℃），可取 c=4.186 8kJ/（kg・℃）；t_1 为采暖室外计算温度下的热力网供水温度，℃；t_2 为采暖室外计算温度下的热力网采暖系统回水温度，℃。

2. 通风、空调热负荷热力网设计流量

$$G_{tk} = 3.6[Q_{tk} / c(t_{1t} - t_{2t})] \tag{2-10}$$

式中：G_{tk} 为通风、空调热负荷热力网设计流量，t/h；Q_{tk} 为通风、空调热负荷，kW；c 为水的比热容，kJ/（kg・℃），可取 c=4.186 8kJ/（kg・℃）；t_{1t} 为冬季通风、空调相应室外计算温度下的热力网供水温度，℃；t_{2t} 为冬季通风、空调相应室外计算温度下的热力网采暖系统回水温度，℃。

3. 闭式热力网生活热水热负荷热力网设计流量

（1）与采暖系统并联连接情况。

1）平均流量计算公式为

$$G_{sp} = 3.6Q_{sp} / c(t_1' - t_2') \tag{2-11}$$

式中：G_{sp} 为生活热水热负荷热力网设计流量，t/h；Q_{sp} 为采暖期生活平均热负荷，kW；c 为水的比热容，kJ/（kg・℃），可取 c=4.186 8kJ/（kg・℃）；t_1' 为用式热力网采暖开始时的供水温度，℃；t_2' 为生活热水加热器上相应的回水温度，℃。

2）最大流量计算公式为

$$G_{s\cdot max} = 3.6Q_{s\cdot max} / c(t_1' - t_2') \tag{2-12}$$

式中：$G_{s\cdot max}$ 为生活热水热负荷热力网最大流量，t/h；$Q_{s\cdot max}$ 为采暖期生活热水最大热负荷，kW；c 为水的比热容，kJ/（kg・℃），可取 c=4.186 8kJ/（kg・℃）；t_1' 为闭式热力网采暖开始时的供水温度，℃；t_2' 为生活热水加热器上相应的回水温度，℃。

（2）与采暖系统两级串联或两级混合连接。

1）平均流量计算公式为

$$G_{sp} = 3.6[Q_{sp} / c(t_1' - \theta_2)][(t_r - t_{1r}) / (t_r - t_1)] \tag{2-13}$$

式中：G_{sp} 为生活热水热负荷热力网平均流量，t/h；Q_{sp} 为采暖期生活热水平均热负荷，kW；c 为水的比热容，kJ/（kg・℃），可取 c=4.186 8kJ/（kg・℃）；t_1' 为闭式热力网采暖开始时的供水温度，℃；θ_2 为采暖期开始时采暖期系统回水温度，对于间接连接采暖系统为采暖加热器热力网侧出口水温，℃；t_r 为生活热水温度，应按设计水温取用；t_{1r} 为采暖期开始时，第一级生活热水加热器生活热水出口水温，℃，$t_{1r} = \theta_2 - \Delta$，$\Delta$ 可取 5～10 ℃；t_1 为冷水计算温度，℃。

2）最大流量计算公式为

$$G_{s\cdot max} = 3.6 \times [Q_{s\cdot max} / c(t_1' - \theta_2)][(t_r - t_{1r}) / (t_r - t_1)] \tag{2-14}$$

式中：$G_{s\cdot max}$ 为生活热水热负荷热力网最大流量，t/h；$Q_{s\cdot max}$ 为采暖期生活热水最大负荷，kW；c 为水的比热容，kJ/（kg・℃），可取 c=4.186 8kJ/（kg・℃）；t_1' 为闭式热力网采暖开始时的供水温度，℃；θ_2 为采暖期开始时采暖系统回水温度，对于间接连接采暖系统为采暖加热器热力网侧出口水温，℃；t_r 为生活热水温度，应按设计水温取用；t_{1r} 为采暖期开始时，第一级生活热水加热器生活热水出口水温，℃，$t_{1r} = \theta_2 - \Delta$，$\Delta$ 可取 5～10℃；t_1 为冷水计算温度，℃。

4. 开式热力网生活热水热负荷网流量

（1）平均流量计算公式为

$$G_{sp} = 3.6Q_{sp} / c(t_1^* - t_1) \tag{2-15}$$

式中：G_{sp} 为生活热水热负荷平均流量，t/h；Q_{sp} 为采暖期生活热水平均热负荷，kW；c 为水的比热容，kJ/（kg・℃），可取 c=4.186 8kJ/（kg・℃）；t_1^* 为开式热力网采暖开始时的供水温度，℃；t_1 为冷水计算温度，℃。

（2）最大流量计算公式为

$$G_{s\cdot max}=3.6Q_{s\cdot max}\ /\ c(t_1^*-t_1) \tag{2-16}$$

式中：$G_{s\cdot max}$ 为生活热水热负荷最大流量，t/h；$Q_{s\cdot max}$ 为采暖期生活热水最大热负荷，kW；c 为水的比热容，kJ/（kg·℃），可取 c=4.186 8kJ/（kg·℃）；t_1^* 为开式热力网采暖开始时的供水温度，℃；t_1 为冷水计算温度，℃。

5. 闭式热力网

当采用中央质调节时干线设计流量

$$G_{gb}=G_n+G_{tk}+G_{sp} \tag{2-17}$$

式中：G_{gb} 为闭式热力网干线设计流量，t/h；G_n 为采暖热负荷热力网设计流量，t/h；G_{tk} 为通风、空调热负荷热力网设计流量，t/h；G_{sp} 为生活热水热负荷热力网平均流量，t/h。

6. 双管开式热力网当采用中央质调节时干线设计流量

$$G_{gk}=G_n+G_{tk}+G_{sp} \tag{2-18}$$

式中：G_{gk} 为开式热力网干线设计流量，t/h；G_n 为采暖热负荷热力网设计流量，t/h；G_{tk} 为通风、空调热负荷热力网设计流量，t/h；G_{sp} 为生活热水热负荷热力网平均流量，t/h。

在进行计算时需注意，热水热力网当采用中央质调节时，应采用各种热负荷的热力网流量曲线相叠加得出的最大流量值，作为设计流量。热水热力网支线设计流量的计算方法与干线设计流量计算方法相同，但生活热水热负荷的热力网流量应按以下规定取用：

（1）当生活热水用户有储水箱时，取生活热水热负荷平均流量。

（2）当生活热水用户无储水箱时，取生活热水负荷最大流量。

蒸汽热力网的设计流量，应按各用户的最大蒸汽流量之和乘以同时系数确定。当供热介质为饱和蒸汽时，设计流量包括补偿管道热损失产生的凝结水的蒸汽量。

（三）气网供能分析

对于天然气网的供给能力分析，主要集中在高压和中压燃气管道水力计算。根据 2009 年出版的《燃气工程设计手册》，高压和中压钢管燃气管道的水力计算为

$$\frac{p_1^2-p_2^2}{L}=1.4\times10^9\left(\frac{\Delta}{d}+192.2\frac{dv}{\rho_0}\right)^{0.25}\frac{q_0^2}{d_0^5}\frac{T}{T_0} \tag{2-19}$$

式中：p_1 为燃气管道起点的绝对压力，kPa；p_2 为燃气管道终点的绝对压力，kPa；L 为燃气管道的计算长度，km；Δ 为管壁内表面的当量绝对粗糙度，mm；d 为燃气管道的内径，mm；v 为燃气运动黏度，m^2/s；q_0 为折算到标准状态时燃气管道

的计算流量，m^3/h；ρ_0为标准状态时燃气的密度，kg/m^3；T 为设计中所采的燃气温度，K；T_0 为 273.15K。

第四节　区域级综合能源系统典型供能设备供能特性分析

根据已有研究中各类综合能源系统架构，可归纳出区域级综合能源系统的基本物理架构如图 2–33 所示。

冷、热、电多种能源系统在能源供应环节、能源转换环节、能源传输环节、能源存储环节和能源需求环节的耦合互补和协同运行是区域级综合能源系统的特色。电力、燃气及可再生能源等多种能源通过区域级综合能源系统转化为用户需求的电力和冷/热量，使得实现多种能源的综合利用成为可能，图 2–33 详细描绘了区域级综合能源系统内部各种能源流生产、转换、传输和存储的全过程，完整实现了多元能源之间的耦合优化和良好互动。

本章研究综合能源的全过程供能模式，建立能源生产、转换、存储三大关键环节的模型库，并完成相关特性分析。

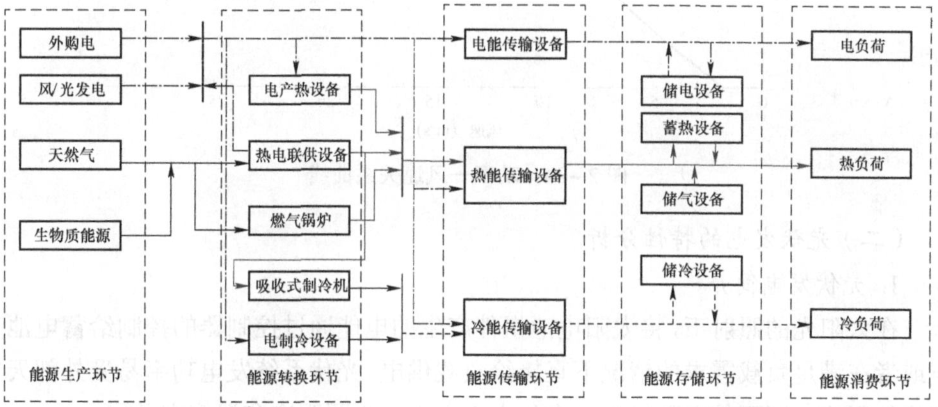

图 2–33　区域级综合能源系统冷、热、电能量流动图

一、能源生产设备特性分析

（一）风力发电的特性分析

1. 风力发电简介

风力发电的原理是利用风力带动风车叶片旋转，再通过增速机将旋转的速度提

升，来促使发电机发电。依据目前的风车技术，大约是每秒三米的微风速度（微风的程度），便可以开始发电。风力机按照旋转方式可分为水平轴风力机和垂直轴风力机。近年来，通过在空气动力学、结构力学以及发电特性方面大量的研究，垂直轴风力机已经进入了实用阶段。并且对于小型风力发电机组，垂直轴风力机有其独特的优点，海上风力发电机组多采用垂直轴液压型风力发电机组。

2. 特性分析

当外界风速变化时，应该根据最佳叶尖速比的要求，随时调整风机叶轮转速，使得风机功率系数达到最大，保持风机能够输出尽可能大的功率。显然，随着风速的增大，叶轮转速也应随之增大；风速减小，叶轮转速也应减小。并且，风速越高，风机理论上就可以转换得到越多的风功率。

风力发电机输出功率—风速的关系曲线如图 2-34 所示。

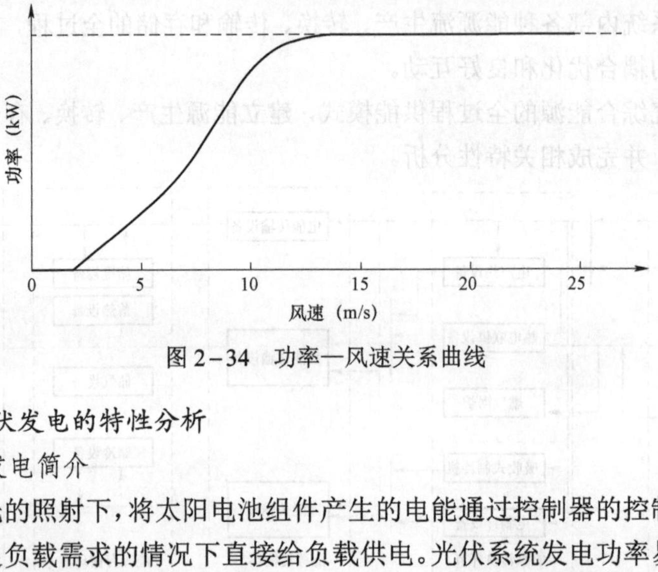

图 2-34　功率—风速关系曲线

（二）光伏发电的特性分析

1. 光伏发电简介

在太阳光的照射下，将太阳电池组件产生的电能通过控制器的控制给蓄电池充电或者在满足负载需求的情况下直接给负载供电。光伏系统发电功率易受外部天气变化的影响，因而具有随机性，光伏出力大小与光照强度和温度有关。

2. 特性分析

某分布式光伏发电在晴天 24h 的光照强度与温度曲线如图 2-35 所示。

由图 2-36 可以得出：

（1）晴天时全天的光照变换曲线比较平缓，没有出现特别尖锐的不确定性变换，最大值一般出现在正午，一般在 12～13 点。全天的温度变化不大，基本都处于较高温度。

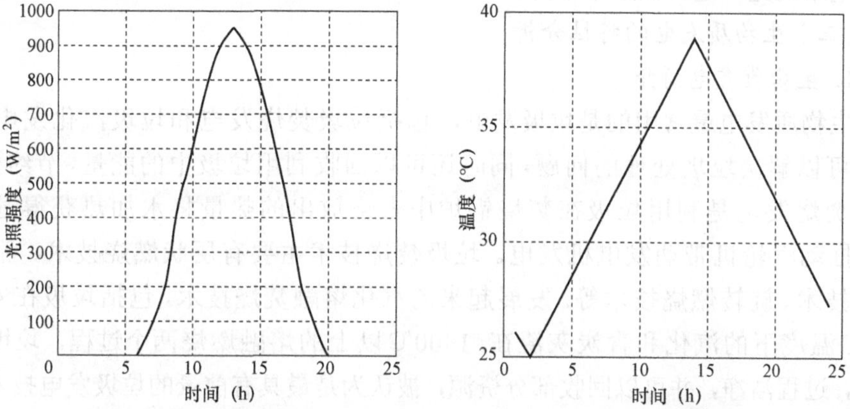

(a) 光照强度曲线　　(b) 温度变化曲线

图 2-35　某分布式光伏发电在晴天 24h 的光照强度与温度曲线

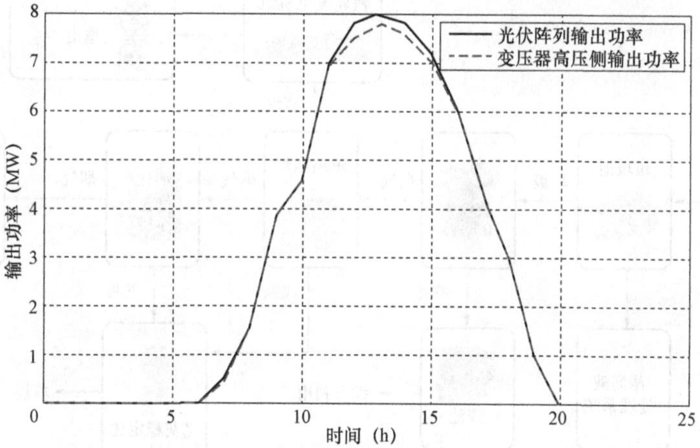

图 2-36　晴天天气光伏电站输出曲线

（2）光照强度会对光伏电站的功率输出造成影响。光照强度越大，功率输出越大，这也与光伏电池的出力模型相对应。

（3）环境温度对光伏电站的功率输出的影响主要反应在光伏电站的效率上，从光伏电站的功率输出曲线可以看出，光伏阵列的输出功率峰值为 8MW 左右，此时在同一位置的光照强度为 960W/m² 左右，环境温度为 37℃左右，但是此时太阳能电池板因为辐射，温度上升达到 65℃，高于环境温度。理论上，该光照强度下，光伏电站的功率输出峰值为电池温度为 25℃时的最大值，即 9.6MW，大于实际的功率峰值。由此可见，环境温度升高和光照辐射引起太阳能电池板温度上升都会使光伏电站的光—电转换效率下降。

（三）生物质发电的特性分析

1. 生物质发电简介

生物质发电最常用的是垃圾发电，包括垃圾焚烧发电和垃圾汽化发电，其不仅可以解决垃圾处理的问题，同时还可以回收利用垃圾中的能量，节约资源，垃圾焚烧发电是利用垃圾在焚烧锅炉中燃烧放出的热量将水加热获得过热蒸汽，推动汽轮机带动发电机发电。垃圾焚烧技术主要有层状燃烧技术、流化床燃烧技术、旋转燃烧技术等。发展起来的汽化熔融焚烧技术，包括垃圾在450～640℃温度下的汽化和含炭灰渣在1300℃以上的熔融燃烧两个过程，垃圾处理彻底，过程洁净，并可以回收部分资源，被认为是最具有前景的垃圾发电技术（如图2–37所示）。

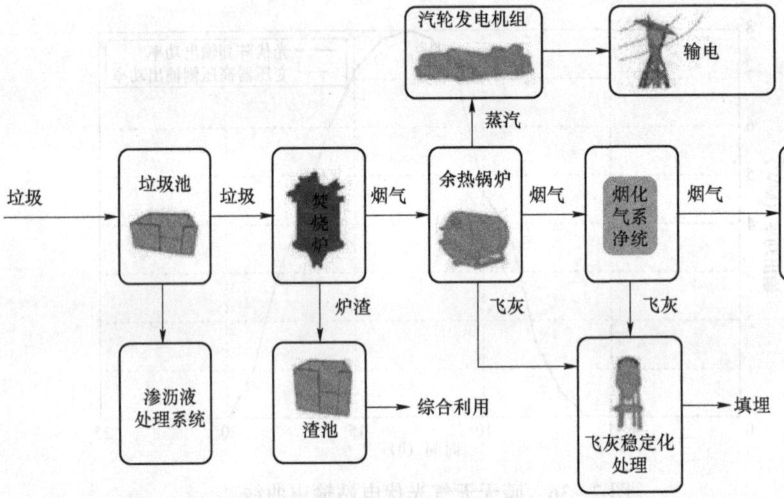

图2–37　垃圾焚烧工艺流程

2. 特性分析

垃圾的主要特性是水分高、灰分高、热值低。目前应用于城市生活垃圾的焚烧炉炉型主要有炉排型焚烧炉、流化床焚烧炉和回转窑式焚烧炉。其中，炉排型焚烧炉形式多样，其应用占全世界垃圾焚烧市场总量的80%以上。该类炉型的最大优势在于技术成熟，运行稳定、可靠，适应性广，绝大部分固体垃圾不需要任何预处理可直接进炉燃烧。某炉排型焚烧炉垃圾发电厂典型日实际曲线如图2–38所示，垃圾焚烧发电量基本稳定。

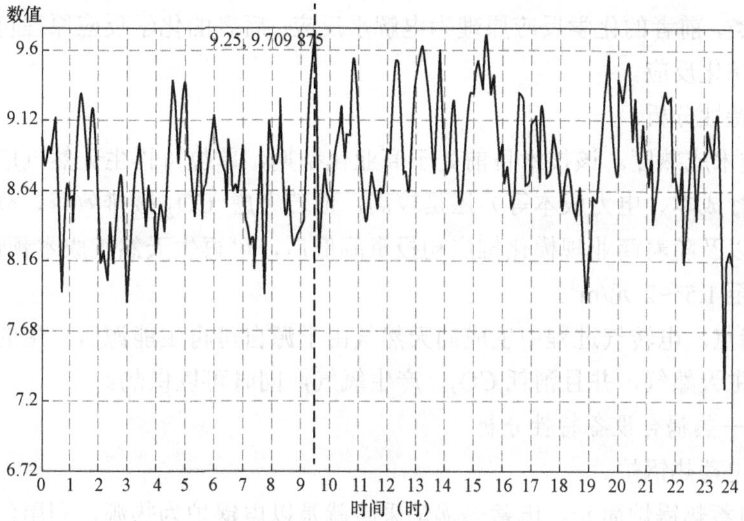

图 2-38 垃圾焚烧发电输出曲线

二、能源转换设备特性分析

（一）“电转 X”耦合设备特性分析

1. 电—气耦合设备特性分析

（1）电转气设备简介。

水电解制氢设备依靠新型电转气技术（power-to-gas，P2G），实现了能量从电力系统向天然气系统的传输，利用现有的天然气网络实现能量的大规模、长时间存储，加强了电力系统与天然气系统的耦合，如图 2-39 所示。

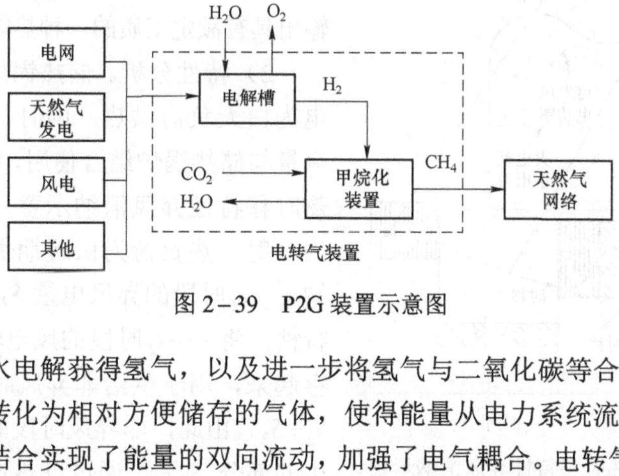

图 2-39 P2G 装置示意图

电转气将水电解获得氢气，以及进一步将氢气与二氧化碳等合成甲烷等气体，从而实现电能转化为相对方便储存的气体，使得能量从电力系统流向天然气系统，与燃气发电相结合实现了能量的双向流动，加强了电气耦合。电转气包括电转氢气和甲烷两类，前者的化学反应原理为电解水反应；后者的化学反应原理包括电解水反应和甲烷化反应。

（2）特性分析。

1）技术成熟度。该技术目前处于商业化初期，单位可再生天然气成本（含初投资、运行成本、电力成本等）还是较高，但若考虑 CO_2 减排效益、氧气及热力收益后，以及随着商业规模化推广初投资降低后，可再生天然气成本预计在 2030 年可降低至 1.5～2 元/m^3。

2）特点。电转气过程中生成的天然气由于源自可再生能源所产生的电力，因此为可再生天然气，并且消耗 CO_2，产生氧气，同时可以供热。

2. 电—热耦合设备特性分析

（1）电蓄热锅炉。

1）电蓄热锅炉简介。电蓄热锅炉采暖就是以电锅炉为热源，利用供电电费峰谷差值，在供电谷值时段，以水为加热热媒进行加热，并将其储存在蓄热水箱或者蓄热砖中，在供电高峰时段关闭电锅炉，由储存在蓄热水箱中的热水向采暖系统供热。这样，它既能实现削峰填谷，又可充分利用廉价的低谷电价，达到经济运行的目的，使用户和供电部门都能从中得到实惠。电储热锅炉由电锅炉本体、电锅炉控制柜、保温式蓄热装置、循环泵、水处理装置等组成，电储热锅炉无燃烧反应，不排出有害气体、无污染、无噪声，是各种取暖锅炉污染最少的；同时工作在用电低谷时间段，运行费用低；热效率高，达到 96%以上。

电蓄热锅炉主要以电能为能源，利用电阻或电磁感应产生热能，通过其换热部位把有机热载体加热到一定温度或压力时，向外输出具有额定工质的一种热能机械设备。

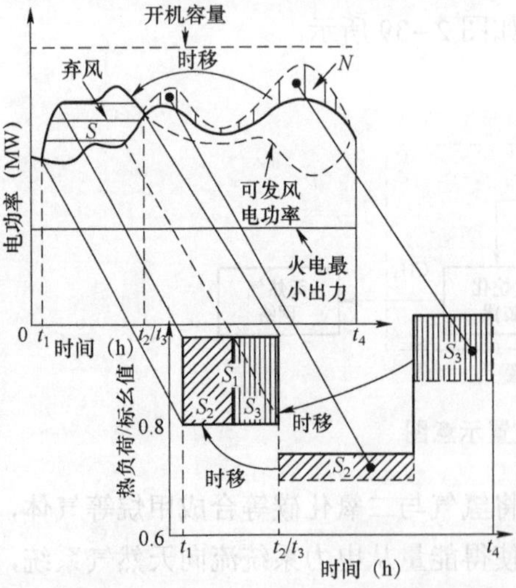

图 2-40　电—热时移特性弃风消纳示意

2）特性分析。储热锅炉消耗夜晚低谷电为白天负荷供热，同时，可以将夜晚弃风量与储热锅炉结合使用，图 2-40 为电—热时移特性弃风消纳示意，两个坐标图互为映射，热负荷为供暖期供热负荷。为消纳 t_1～t_2 时段的弃风电量 S，考虑热的存储特性，将 t_1～t_2 时段的风电转换成热 S，储存起来，用于供给非弃风时段的供热需求 S_2+S_3。由此，非弃风时段的电负荷也将减少的部分 S_2+S_3 通过以热定电产生对应的

电量 N，由此实现 S 到 N 在时间上的转移。

（2）地源热泵。

1）地源热泵简介。地源热泵是一种利用浅层地热资源（也称地能，包括地下水、土壤或地表水等）的既可供热又可制冷的高效节能空调设备。热泵通过输入少量的高品位能源（如电能），实现由低温位热能向高温位热能转移（如图 2-41 所示），分别在冬季作为热泵供热的热源和夏季制冷的冷源，即在冬季，把地能中的热量取出来，提高温度后，供给室内采暖；夏季，把室内的热量取出来，释放到地能中去。通常地源热泵消耗 1kWh 的能量，用户可以得到 4kWh 以上的热量或冷量。

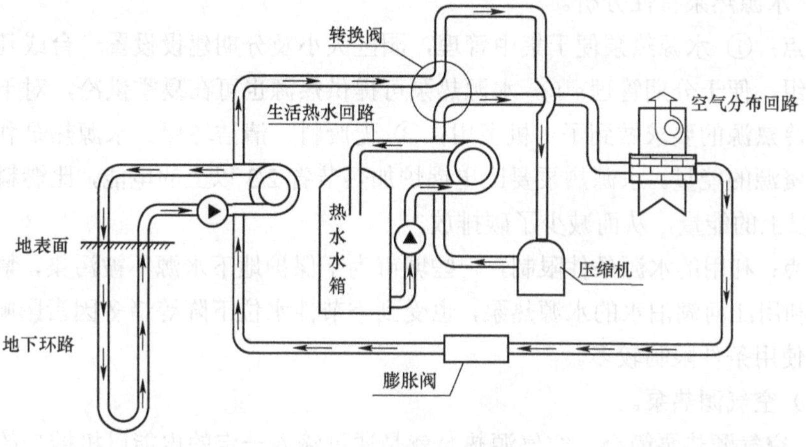

图 2-41　地源热泵供暖

2）地源热泵特性分析。

优点：① 运行费用低：地源热泵利用地下温度一年四季相对稳定的特性，*COP* 值高达 4 以上，产生同样的制冷取暖效果时，地源热泵比一般中央空调省电 30%～40%。② 节能环保：室内侧由冷冻水输送，减少冷媒充注量，从而减少对大气的污染；室外侧换热环境由大气转变为土壤或者水体，从而减少大气热排放，减轻热岛效应。只需消耗少量电能，在运行过程中不会产生二氧化碳等污染环境的气体。

缺点：地源热泵的初投资比较高。一套小型的家用地源热泵系统初投资在十几万元以上，大型商用的地源热泵的造价就更高。

（3）水源热泵。

1）水源热泵简介。水源热泵利用的主要是地球表面浅层水源如地下水，河流和湖泊，其运行工况较为稳定，换热设备紧凑。但是热泵装置必须靠近水源，或设有一定的蓄水装置，对水质也有一定的要求。此外，水源热泵中污水源热泵的应用也较为常见，其主要工作原理是借助污水源热泵压缩机系统，消耗少量电能，在冬季把存于水中的低位热能“提取”出来，为用户供热，夏季则把室内的热量“提取”出来，释放到水中，从而降低室温，达到制冷的效果。需要注意的是，因为污水源热泵的热源是污水具有一定的腐蚀性，所以污水源热泵污水端换热器需要特殊材质，抗腐蚀的。

水源热泵机组是采用热泵技术，把地下水、湖水等低品位热量转化为45～90℃的高品位热量热水，产品节能环保，水源热泵机组可实现制冷、供暖和卫生用水一机三用功能，减少锅炉投资及带来的污染，适用于酒店、医院、桑拿洗浴中心、工厂等场所，但前提条件是要有地下水、湖水等资源。

2）水源热泵特性分析。

优点：① 水源热泵便于集中管理，园区大小及分期建设设置一台或几台水热热泵机组，便于分期管理；② 水源热泵可提供热源也可在夏季供冷，对于公共建筑需要冷热源的要求做到了一机多用；③ 无废料，清洁环保。水源热泵利用了地下水的资源的能量。水源热泵要比电锅炉加热节省2/3以上的电能，比燃料锅炉节省1/2以上的能量，从而减少了碳排放。

缺点：利用的水源条件限制，一些城市为了保护地下水源不被污染，禁止抽取利用；利用江河湖泊水的水源热泵，也受到季节性水位下降等诸多因素影响。水源热泵的使用条件限制较多。

（4）空气源热泵。

1）空气源热泵简介。空气源热泵就是通过输入一定的电能以机械功的形式利用室外空气中所蕴含的能量，使能量由低位热源向高位热源转移的制冷、制热装置。冬季制热时利用室外空气为热源，依靠蒸发器吸收室外空气中的热量，通过介质水将热量送至室内末端给建筑供热；夏季制冷时利用介质水吸收室内的热量制冷，并通过冷凝器排放至室外空气中。

2）空气源热泵特性分析。

优点：① 适用范围广：适用温度范围在−7～40℃，一机两用，冬季制热、夏季制冷，冷热源兼用，省去热源设备投资，并且不受阴、雨、雪等恶劣天气和冬季夜晚的影响，都可正常使用。② 运行成本低，节能效果突出；与燃气、电和电辅助加热的太阳能热水器相比，全年费用最低。③ 是环保型产品：无污染无燃烧外排物，不会对人体造成损害。④ 机组制冷制热性能不稳定，受室外环境影响很大，制冷量随室外环境温度升高而降低，制热量随室外环境温度降低而减少。

缺点：① 由于空气源是分散能源，制热速度慢，热效率不是很高。② 空气源热泵容易出现结霜问题，受地域限制。在−10℃或更低的极低温环境中，空气中热能少，能转换的热能有限，工作效能会大打折扣。

3. 电—冷耦合设备的特性分析

（1）电制冷机（electric chiller，EC）。以电能作为其输入能源，通过电机运带动压缩机的活塞进行压缩，使压缩机内部的制冷工质受压液化，释放出热量到外界，而液化后的制冷工质又可以蒸发吸收热量，从而实现将热量进行转移，其制冷循环为压缩→冷凝→膨胀→蒸发。制冷机工作原理如图 2–42 所示。

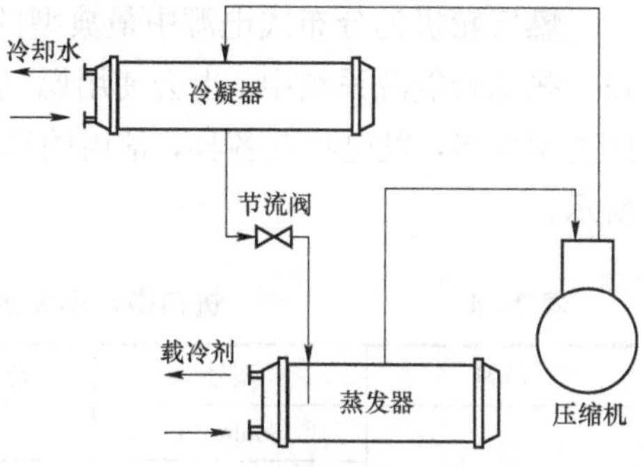

图 2–42　制冷机工作原理

目前以采用电动式空调制冷机为主流，因为电动式机组的体积小、可靠性高、操作简单。电动式机组比燃气直燃式机组可节省 30%的能源消耗。

（2）特性分析。

1）技术成熟度：已经成熟地应用于各个对供冷有需求的场景，技术成熟度高。

2）特点：体积小，可靠性高，操作简单，能效比高。

（二）“气转 X”耦合设备特性分析

1. 气—电耦合设备特性分析

燃气分布式能源系统发电设备发电过程中产生的余热（高温燃气或其他），通过余热利用设备可提供蒸汽、热水、空调冷热水等。发电要有燃气轮机、内燃机、微燃机等，余热利用设备主要有余热型溴化锂吸收式冷温水机组、余热锅炉等。

（1）燃气轮机。

1）燃气轮机简介。区域级和跨区级的天然气–电力耦合组件主要载体是燃气轮机和电驱动压缩机，作为电力网络与天然气网络连接的纽带，燃气轮机在电力系统中是发电机，在天然气网络中可视为负荷。

燃气轮机（gas turbine）是以连续流动的气体为工质带动叶轮高速旋转，将燃料的能量转变为有用功的内燃式动力机械，是一种旋转叶轮式热力发动机。燃气轮机分为小型燃气轮机和微型燃气轮机，具有结构简单、体积小、重量轻、启动快、少用或不用冷却水等一系列优点，适用于中心城市和远郊农村。燃气轮机额定容量小于 4000kW 的属于微型燃气轮机，大于 4000kW 的属于燃气轮机范畴。

2）燃气轮机特性。一般的燃气轮机采用了径流式叶轮机械或空气轴承结构，这样结构相对简单、重量较轻、机组尺寸小、优点显著，可产生大量品质极佳的余热烟气，当其与不同的废热利用设备（例如，制冷机、除湿机、余热锅炉等装置）组合时，可在为用户提供电能的同时供热或供冷，由此构成了“微燃机 CCHP 系统”。

燃气轮机为分布式电源中最典型的一种，因此不仅在冷热电联供系统中，甚至在一些综合能源系统中，也会使用燃气轮机作为核心的分布式发电设备。燃气轮机的类型繁多，发电特性各异，常用的进口微、小型燃气轮机及其相关特性如表 2-8 所示。

表 2-8　　进口微、小型燃气轮机及其相关特性

品牌	型号	功率（kW）	效率（%）	排气温度（℃）
Solar Turbines（索拉透平）	Satum 20	1210	24.3	504
	Centaur 40	3515	27.9	443
	Centaur 50	4600	29.3	510
	Mercury 50	4600	38.5	377
	Taurus 60	5670	30.4	510
Capstone（凯普斯通）	C30	30	27.0	305
	C60	60	28.0	305
	C65	65	29.0	309
Honeywell（霍尼韦尔）	Parallon75	75	30	246

（2）燃气内燃机。

1）燃气内燃机简介。通过天然气与空气在气缸内燃烧产生高温高压的燃气，膨胀做功带动活塞运动，而活塞会进一步带动与之连接的曲柄连杆等装置产生机械能，最后发电机在机械能的推动下产生电能。

2）特性分析。与燃气轮机相比，燃气内燃机的发电效率较高，电热比较大，低电压启动及部分负荷性能较好。因此，当系统对电力需求较多或经常处于低电压运行时，就应优先采用内燃机。不过，内燃机的排气温度和缸套水温度都比较低，所能输出的热量相对较少。不同动力天然气分布式能源技术对比如表 2-9 所示。

表 2-9　　不同动力天然气分布式能源技术对比

项目	中小型燃气轮机	微型燃气轮机	内燃机
技术状态	商业应用	商用早期	商业应用
燃料	天然气	天然气	天然气
规模（MW）	0.5～50	0.025～0.25	0.05～5
热回收	热水，低压、高压、蒸汽	热水，低压蒸汽	热水，低压蒸汽
输出热量［MJ/（kW·h）］	3.6～12.7	4.2～15.8	1.1～5.3
可用热量的温度（℃）	260～593	204～343	93～450

续表

项目	中小型燃气轮机	微型燃气轮机	内燃机
发电效率（%）（基于燃料低位发热量）	25～45（简单循环） 40～60（联合循环）	14～30	25～45
占地面积（m^2/kW）	0.002～0.057	0.014～0.139	0.020～0.029
噪声	中等 要求机组隔离	中等 要求机组隔离	中等至严重 要求建筑隔离

2. 气—热耦合设备特性分析

（1）燃气锅炉简介。燃气锅炉指的是以燃气为燃料的锅炉，可分为燃气开水锅炉、燃气热水锅炉、燃气蒸汽锅炉等，是天然气系统和热力系统之间的耦合元件。

（2）特性分析。

1）技术成熟度：已经成熟地应用于各个对供暖有需求的场景，技术成熟度高。

2）特点：热排放量可以再回收，对环境污染程度小。

3. 气—电—热耦合设备特性分析

（1）热电联产设备简介。在区域级综合能源系统中，电—热—气耦合环节是通过微燃机热电联产（CHP）机组实现的（如图 2–43 所示）。

（2）特性分析。

1）综合效率：热电联产比热电分产可以节约 1/3 左右的燃煤（仅从热源角度进行比较，未比较二者的热网损失），综合效率可由 50%提高到 75%（如图 2–44 所示）。

2）技术成熟度：已经成熟地应用于各个对供电、供热有需求的场景，技术成熟度高。

3）优点：节约能源，减轻大气污染，改善环境质量，增加电力供应，节约城市用地，提高供热质量，便于综合利用。

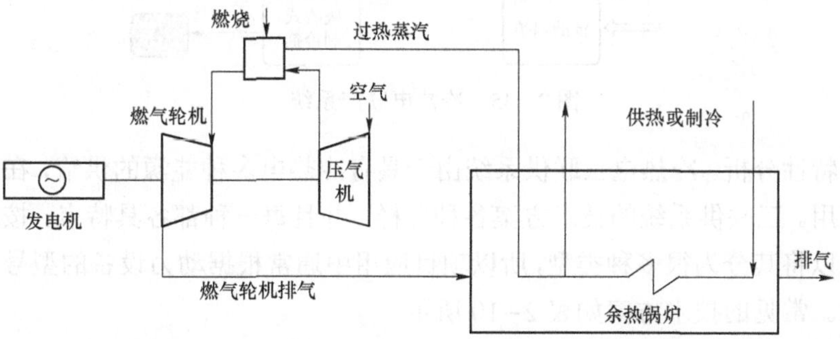

图 2–43　微燃机热电联产（CHP）机组的工作流程

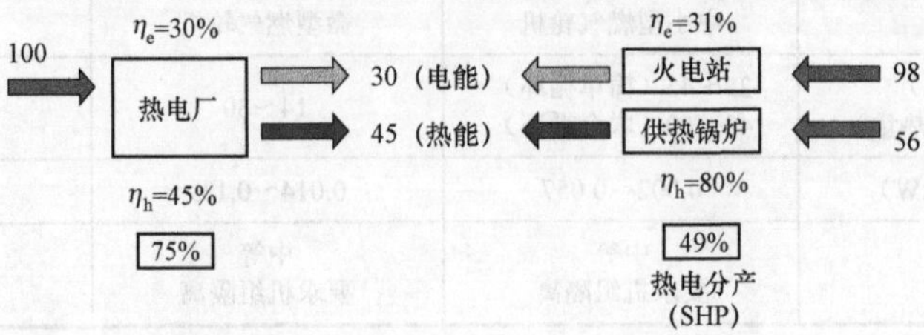

图 2–44　微燃机热电联产（CHP）机组的综合效率

4）缺点：投资比同容量电厂大；工质损失比电厂大得多，补水率大，水处理设备投资和运行费用增加，热力设备可靠性降低。

4. 气—电/热/冷耦合设备特性分析

（1）冷热电三联供设备简介。冷热电三联供（combined cooling heating and power，CCHP），由燃气发电机、余热锅炉和辅助锅炉、吸收式制冷机等构成，以天然气为主要燃料带动燃气轮机、微燃机或内燃机发电机等燃气发电设备运行，产生的电力供应用户的电力需求，系统发电后排出的余热通过余热回收利用设备（余热锅炉或者余热直燃机等）向用户供热、供冷。通过这种方式大大提高整个系统的一次能源利用率，实现了能源的梯级利用。三联供设备的发电设备主要有燃气内燃机、燃气轮机、燃气微燃机（如图 2–45 所示）。

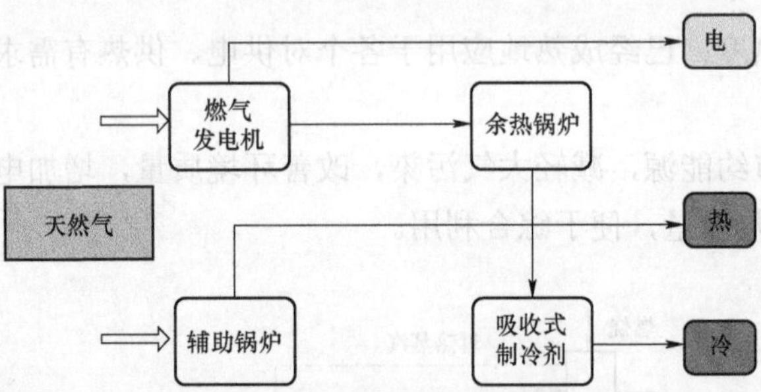

图 2–45　冷热电联产系统

（2）特性分析。冷热电三联供系统由于具有冷热电多种能源的供给，在项目中被广泛应用。三联供系统的技术方案各种各样，并且每一种都各具特点。按照不同的标准可以将其分为很多种类型，所以项目应用中通常根据动力设备的型号不同来进行选取。常见的技术方案如表 2–10 所示。

表 2-10 三联供系统方案特性

序号	三联供类型	分布式能源系统方案名称	适用范围	评价
1	锅炉——蒸汽轮机	锅炉——蒸汽轮机	适合应用于煤炭含量比较高的地方	系统设备较多，对负荷的调节能力比较差，而且发电效率也比较低，应用较多
2	燃气轮机	燃气轮机——余热锅炉——蒸汽溴化锂吸收式制冷机组方案	在对蒸汽的需求量较多、对蒸汽的质量要求较高的场合，例如医院或者学校	系统的运行维护投入较高以及对安全性的要求也较高
3		燃气轮机——烟气直燃溴化锂吸收式冷热水机组方案	在对蒸汽的需求量较多、对蒸汽的质量要求较高的场合，例如医院或者学校	不需要余热锅炉、备用锅炉和部分辅助设备，因而在提高发电效率的同时又节省了购置设备的成本。系统从配置来讲比较合理，从而具有更加广泛的应用市场
4	内燃机能源系统方案	内燃机分布式能源系统方案	适合应用在含有内燃机的现有电站的改造中	由于余热较高的气体含量较低，并且含氧率也比较低，因而不会进行循环再利用，然而它却在冷、热、电这三种能量负荷的配比方面比较灵活简单
5	与新能源相关的分布式能源方案	燃气轮机——太阳能辅助循环方案	适用于太阳能资源在二区以上的地区	系统的装置简单并且投资较少，系统的灵活性也得到了显著地改善
6		燃料电池——太阳能风能循环方案	不推荐使用	应用受限，使用较少
7		燃料电池——微型燃气轮机方案	适用于燃料电池获取较方便的园区	方案具有较高的效率
8		燃气轮机——热泵循环方案	普遍适用	利用燃烧后所产生的热能驱动热泵系统，把低温热能转化到高温热能，最终实现系统总效率的提高

（三）热转冷耦合设备特性分析

1. 吸收式制冷机简介

在区域级综合能源系统中，吸收式制冷机成为系统中不可或缺的设备，它是提高能源综合利用效率的重要设备。吸收式制冷机基于制冷循环过程进行制冷，其主要设备有发生器、冷凝器、蒸发器和吸收器四个装置，辅以其他连接装置，组成吸收式制冷循环。吸收式制冷机组以热驱动制冷，以溴化锂或氨水溶液等作为工质，在溴化锂吸收式制冷机的运行过程中，通过工质溶液的加热蒸发和水蒸气的降温凝结，在汽化过程中大量吸收冷媒水的热量，从而达到降温制冷的目的。

典型的溴化锂吸收式制冷剂原理图如图 2-46 所示。

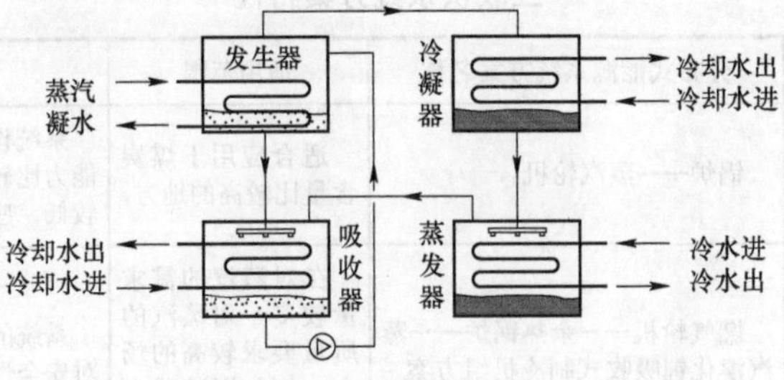

图 2-46　典型的溴化锂吸收式制冷剂原理图

2. 特性分析

溴化锂机组的输入是内燃机的烟气热量，因此溴化锂机组制冷量与烟气的特性直接相关。根据溴化锂冷温水机组的设备参数，耗热量与制冷量曲线如图 2-47 所示。

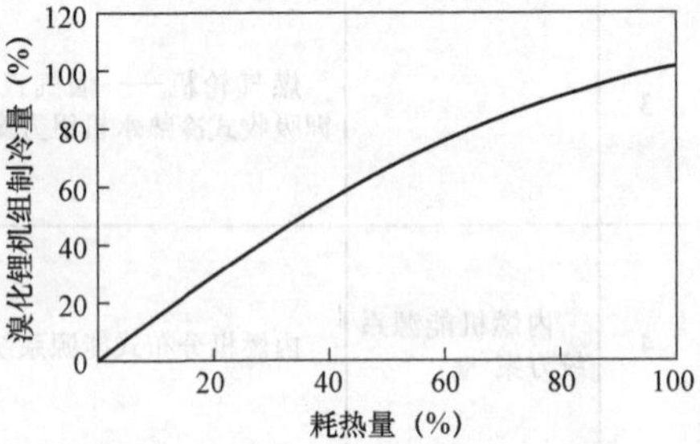

图 2-47　耗热量与制冷量曲线

由于溴化锂制冷机组的蒸汽温度通常不低于 0℃，从能源利用率的角度来看，溴化锂机组的优势有三个方面：① 可以不使用电力，小型燃煤锅炉即可就近制备蒸汽驱动溴化锂吸收式机组；② 溴化锂机组的工艺特性决定其规模越大成本越低；③ 一次投资相对较低。

技术成熟度：已经成熟地应用于各个对供冷有需求的场景，技术成熟度高。

特点是可以吸收系统中的余热，以热驱动制冷。溴化锂吸收式制冷机的优点是运行费低，容量控制比其他形式制冷机优；缺点是运行重量、安装面积大，设备费、维护管理费用高，且要添加溴化锂水溶液、抑制腐蚀的缓蚀剂和强化吸收器传热传质的表面活性剂异辛醇。

三、能源存储设备特性分析

（一）储电设备的运行特性分析

1. 储电设备简介

在区域级综合能源系统中，考虑到系统中可再生能源发电有较大的波动性，因此在系统中配置相应的储电设备，从而保证系统输出良好的电能质量和较高的可靠性。蓄电池为目前应用最广泛的储能装置，其利用化学反应的可逆性，实现化学能和电能之间的转换，达到平抑负荷波动、提高可再生能源消纳率等作用。

2. 特性分析

在区域级综合能源系统中，风力发电和光伏发电等可再生能源发电都存在着间歇性和波动性的缺点，利用储能电池与新能源发电配合，可以实现削峰填谷等功能。储能电池与风电配合时，充放电行为主要与三个因素有关，即风电场当前出力特性、风电期望输出功率和储能电池自身的运行特性，这三者相互依存、相互联系，根据不同的系统对调频要求不同来确定风电期望输出功率，储能电池的充放电状态和充放电功率大小由风电功率波动的幅度决定，储能电池的持续充放电时间由风电功率波动周期决定，综合考虑储能电池充放电功率和充放电周期，即可得到需要配置的储能容量。因此，对于并网运行的风电场，储能电池必须具有与之适应的功率和容量规模；另外，在平滑风电场输出功率波动时，储能电池根据风电功率频繁波动的特点需要快速充放电；同时，平滑风电功率波动对储能电池的运行性能需求，也会受到储能电池充放电控制策略的影响，也就是说，优化风储协调运行控制策略在一定程度上可以降低对储能电池运行性能的要求。储能电池充放电输出见图 2-48。

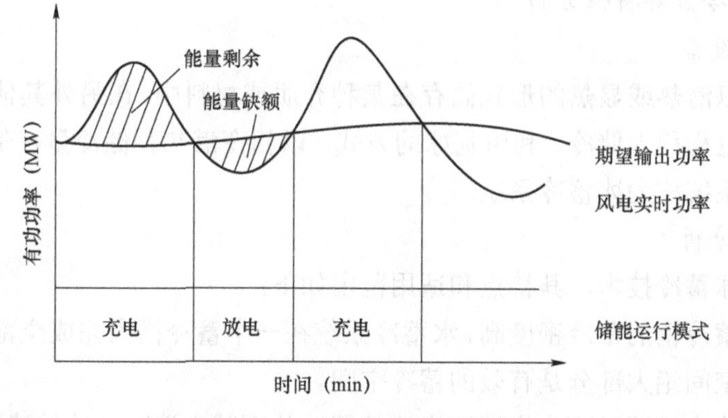

图 2-48 储能电池充放电输出

（二）储热设备特性分析

1. 储热设备简介

储热式电采暖的储热系统主要采用显热储热和潜热储热两种技术。显热储热材料是利用物质本身温度的变化过程来进行热量的储存，蓄、放热过程相对比较简单，在所有的储热材料中显热储热技术最为简单也比较成熟。显热储热材料分为液体和固体两种类型，液体材料常见的如水，固体材料如岩石、鹅卵石、土壤等，其中有几种特别的显热储热材料，如镁铁蓄热砖是储热锅炉中的储热材料。储热设备的体积庞大，储热效率不高，而且与周围环境存在温差会造成热量损失，热量不能长期储存，不适合长时间、大容量储热，限制了显热储热材料的进一步发展。潜热储热（也称相变储热），是利用储热材料的相态变化过程来储热，一般采用水合无机盐制成，储热过程中储热材料温度变化小，储热密度大，储热装置体积小，但是造价较高。

2. 特性分析

近年来电采暖储热系统在北京、天津、山东等多地有些实际项目应用，其中最典型的项目为北京的明光村项目。从技术层面上看，储热式电采暖技术的核心即储热技术，无论采用何种储热材料，对于供暖级别的应用来看，技术门槛都不高。储热式电采暖的运行成本远高于燃气锅炉，储热产品具有蓄热量大、低成本、零排放、模块化、自动化控制等特点。目前最大单体储热设备蓄热量达 3000kWh，可供 1000～12 000m^2。

目前，最有前景的储热式电采暖方案是空气源热泵和储热技术相结合的方案，即利用空气源热泵替代电锅炉作为热源，在低谷电价时段运行，制得热量储存在储热装置中，等高峰电价时段由储热装置供热。

（三）储冷设备特性分析

1. 储冷设备

将冷量以潜热或显热的形式储存在某种介质或材料中，在另外其他时段需要时释放出来的过程称为储冷。利用制冰的方式，以相变潜热存储冷量，在需要时融冰释放冷量的系统称为冰蓄冷系统。

2. 特性分析

常用的冰蓄冷技术，其特点和适用范围如下：

（1）冰蓄冷槽的蓄冷密度高，水蓄冷系统在一个蓄冷槽内完成全部蓄冷和放冷过程，占用空间绝大部分是有效的蓄冷空间。

（2）蓄冷水槽同时可作为消防水池使用，从而减少消防水池的建设费用。

1）技术成熟度：冰蓄冷技术已较成熟地应用于各个综合项目中，技术成熟度高，如中国大唐电力集团公司生产调度指挥中心的设计方案：冰蓄冷、大温差供水的低温变风量系统加独立的新风系统。

2）特点：冰蓄冷系统的大部分耗电发生在夜间用电低峰期，而在白天用电高峰期只有辅助设备在运行，从而能有效地解决大多数城市电网均面临高峰期电力不够、低谷期电力用不了的尴尬局面，实现用电负荷的“移峰填谷”。

（四）储气设备特性分析

1. 储气设备简介

储气在 IES 中可通过合理优化调度，储存一定量的天然气，当气源点出现短时供应紧张或用气量已达到最大值时，可同时满足气负荷以及多能耦合机组的用气需求，降低系统运行成本。

2. 特性分析

（1）技术成熟度：气储能技术包括管道储运、天然气水合物储运等形式，技术含量较低。

（2）特点：在天然气储运方面，相比于管道储运，天然气水合物储运具有储存密度高、投资运行费用低且安全性高的优势。

经过上述分析，将综合能源电力生产、转换、存储设备的特性汇总为表 2-11 所示，并将其能效参数总结为附录，为区域级综合能源系统的建模与编程提供基础。

表 2-11　　　　　　　供能设备特性汇总表

设备	优点	缺点
风机	（1）清洁，环境效益好； （2）可再生，永不枯竭； （3）基建周期短； （4）装机规模灵活	（1）噪声大； （2）占用大片土地； （3）不稳定，不可控； （4）成本仍然很高； （5）影响鸟类
光伏	（1）可就地发电； （2）吸收太阳能发电，绿色、清洁	（1）照射的能量分布密度小，即要占用巨大面积； （2）获得的能源同四季、昼夜及阴晴等气象条件有关； （3）目前相对于火力发电，发电成本高； （4）光伏板制造过程中不环保
生物质	可利用农业、林业、生活垃圾为原料，廉价的可再生能源易获取；生物质能可就地取材，材料丰富且价格低廉	（1）技术成熟度低； （2）建设和运营成本高，成本约为煤电成本的 1.5 倍； （3）燃料锅炉及燃料运输系统技术和设备都需从国外引进
电制氢设备	（1）电转气过程中生成的天然气由于源自可再生能源所产生的电力，因此为可再生天然气； （2）储存无法消纳的风光电力，降低弃风弃光率	技术成熟度低：该技术目前处于商业化初期，单位可再生天然气成本（含初投资、运行成本、电力成本等）还是较高
电锅炉	（1）清洁环保； （2）热效率高； （3）智能化操作； （4）工作安静； （5）安装方便； （6）不占用过多空间	（1）运行成本较高； （2）需要注意电力老化或是短路情况，易发生火灾
蓄热锅炉	（1）全自动智能检测节能电子控制系统；无须人员管理； （2）热效率高达 95%～98%； （3）安装简单，安全可靠； （4）无须安装备用锅炉	（1）需要具备足够负荷供独立的变压器使用； （2）水蓄热锅炉的水箱占地面积略大； （3）固体蓄热投资略高

续表

设备	优点	缺点
地源热泵	地源热泵具有以下特点： （1）地源热泵技术属可再生能源利用技术； （2）地源热泵属经济有效的节能技术，其*COP*值达到了4以上； （3）地源热泵环境效益显著，其装置的运行没有任何污染； （4）地源热泵一机多用，应用范围广，可供暖、空调，还可供生活热水； （5）地源热泵空调系统维护费用低	（1）施工起来比较复杂，难度高，周期长、占地大； （2）需要地表有空闲的绿化带等空地； （3）地源热泵的初投资比较高。一套小型的家用地源热泵系统初投资在十几万元以上，大型商用的地源热泵的造价就更高
空气源热泵	（1）机组模块化，具有较高的自动控制集成度，运行可靠，管理方便； （2）运行*COP*高，在冬季室外温度－7℃时，*COP*仍然可达到2.5以上，运行经济性高	（1）温度低于－7℃占整个供暖季比例需要小于10%； （2）最冷月室外相对湿度需要大于45%
水源热泵	（1）运行效率高、费用低、节能； （2）稳定可靠； （3）环境效益显著； （4）一机多用，应用范围广	水源要求必须满足一定的温度、水量和清洁度，同时还应保持用水回灌得以实现
电制冷机	（1）技术成熟度高； （2）体积小、可靠性高、操作简单；能效比高，移动方便	对于大面积制冷效果不是很好，没有除湿功能，温度高的地方不好用，使用时还增加空气中的湿度
燃气轮机	（1）功率密度极大； （2）适用于用户的热需求较大且对热量的要求较高时的场景	工作时需要吸入大量的新鲜空气，同时排放出大量的废气，导致其余设备在空间和结构上的局限性
燃气内燃机	（1）热效率较高； （2）单机功率适用范围广； （3）结构紧凑、质量轻、便于移动； （4）适用于对电力需求较多或经常处于低压运行时，优先采用内燃机	（1）对燃料要求较高。一般使用汽油或轻柴油做燃料，并且对燃料的清洁度要求严格； （2）有排气污染和噪声
燃气锅炉	（1）燃气锅炉人工及耗水电成本较低； （2）清洁环保，锅炉占地小，故障率低	（1）烟气产生局部污染； （2）部分燃气炉的运行噪声大
热电联产（CHP）机组	（1）节约能源； （2）增加电力供应，提高供热质量，便于综合利用	（1）投资比同容量电厂大； （2）工质损失比电厂大得多，补水率大，水处理设备投资和运行费用增加，热力设备可靠性降低

小　结

本章节主要针对用户用能特性进行分析，内容涵盖区域级综合能源系统规划典型应用场景分类、区域级综合能源系统用户用能特性分析、区域级综合能源系统能源供给特性分析、区域级综合能源系统典型供能设备供能特性分析四个部分。

1. 用户差异化分类研究

采用了复杂适应系统理论对区域内用户“自下而上”进行差异化分类。基于不同用户能源需求特征，将区域级综合能源系统中的用户在空间维度划分为“能源细胞层、功能单元层”两个层级，两个层级由下至上逐层聚集，底层的多个建筑聚集成中间层的典型场景，上层典型场景聚集成区域级综合能源系统，是开展综合能源负荷预测、供能模式选取、综合能源规划等工作的载体，是区域级综合能源的重要组成部分。

2. 差异化用户电、冷、热负荷特性分析

基于差异化用户分类，分别分析了不同类别建筑（11 类建筑类别）、不同典型场景（8 大典型场景）的用能特征及规律。考虑到夏季冷负荷、冬季热负荷较大且规律性较强，所以选取夏季气温最高日和冬季气温最低日分别作为冷、热负荷特性分析的典型日，选取全年电负荷最大日作为电负荷特性分析的典型日。

3. 区域级综合能源系统能源供给特性分析

对可再生能源的可利用性评价分析方法和外部能源的供能能力分析方法进行了研究，可再生能源中，对常见的风能、太阳能、生物质资源可用性能力测算方法进行了介绍，同时考虑传统供能系统，对电网、热网、气网不同工况下供能能力进行了分析。

4. 区域级综合能源系统典型供能设备供能特性分析

本章研究综合能源的全过程供能模式，分别分析了能源生产设备、能源转换设备和能源存储设备的数学模型及供能特性，总结梳理了不同能源设备能源效率比、转化效率两个方面的指标。

思考题

1. 供能设备系统中典型的能源耦合形式有哪些？
2. 供能设备在应用前需考虑哪些方面的因素？
3. 差异化的场景下能源供应设备怎么进行配置？

第三章　区域级综合能源系统规划关键技术

第一节　区域级综合能源系统负荷预测

区域级综合能源系统供需平衡的关键因素是能源需求量的预测，随着能源结构的发展改革，对电、冷、热负荷等进行预测对综合能源的利用越来越重要。考虑冷、热、电、气能源间的耦合关系，发挥多种能源优势互补潜力，计及用户行为进行长时间尺度的综合能源负荷预测能够有效地提高区域级综合能源系统供需分析的准确性，为供能模式的选择和设备容量精准匹配奠定基础。

一、现有冷—热—电负荷预测方法

（一）冷—热负荷预测方法现状

热负荷主要包括建筑采暖热负荷、生活热水热负荷和工业热负荷，冷负荷主要包括建筑冷负荷、仓储冷负荷等。目前，国内外关于建筑冷—热负荷的动态预测研究主要有时间序列法等统计回归预测方法以及计算软件模拟预测方法、情景分析方法、指标法等其他预测方法。

1. 时间序列法

时间序列预测方法确定的影响预测对象的因素为时间，并且是预测对象的唯一影响因素，然后采用惯性原理对预测对象未来的状态进行推测。然而在实际中，预测对象与外部因素之间也有着密切而复杂的联系，在时间序列中的每一组数据都反映出当时许多因素的综合作用。因此整个时间序列反映出了预测对象在多种外部因素综合作用下的改变过程。为了能够让研究更为简便和直接，对外部因素复杂作用的影响进行了适当简化，即只考虑时间对其的影响。

时间序列预测方法通常做这样一种假设，即已知的历史数据可以将相应系统的历史行为准确描述。例如，已知序列$\{X\}$的历史时刻（1，2，…，$m-1$）对应的观察值$\{x_1, x_2, \cdots, x_{m-1}\}$及当前时刻$m$所对应的观察值$x_m$，则时间序列预测就是：

利用时间序列分析方法对未来时刻 $m+L$（$L \geqslant 1$）的值 x_{m+1} 进行估计预测。当预测步长 $L=1$ 时，为单步预测；当预测步长 $L \geqslant 1$ 时，为多步预测。

设预测模型为

$$\hat{x}_{m+l} = f(x_1, x_2, \cdots, x_m) + g(\varepsilon_1, \varepsilon_2, \cdots, \varepsilon_m) \tag{3-1}$$

式中：$f(\cdot)$ 和 $g(\cdot)$ 均为待估函数；$\{\varepsilon_t\}$ 为观测噪声。该模型可以用来对系统进行分析和预测。因此时间序列预测方法的关键就在于得到函数 $f(\cdot)$ 和 $g(\cdot)$。

显然函数 $f(\cdot)$ 和 $g(\cdot)$ 体现出了数据产生的内因，其中有部分时序数据的特性比较简单，比较容易找到相对的内因。可以采用唯理预测的方法，从系统自身的序列数据开始寻找，以便得到系统的内在发展规律和统计特性；对于其他数据特性复杂并且难以准确分析，很难得到内因的情况，这里可以采用唯像预测方法对其进行逼近。

2. 灰色预测方法

灰色预测方法是一种抛开系统结构分析，通过对原始数据的累加生成来寻找系统的整体规律并构建指数模型的不太严格的系统预测方法。

由于生产、生活用热系统比较复杂，很难基于传统的方法来建立城市供热负荷的数学模型，再加上部分随机因素的影响，使得供热负荷具有周期性和季节性的特点，这就进一步降低了预测模型的预测精度。而灰色预测模型摆脱了传统的确定性建模方法中用参数来描述具有灰序列变化特征（难以获得确切的参数数值）的参数的束缚，利用已有的系统行为信息。

可以用一阶微分方程 $GM(1, 1)$ 模型来描述供热量随时间变化的关系

$$\frac{\mathrm{d}x^{(l)}}{\mathrm{d}t} + \otimes(a)x^{(l)} = \otimes(u) \tag{3-2}$$

式中：$\otimes(a)$ 为发展灰系数的白化值；$\otimes(u)$ 为内生控制灰系数的白化值。由 $GM(1, 1)$ 模型可以得到灰系统按生成关系得到的一般灰传递函数

$$\frac{x^{(l)}(s)}{\otimes[u(s)] + x^{(l)}(0)} = \frac{1}{s + \otimes(a)} \tag{3-3}$$

式中：$x^{(l)}(0)$ 为 $x^{(l)}(t)$ 在 $t=0$ 的值，就是系统的初始值。在本征灰系统中，零初始值通常不成立，但是对过程的发展趋势有着重要作用。式（3-3）表明，传递函数会随着输入序列的初值和内生控制系数的变化而变化，所以这种输出、输入的关系就有可能较为可观地反映真实情况。在参数分析的过程中可以发现，在一段时间内，整个城市的冷热负荷受到经济、政治、生活等因素的影响。灰色预测方法从系统的

行为数据列出发，进而得到系统的发展变化规律，然后基于掌握的变化规律，对系统的未来进行预测，再借助于系统的行为预测值，采取响应的控制决策。

3. 软件模拟预测方法

软件模拟预测方法是以计算机能耗模拟软件为平台，根据典型年气象参数，详细的建筑信息，以及设计参数，通过计算机模拟仿真的手段获得该建筑的逐时负荷数据，作为建筑冷热负荷的预测值。目前，国内外已经研发了很多的能耗模拟软件，如美国的 DOE-2、BLAST，加拿大的 HOT2XP，日本的 HASP/ACLD，中国香港的 HKDLC 以及清华大学的 DeST 等。这些软件是建筑节能设计的技术基础。在空调系统设计阶段，应用能耗模拟软件可以获得该建筑全年逐时冷热负荷，通过分析逐时负荷的动态特性，可以得到系统的峰值负荷、负荷的季节变化、日间变化，以及逐时变化，进而可以获得不同比率的部分负荷下系统运行时间。根据这种负荷特性，可以设计更加合理的系统方案，选择合适容量的设备，优化运行策略，从而提高能源利用率，达到节能的目的。

该方法首先根据建筑的特征等因素将区域内建筑分类，根据相关规范构建每种类型建筑的代表即标准建筑，再通过 HEVACOMP 和 DOE-2 软件完成该类型建筑的负荷预测，得到典型日负荷设计指标和逐时负荷，作为该区域建筑负荷的预测值。然后将区域内的建筑分为住宅、办公、商场等功能不同的建筑类型，针对每种类型建筑参照相关设计手册及规范，以典型建筑的标准设定具体建筑信息，包括建筑外形、窗墙比、围护结构材料等。最后利用模拟软件完成动态负荷的预测计算，指导区域系统方案的确定。

应用建筑能耗模拟软件进行城市规划阶段负荷预测首先要解决的就是输入参数的问题。现有的能耗模拟软件输入参数多，在规划阶段难以获得，并且软件专业性太强难以被城市规划工程师掌握，输入参数的细微差别可能导致负荷预测结果的不合理。所以，简化负荷计算方法、分析负荷影响因素、减少软件输入参数是城市规划阶段应用软件模拟预测建筑冷负荷的主要研究内容。

4. 情景分析方法

情景分析方法即设定几种情景用典型的气候条件、建筑使用时间表、内部负荷强度的不同组合，用建筑能量分析软件得出几种情景负荷，并确定峰荷、腰荷和基荷。进一步分析各情景负荷的出现概率，最终确定区域的典型负荷曲线。

5. 指标法

指标法即根据国家相关行业的设计规范、标准，按照其给定的指标进行预测，该方法一般用于饱和负荷预测。

采暖热负荷预测采用指标法时，可按式（3-4）计算

$$Q_{\rm h}=\sum\nolimits_{i=1}^{n}Q_{{\rm h}i}\times A_i\times10^{-3} \tag{3-4}$$

式中：$Q_{\rm h}$为采暖热负荷，kW；$Q_{{\rm h}i}$为建筑采暖热指标或综合热指标，W/m^2；A_i为各类型建筑物的建筑面积，m^2；i为建筑类型。

工业热负荷采用指标法预测工业热负荷时，可按式（3-5）计算

$$Q_{\rm g}=\sum\nolimits_{i=1}^{n}Q_{{\rm g}i}\times A_i\times10^{-3} \tag{3-5}$$

式中：$Q_{\rm g}$为工业热负荷，t/h；$Q_{{\rm g}i}$为工业热负荷指标，t/（h·km^2）；A_i为不同类型工业的用地面积，km^2；i为工业类型。

建筑采暖热指标、工业热负荷指标按表3-1和表3-2选取。

表3-1 建筑采暖热指标 （W/m^2）

建筑物类型	低层住宅	多高层住宅	办公	医院幼托	旅馆	商场	学校	影剧院展览馆	大礼堂体育馆
未采取节能措施	63～75	58～64	60～80	65～80	60～70	65～80	60～80	95～115	115～165
采取节能措施	40～55	35～45	40～70	55～70	50～60	55～70	50～70	80～105	100～150

注 1. 表中数值适用于我国东北、华北、西北地区；
2. 热指标中已包括5%管网热损失。

表3-2 工业热负荷指标 ［t/（h·km^2）］

工业类型	单位面积规划蒸汽用量
生物医药产业	55
轻工	125
化工	65
精密机械及装备制造产业	25
电子信息产业	25
现代纺织及新材料产业	35

制冷用热负荷指标按下式计算

$$q=q_{\rm c}/COP \tag{3-6}$$

式中：q为制冷用热负荷指标，W/m^2；$q_{\rm c}$为空调冷负荷指标，W/m^2；COP为制冷剂的制冷系数，取0.7～1.3（注：单效吸收式制冷机取下限值）。

空调冷负荷指标按表3-3选取。

表 3-3　　空调冷负荷指标　　（W/m^2）

建筑物类型	办公	医院	宾馆、饭店	商场、展览馆	影剧院	体育馆
冷负荷指标	800～110	70～110	70～120	125～180	150～200	120～200

注　体型系数大，使用过程中换气次数多的建筑取上限。

（二）电力负荷预测方法分析

电力系统负荷预测对电力系统的调度运行和生产计划有很大影响，准确的负荷预测有助于提高电力系统的安全性、稳定性、经济性，随着电力市场的建立与发展，负荷预测将发挥越来越重要的作用。电力负荷预测方法按照预测的时间范围来划分，可分为长期、中期、短期和超短期预测。

1. 中长期负荷预测方法

中长期负荷预测方法主要有外推法和相关分析法。外推法是指仅以负荷历史数据为基础，分析得出其变化规律并将其外推，从而对未来的负荷发展进行预测，主要方法有弹性系数法、曲线外推法和灰色系统预测法等；相关分析法是指考虑社会、经济等因素对负荷发展的影响，通过建立负荷与影响因素之间的关系进行预测，主要方法有综合产值电耗法、回归分析法等。饱和负荷预测一般采用负荷密度指标法进行预测，并进行横向对比。

（1）趋势外推法。趋势外推法是根据已有的历史负荷数据拟合一条函数曲线，使得这条曲线能够反映负荷本身的增长趋势，预测时则按照此增长曲线，估计出未来某时刻的负荷水平。趋势外推预测法一般适用于近期负荷预测。其优点是所需数据量少，工作量小。缺点是难以在空间上把握总量的分布，不能对突发事件做出反应，不适合远期预测，当负荷曲线变化复杂时，尤其在其拐点处的预测效果不理想。

（2）灰色预测法。灰色理论用颜色描述了模型信息的已知程度：白色表示模型信息全部已知，黑色表示模型信息全部未知；灰色表示模型的信息已知程度介于白黑模型之间。其实质是对新生成的且具有一定规律的累加序列进行曲线拟合。电力系统负荷属于典型的灰色系统，灰色预测法所需的历史数据少，模型参数影响预测结果，估计参数的方法一般为最小二乘法，对于离散度较大的数据，其预测效果不理想。

灰色模型 $GM(1,1)$ 是有一个只包含单变量的一阶微分方程构成的模型，建立 $GM(1,1)$ 模型只需要一个数列 $x^{(0)}$。

设有变量为 $x^{(0)}$ 的原始数据序列

$$x^{(0)}=[x_{(1)}^{(0)},x_{(2)}^{(0)},\cdots,x_{(n)}^{(0)}]\quad(k=1,2,3,\cdots,n)\tag{3-7}$$

用 1-AGO 生成一阶累加生成序列

$$x^{(1)}=[x_{(1)}^{(1)},x_{(2)}^{(1)},\cdots,x_{(n)}^{(1)}]\quad(k=1,2,3,\cdots,n) \tag{3-8}$$

其中

$$x_{(k)}^{(1)}=\sum_{i=1}^{k}x_{(i)}^{(0)} \tag{3-9}$$

由于序列 $x_{(k)}^{(1)}$ 具有指数增长规律，而一阶微分方程的解恰好是指数增长形式的解，因此可以认为 $x^{(1)}$ 序列满足下述一阶微分方程模型

$$\frac{\mathrm{d}x^{(1)}}{\mathrm{d}t}+ax^{(1)}=u \tag{3-10}$$

原始数列 $x^{(0)}$ 的灰色预测模型为

$$x_{(k+1)}^{\prime(0)}=x_{(k+1)}^{\prime(1)}-x_{(k)}^{\prime(1)}=(1-\mathrm{e}^{a'})\left[x_{(1)}^{(0)}-\frac{u'}{a'}\right]\mathrm{e}^{-a'k}\ (k=0,1,2,\cdots) \tag{3-11}$$

灰色模型具有以下特点：

1）模型具有微分、差分和指数兼容的性质，因此其性质是非唯一的，是灰的。

2）模型参数严格说是可调的，非唯一的，因此参数是灰的。

3）模型的结构随时间而变化，因此结构是灰的。

4）模型是常系数性质的，然而却排斥某些系数，因此模型与参数的包含关系是非唯一的，即模型参数分布是灰的。

5）模型形似微分方程，却不是一般的微分方程；形似差分方程却不是一般的差分方程；形似指数函数却不完全是指数函数，这些表明模型机理的非唯一性，即模型的构造机理是灰的。

（3）回归分析法。回归模型即通过对选定的因变量和各自变量的观测数据进行统计分析，确定变量之间的相关关系，得到具体的数学模型。此方法在中长期负荷预测中可以计及影响负荷变化的相关因素，例如，经济增速、人口变动和水情气象情况等。回归分析包括一元线性回归、多元线性回归、一元非线性回归和多元非线性回归模型，不同的模型影响最终的预测精度。此种方法需要对大量的数据进行分析，建立数学模型并估计其系数，通过对初建模型的统计检验，得出各自变量对因变量的影响程度。

（4）产品单耗法。产品单耗法是通过国家安排的产品产量、产值计划和用电单耗来确定未来的电力需求量的一种预测方法，它分为“产品单耗法”和“产值单耗法”两种。产品单耗法即为单位产品电耗法，它通过获取生产某一工业产品的平均单位产品耗电量及这种产品的产量，得到生产该品的总电力需求量，其计算公式为

$$A=bq \tag{3-12}$$

式中：A 为产品总电力需求量；b 为产品产量；q 为产品平均单位耗电量。

为了计算某一地区 n 种产品的总用电量，可将该地区的工业按照行业不同划分为多个部门，统计出每个部门第 i 种产品的单位产品耗电量 q 以及产量 b，可得出总电力需求量预测公式为

$$A_{\mathrm{f}}=\sum_{i=1}^{n}q_i b_i \tag{3-13}$$

式中：A_{f} 为总电力需求量预测值。

如果第 i 种产品的单位产品耗电量产生变化，可先对变化后的单位产品耗电量 q 进行预测，从而得到

$$A_{\mathrm{f}}=\sum_{j=1}^{n}q_{i\mathrm{f}} b_{i\mathrm{f}} \tag{3-14}$$

产值单耗法即为将国民经济生产总值或工农业生产总值 G 与单位产值耗电量 U 结合，计算出总电力需求量，其计算公式为

$$A=GU \tag{3-15}$$

单耗法方法简单，对近期电力负荷的预测具有较好的效果，但是在实际负荷预测中，难以准确求出所有产品的用电单耗，工作量也相当大。

（5）电力弹性系数法。电力弹性系数是指区域总用电量的平均年增长率与国民经济平均年增长率的比值，它是衡量电力发展与国民经济发展相对速度的宏观指标，同时也是反映国民经济发展与用电需求的重要参数，用电力弹性系数预测总电力需求量公式为

$$k=V_{\mathrm{a}}/V_{\mathrm{G}} \tag{3-16}$$

$$A_{\mathrm{h}}=(1+k)^n A_0 \tag{3-17}$$

式中：k 为电力弹性系数；V_{a} 为总用电量的平均年用电增长率；V_{G} 为国民经济平均年增长率；A_0、A_{h} 为规划期初、期末的总电力需求量。

电力工业通常要比国民经济有一定程度的超前发展，因此电力弹性系数一般会大于 1，但是随着科技的进步，节电技术、用电管理、知识、信息经济不断产生与发展，电力与经济的发展步伐并不统一，从而难以确定电力弹性系数，在这种环境下的电力弹性系数法预测未来电力需求量，效果并不理想。电力弹性系数法的优点是计算方便，方法简单；不足之处为预测工作量较大。

（6）比例系数增长法。该方法是在假设未来电力负荷与历史电力负荷具有相同的增长比例的前提下，利用历史负荷数据求出负荷的平均增长比例系数，从而预测未来的负荷大小。

首先，求出历史年中的第 n 年至第 m 年（$n<m$）的用电量平均增长率 k

$$k=(m-n)\sqrt{\frac{A_m}{A_n}}-1 \tag{3-18}$$

式中：A_n、A_m 为第 n 年和第 m 年用电量。进而预测第 h 年（$h>m$）的用电量 A_h

$$A_h=A_n(1+k)^{h-n} \tag{3-19}$$

比例系数增长法方法简单，计算方便，但是随着电力事业与国民经济的发展，负荷需求量的变化巨大，负荷的增长率并不是一直不变的，从而导致比例系数增长法预测未来电力需求量的精度不是很高。

2. 短期负荷预测方法

短期负荷预测以时间序列法为基本方法，近年来，随着现代人工智能技术的发展和成熟，神经网络和支持向量机等技术逐渐成为该领域的研究热点。

（1）时间序列法。时间序列法根据负荷时序的特点及其自、偏相关函数的性质，分别对应有自回归模型 $AR(p)$、滑动平均模型 $MA(q)$、自回归滑动平均模型 $ARMA(p,q)$和累积式自回归滑动平均模型 $ARIMA(p,q)$，其中 $ARIMA(p,q)$ 模型可以适用于非平稳时间序列。电力负荷的历史数据是按照一定采样间隔记录的时间序列，具有较强的随机性。时间序列模型作为处理随机序列的有效方法，在短期预测中有着广泛的应用。

（2）指数平滑法。指数平滑法是利用过去数周的同类型相同时间的负荷组成一组时间上有序的数 $y(t)$，$y(t-1)$，$y(t-2)$，… 将其加权平均，利用负荷趋势外推技术预测未来负荷，公式为

$$L_{t+1}=\alpha X_t+\alpha(1-\alpha)X_{t-1}+\alpha(1-\alpha)^2X_{t-2}+\cdots \tag{3-20}$$

式中：L_{t+1} 为 $t+1$ 时刻的负荷值；$\alpha=1/n$，n 为所有数据积累的个数。加权平均是指数平滑法的基本原理，计算过程中根据“近大远小”的原则分配加权系数，从而能够体现数据的时变性，反映新近数据对未来负荷的影响程度，序列中的随机波动可通过平滑作用消除。

指数平滑法的优点是整体考虑电力的需求，根据单一指标预测，方法简单，但指数平滑中的平滑系数一般由经验得出，不能适应时间序列波动较大时的情况，而且难以反映经济、政治、天气等条件的影响。

（3）人工神经网络法。人工神经网络由多个神经元连接而成，模拟人类学习和处理信息的过程，理论上可以逼近任意的函数。其中误差逆传播型的三层前馈神经网络在负荷预测中应用广泛，径向基神经网络和 Elman 神经网络等也逐渐被运用。神经网络所具有的自适应性学习、函数逼近等特点，使其被引入短期负荷预测中，

取得了较好的预测效果。其优点在于不需要数学模型，通过对数据的自适应训练，能够解决如负荷时序的高随机性、非确定性问题。目前研究热门的深度学习也属于人工神经网络。其中循环神经网络、长短时记忆网络常用于解决与时间序列相关的问题。

二、适用于区域级综合能源系统多种负荷预测的优化方法

综合能源规划对负荷特性预测有较高的要求，为了充分体现负荷特性，学者提出了基于机器学习的负荷预测方法，通过对大量历史负荷数据的学习训练，最大限度地保留负荷特性，使得预测结果能够适用于综合能源规划，下面介绍几种基于神经网络学习的预测方法。

1. 针对区域级负荷的深度长短时记忆网络超短期预测方法

该方法包括输入数据的预处理、深度长短时记忆（long short-term memory，LSTM）网络的构建以及模型的训练和采用随机搜索的方法寻找最优超参数等步骤。

LSTM是一种特殊的循环神经网络（recurrent neural networks，RNNs），由于其具有特殊的记忆结构和门结构，可以较好地学习时序数据中含有的相关性特征，因此被广泛用于序列模型中。深度LSTM网络由一系列LSTM单元组成。由于LSTM单元中记忆结构的引入，深度LSTM网络可以避免传统深度RNN具有的梯度消失问题。在每一个时间步下，记忆单元可以通过基于门的机制选择是否更新上一时间步的记忆。LSTM单元中具体计算过程如式（3-21）～式（3-25）所示。

遗忘门

$$f^{(t)} = \sigma[W_{\mathrm{f}} h^{(t-1)} + U_{\mathrm{f}} x^{(t)} + b_{\mathrm{f}}] \tag{3-21}$$

输入门

$$i^{(t)} = \sigma[W_{\mathrm{i}} h^{(t-1)} + U_{\mathrm{i}} x^{(t)} + b_{\mathrm{i}}] \tag{3-22}$$

$$a^{(t)} = \tanh[W_{\mathrm{a}} h^{(t-1)} + U_{\mathrm{a}} x^{(t)} + b_{\mathrm{a}}] \tag{3-23}$$

输出门

$$\begin{aligned} o^{(t)} &= \sigma[W_{\mathrm{o}} h^{(t-1)} + U_{\mathrm{o}} x^{(t)} + b_{\mathrm{o}}] \\ h^{(t)} &= o^{(t)} \odot \tanh[C^{(t)}] \end{aligned} \tag{3-24}$$

更新记忆单元状态

$$C^{(t)} = C^{(t-1)} \odot f^{(t)} + i^{(t)} \odot a^{(t)} \tag{3-25}$$

式中：$i^{(t)}$、$f^{(t)}$、$o^{(t)}$为第t个输入门、忘记门和输出门的输出；W_{i}、W_{f}、W_{o}分别为输入门、忘记门以及输出门的权重；b_{i}、b_{f}、b_{o}为各门函数的偏置量；$\sigma(\cdot)$为sigmoid函数；tanh为双曲正切激活函数；⊙为逐点乘法。

LSTM 由于具有记忆结构，可以很好地反映负荷数据在时间顺序上的联系。将深度 LSTM 网络应用于超短期负荷预测，其关键问题在于负荷数据的预处理、超参数的确定以及解决由于网络深，参数多带来的训练困难的问题。该方法的具体流程为：① 确定模型的输入输出变量，对输入输出数据集分别进行预处理，并将预处理后的数据集划分成为训练集、验证集以及测试集三个部分。② 构造深度 LSTM 负荷预测模型，利用训练集对模型进行训练，验证集判断模型在训练过程中的泛化能力，测试集判断模型对于未知数据的预测性能。寻找合适的超参数直到测试集预测误差达到最小。

超短期负荷预测的深度 LSTM 具体结构是由 1 个输入层、多个隐藏层和 1 个输出层构成，上一个隐藏层的输出作为下一个隐藏层的输入，输入层与隐藏层共同实现输入负荷数据特征的提取，最后一个隐藏层的输出为一维列向量，经线性回归即得到处理后负荷数据的预测值。

2. 基于气象信息的短期冷热电负荷联合预测方法

该方法包括区域天气预测与冷热电负荷联合预测两大步骤。在区域天气预测中，首先充分利用历史天气，实测天气与天气预报信息，采用调整误差法，对一指定区域进行天气预测；之后利用历史负荷数据、历史天气数据与区域天气预测数据，采取遗传算法优化 BP 神经网络（the genetic algorithm to optimize BP neural network，GA−BP）预测算法，对冷热电负荷进行联合预测。

天气预测方法根据预测日的气象情况，选择相同气象情况的历史天气数据计算历史天气误差，修正预测日天气预报。根据气象情况对历史数据进行分类，解决了不同气象情况下，历史天气误差对天气预报修正存在干扰的问题，并使用实时天气数据修正历史误差数据，进一步提高预测准确性。具体的预测步骤如下：

（1）确定当前日期为第 d 天，当前时刻为 I，通过天气预报获取未来气象情况 R_I^D，根据获取的气象情况，选取历史数据，计算历史每时刻误差 E_I^D

$$E_I^D = W_I^D - P_I^D \tag{3-26}$$

式中：W_I^D 为对应时间 I 历史气象站实测天气数据；P_I^D 为对应时间 I 历史网络天气预报数据；$D \in \{d-1, d-2, \cdots, d-n\}$；$I \in \{i+1, i+2, \cdots, i+q\}$，$q$ 为天气预测时域。

（2）确定 E_I^D 对应权重系数 ν_D，计算历史总误差 E_I

$$E_I = \sum_D E_I^D \cdot \nu_D$$
$$\nu_{d-1} = \frac{d-1}{\sum_{D=1}^{d-1} D} \tag{3-27}$$

（3）获取实测天气数据，计算实测天气误差 E_i 与天气预报准确率 ξ

$$E_i = |W_i - P_i|$$

$$\xi = \frac{E_i}{E_{I-i}} \tag{3-28}$$

式中：P_i 为天气预报实时气象数据；W_i 为气象站实时监测数据；E_{I-i} 为历史 i 时刻总误差。

（4）计算天气总误差数据 E_{correct}

$$E_{\text{correct}} = \begin{cases} E_I, \chi \leqslant \xi \leqslant \gamma \\ L, \xi > \gamma \text{或} \xi < \chi \end{cases} \tag{3-29}$$

$$L = E_I \cdot \xi$$

式中：γ 为准确系数上阈值；χ 为准确系数下阈值。

（5）计算区域短期天气预测数据 $W_{\text{FOR}\cdot I}$

$$W_{\text{FOR}\cdot I} = W_{\text{CET}\cdot I} - E_{\text{correct}} \tag{3-30}$$

式中：$W_{\text{CET}\cdot I}$ 为天气预报数据。

GA-BP 神经网络算法是一种组合神经网络预测算法，它拥有 BP 算法计算时间短，预测准确度高的优点，并且应用 GA 算法优化 BP 网络，解决 BP 网络存在局部收敛的问题。具体的 GA-BP 负荷预测的流程为：在 BP 神经网络初始化训练样本的基础上，采用遗传算法（GA）优化 BP 神经网络的初始值和阈值，在满足选择、交叉、变异计算的适应度的情况下，进而得到更好的网络初始权值和阈值。最终使优化后的 BP 神经网络能够更好地预测函数的输出。

3. 考虑像素重构和负荷特征融合的 MCNN-LSTM 方法

首先，结合 K-means 聚类方法和 Pearson 相关系数，将无明显规律的各类基本负荷单元进行“像素重构”，使之在水平和竖直两个方向具有一定的关联特征；而所谓的像素重构方法可以理解为：通常，静态图片的像素点与相邻水平方向、竖直方向和对角方向上的像素点具有较强的相关性，而采用结合 K-means 聚类方法和 Pearson 相关系数的方法，将原始负荷单元按照一定的规律重新编排顺序，在原有的地理分布基础上强化了“相邻基本负荷单元具有强相关性”的特点，使其更贴近静态图像的像素特征。K-means 聚类能通过计算事物之间的相似程度来判断是否将其归为一类，以实现对复杂集合体的划分。利用 K-means 聚类方法对具有相似性的基本负荷单元进行聚类。针对类别 $J_1 = [j_{1,1}, j_{1,2}, \cdots, j_{1,m_1}]$ 和 $J_2 = [j_{2,1}, j_{2,2}, \cdots, j_{2,m_1}]$，并且定义类间平均相关系数计算方法为

$$R(J_1,J_2)=\frac{\sum_{a=1}^{m_1}\sum_{\tau=1}^{m_2}\left|\mathrm{Pearson}(j_{1,a},j_{2,\tau})\right|}{m_1\times m_2} \tag{3-31}$$

式中：$R(J_1,J_2)$代表了类间个体的平均相关系数；m_1、m_2分别为J_1和J_2包含的个体数。

其次，利用多通道卷积神经网络（multi-channel convolutional neural network，MCNN）对多类重构后的二维负荷像素在高维空间进行特征的独立提取和统一融合；在图像识别领域，卷积神经网络通过多通道机制来访问任意像素点的红、绿、蓝三通道信息，从而学习到更加丰富的特征。由于能源信息之间存在复杂的交互关系，借鉴CNN的多通道思想，将多种负荷信息以不同的通道在高维空间进行融合，则能更加全面、立体地刻画数据流的形态走向。多通道卷积神经网络的工作流程是：在基于不同的通道来独立提取不同类型负荷的特征的基础上，然后对各类负荷的特征向量进行拼接，再通过全连接层实现多能负荷的特征融合。MCNN的卷积—池化—全连接过程如下式所示

$$\begin{aligned}C_{j,i}&=f_j(C_{j,i-1}\otimes W_{j,i}+b_{j,i})\\C_{j,0}&=I_j\\Q_{j,i}&=\mathrm{subsampling}(C_{j,i})\\F_c&=f[W\times\mathrm{concat}(Q_{j,i})+b]\end{aligned} \tag{3-32}$$

式中：j为通道编号；F_c为全连接层的输出；concat为特征拼接操作；W和b为全连接层共享的权重和偏置；W_i为第i层卷积核权重向量；$\otimes$符号代表卷积核对C_{i-1}的特征图进行卷积操作，卷积输出与该层偏置向量b_i相加，通过非线性激励函数f得到第i层的特征C_i；subsampling表示下采样操作。

最后，将扩展气象与节假日信息的综合特征按照时序的方式输入长短时记忆网络（long short-term memory，LSTM）进行负荷预测。

4. 深度信念网络（deep belief network，DBN）负荷预测方法

该方法包括深度信念网络的构建、模型参数的逐层预训练和微调，以及模型的应用等步骤。在模型参数预训练过程中，采用高斯–伯努利受限玻尔兹曼机（UB–RBM）作为堆叠组成深度信念网络的第1个模块，使其能够更有效地处理对负荷有影响的多类型实值输入数据；并采用无监督训练和有监督训练相结合的部分有监督训练算法进行预训练；利用列文伯格–马夸尔特（LM）优化算法微调预训练阶段得到的网络参数，使其更快收敛于最优解。

深度信念网络（deep belief network，DBN）是Hinton在2006年提出的一种高

效无监督学习算法，由一系列受限玻尔兹曼机（restricted Boltzmann machine，RBM）堆叠组成，融合了深度学习和特征学习，可以对大量数据进行快速分析，具有强大的数据拟合能力。通过逐层无监督预训练的方法得到网络初始参数，有效解决了传统神经网络参数随机初始化导致的一系列问题；除了具有好的初始点，对于经常出现在神经网络中的过拟合和欠拟合问题，也可以通过预训练得到有效解决。近年来，DBN 在图像识别、汇率预测、和局部放电模式识别等领域得到了广泛的应用。

5. 基于改进粒子群（IPSO）的 WNN 区域级综合能源系统短期负荷预测方法

该方法利用 Pearson 系数对各影响因素进行分析，选择合适的因素作为综合能源负荷预测的输入量；对传统粒子群算法进行改进，在 PSO 中引入混沌算法并根据粒子适应度采用不同的粒子惯性权重选择策略；基于 IPSO 建立了 WNN 区域级综合能源系统短期负荷预测模型。

传统的 WNN 是利用 BP（Error Back Propagation）算法对模型中的参数进行优化求解，由于使用了梯度下降法，对于结构复杂的神经网络会导致传递信息稀疏，进而导致对区域级综合能源系统负荷预测效果不佳。PSO 是一种比较成熟的寻优方法，具有优化速度快、优化效果好等特点，适合对 WNN 中的连接权值和小波参数进行优化求解。其位置和速度更新公式为

$$V_i^{k+1}=\omega\bullet V_i^k+c_1\bullet \text{rand}_1\bullet(P_{\text{best}}-X_i)+c_2\bullet\text{rand}_2\bullet(G_{\text{best}}-X_i) \tag{3-33}$$

$$X_i^{k+1}=X_i^k+V_i^{k+1} \tag{3-34}$$

式中：V_i^k、X_i^k分别为第 k 次迭代时粒子 i 的速度和位置；ω 为粒子权重系数。rand_1、rand_2 在［−1，1］中随机产生；c_1、c_2 为学习因子；G_{best} 为全局最优；P_{best} 为个体最优。

在 PSO 迭代过程中引入了混沌算法。利用混沌算法的随机性、遍历性等特征进行更深层的搜索，防止粒子群算法出现提前收敛的现象。若对每个粒子都进行混沌搜索会对预测速度造成很大的影响，仅对每次迭代之后的当前最优粒子进行混沌搜索，若混沌搜索后生产的新粒子优于最优粒子，则进行最优替代。这样可以降低由于引入混沌算法对预测速度的影响。混沌搜索过程具体如下所示：

$P_{\text{best}}=(P_1,P_2,\cdots,P_D)$ 为个体最优位置，将 P_{best} 中每一维 P_i 映射到混沌变量 δ_d^k 中去，$\delta_d^k\in[0,1]$ 内，如下所示

$$\delta_d^k=\frac{P_d^k-P_{\max,d}}{P_{\max,d}-P_{\min,d}} \tag{3-35}$$

式中：$d=(1,2,\cdots,D)$，$P_{\min,d}$、$P_{\max,d}$ 分别为第 d 维变量搜索空间的下、上限。利用 Logistic 迭代方程对 δ_d^k 进行处理，即

$$\delta_d^{k+1}=\mu\delta_d^k\left(1-\delta_d^k\right) \tag{3-36}$$

式中：μ 为混沌系数，将迭代后的混沌变量 δ_d^k 逆映射到原空间解中

$$x_d^k=(P_{\max,d}-P_{\min,d})\delta_i^k+P_{\min,d} \tag{3-37}$$

即可得到一个新的解 x_d^k，若该粒子的适应度优于 P_{best} 时，表明新的解优于原解，需要进行位置替代。

第二节　区域级综合能源系统规划模型

传统的综合能源系统对冷—热—电各单一能源系统进行独立的规划和设计，无法实现能源的梯级利用和互补耦合，造成了能源利用效率偏低。区域级综合能源系统涵盖能源的生产、转换、运输、消费等各个环节，涉及能源设备种类繁多、供能设备特性迥异，能源网络多样化。综合能源设备种类繁多、供能特性各异，虽然已有文献进行了相关研究，但是对于综合能源的生产、转换、传输、存储、消费全过程涉及的能源设备缺乏系统性分析，且未建立起标准设备库。针对电、热、冷、气各类能源的生产、转换、存储关键环节，建立模型并进行分析，构建基于能源集线器的多能流网络仿真模型。

一、区域级综合能源系统典型供能设备模型

本节研究综合能源的全过程供能模式，建立能源生产、转换、存储三大关键环节的模型库，并完成相关分析。

（一）能源生产设备模型

1. 风力发电的模型

常用功率系数 C_p 来定义叶轮转换得到的实际功率与风中蕴含的全部功率的比值，于是有

$$P_m=PC_p=0.5\rho A_T V^3 C_p \tag{3-38}$$

式中：C_p 为风力机叶轮的功率系数，理论最大值为0.593；P_m 为风力机实际转换得到的风功率；P 为风能功率；A_T 为叶轮扫过的面积；ρ 为空气密度。若计算风力发电机组输出的电功率，则需要将风轮的输出功率乘以液压传动系统的传动效率和发电机的效率。

可以用下面的拟合公式来表示功率系数 C_p 和叶尖速比 λ 以及桨距角 β 之间的关系

$$\begin{cases} C_p(\lambda,\beta)=c_1\left(\dfrac{c_2}{\lambda_1}-c_3\beta-c_4\right)\mathrm{e}^{-\frac{c_5}{\lambda_1}}+c_6\lambda \\ \dfrac{1}{\lambda_1}=\dfrac{1}{\lambda+0.08\beta}-\dfrac{0.035}{1+\beta^3} \end{cases} \tag{3-39}$$

式中：各系数分别为 $c_1=0.5176$，$c_2=116$，$c_3=0.4$，$c_4=5$，$c_5=21$，$c_6=0.0068$。

2. 光伏模型

光伏系统发电功率易受外部天气变化的影响，因而具有随机性，光伏出力大小与光照强度和温度有关，根据学者的研究，单位面积的太阳能电池板的发电功率可计算如式（3-40）所示

$$P_{\mathrm{pv}}=P_{\mathrm{STC}}H_{\mathrm{s}}\frac{1+k(T_{\mathrm{c}}-T_{\mathrm{r}})}{H_{\mathrm{STC}}} \tag{3-40}$$

式中：H_{STC} 是标准测试条件下的光照辐射密度；H_{s} 是实际光照辐射密度；P_{STC} 是标准测试条件下即模板温度25℃，光照辐射密度1000W/m^2 的最大发电功率；k 是电池板的功率温度系数；T_{c} 和 T_{r} 分别是光伏电池的实际温度和参考温度。

3. 生物质发电模型

垃圾发电输出有功功率模型为

$$P_1=A_1\mu Q_{\mathrm{f}}=A_1\mu\left(\sum_{i=1}^{n}Q_{di}m_i\right)/M \tag{3-41}$$

式中：P_1 垃圾焚烧发电机输出的有功功率，MW；A_1 为焚烧的垃圾量，kg；μ 为每千克垃圾中含有的有机物质量，kg；Q_{f} 为垃圾焚烧的热转换效率；Q_{di} 为垃圾中第 i 种组成物的低热发热量，kJ/kg；m_i 垃圾中第 i 种组成物的质量，kg。

（二）能源转换设备模型

1. 电—气耦合设备模型

P2G 消耗电功率和天然气（甲烷）产量的关系如式（3-42）所示

$$F_{\mathrm{P2G}}=P_{\mathrm{P2G}}\frac{\mu_{\mathrm{P2G}}}{L_{\mathrm{HV}}} \tag{3-42}$$

式中：F_{P2G} 是 P2G 所产生的天然气流量；P_{P2G} 是 P2G 消耗的电功率；μ_{P2G} 是 P2G 的转化效率；L_{HV} 为天然气热值。

2. 电—热耦合设备模型

（1）电蓄热锅炉。电蓄热锅炉数学模型可表示为

$$\begin{cases} [P_{\mathrm{EB}}^{\mathrm{heat}}(t)]^{\pm}=[P_{\mathrm{EB}}^{\mathrm{ele}}(t)]^{\pm}[\eta_{\mathrm{EB}}]^{\pm} \\ [H_{\mathrm{EB}}(t)]^{\pm}=[P_{\mathrm{EB}}^{\mathrm{heat}}(t)]^{\pm}\Delta t \end{cases} \tag{3-43}$$

式中：$[P_{EB}^{heat}(t)]^{\pm}$、$[P_{EB}^{ele}(t)]^{\pm}$、$[\eta_{EB}]^{\pm}$和$[H_{EB}(t)]^{\pm}$分别表示在 t 时刻，电锅炉输出的热功率区间值、消耗的电功率区间值、电热转换效率区间值以及电锅炉最终输出的热量区间值。

（2）热泵。

1）地源热泵模型。

地源热泵其输入电量与输出制冷/热量之间的模型，如式（3–44）所示

$$Q_{HP2}=COP_{HP2}P_{HP2} \tag{3-44}$$

式中：Q_{HP2}为地源热泵制热/冷功率，MW；P_{HP2}为地源热泵消耗电功率，MW。

2）水源热泵模型。

地表水源热泵系统中，系统夏季制冷量公式

$$Q=KC\rho Q_S\Delta t\frac{EER-1}{EER} \tag{3-45}$$

式中：Q 为地表水源热泵夏季制冷量，W；K 为取水比例，根据《山东地表水源热泵适应性评估标准》，K=0.25；C 为水的比热容，kJ/（kg·℃）；ρ 为水的密度，kg/m^3；Q_S 为水体流量，m^3/s；Δt 为地表水源热泵夏季水源侧供回水温差，℃；EER 为地表水源热泵夏季制冷性能系数。

地表水源热泵系统中，系统冬季制热量公式

$$Q=KC\rho Q_S\Delta t\frac{COP-1}{COP} \tag{3-46}$$

式中：Q 为地表水源热泵冬季制热量，W；K 为取水比例，根据《山东地表水源热泵适应性评估标准》，K=0.25；Δt 为地表水源热泵冬季水源侧供回水温差，℃；COP 为地表水源热泵冬季制热性能系数。

3） 空气源热泵模型。

空气源热泵其输入电量与输出制冷/热量之间的模型，如式（3–47）所示

$$\begin{aligned}Q_{HP1}^{h}&=COP_{h,part\text{-}load}P_{HP1}\\Q_{HP1}^{c}&=COP_{c,part\text{-}load}P_{HP1}\end{aligned} \tag{3-47}$$

式中：Q_{HP1}^{h}、Q_{HP1}^{c} 分别为空气源热泵制热功率、制冷功率，MW；P_{HP1}为空气源热泵消耗电功率，MW。

3. 电—冷耦合设备量化模型

电制冷机的数学模型可描述如式（3–48）所示

$$Q_{EC}=COP_{EC}P_{EC} \tag{3-48}$$

式中：Q_{EC}是电制冷机的单位时间输出冷能，kW；P_{EC}是电制冷机的单位时间输入电能，kW；COP_{EC}是电制冷机的制冷系数。

4. 气—电耦合设备模型

燃气轮机发电功率的数学模型可描述如下

$$P_{GT}=\eta_{GT}^{e}V_{g}q_{g} \tag{3-49}$$

式中：η_{GT}^{e}为燃气轮机的发电效率；V_g为天然气消耗率，m^3/s；q_g为天然气热值，J/m^3。

燃气轮机余热输出功率的数学模型可描述如下

$$Q_{GT}=\eta_{GT}^{h}V_{g}q_{g} \tag{3-50}$$

式中：η_{GT}^{h}为燃气轮机的制热效率。

燃气内燃机发电功率的数学模型可描述如下

$$P_{GE}=\eta_{GE}^{e}V_{g}q_{g} \tag{3-51}$$

式中：η_{GE}^{e}为燃气内燃机的发电效率；V_g为天然气消耗率，m^3/s；q_g为天然气热值，J/m^3。

燃气内燃机制热功率的数学模型可描述如下

$$Q_{GE}=\eta_{GE}^{h}V_{g}q_{g} \tag{3-52}$$

式中：η_{GE}^{h}为燃气内燃机的制热效率。

5. 气—热耦合设备模型

燃气锅炉消耗天然气流量与输出热功率的关系如下

$$\begin{cases}[P_{GB}^{gas}(t)]^{\pm}=\dfrac{[Q_{GB}(t)]^{\pm}L_{GLCV}}{\Delta t}\\ [P_{GB}^{heat}(t)]^{\pm}=[P_{GB}^{gas}(t)]^{\pm}[\eta_{GB}]^{\pm}\\ [H_{GB}(t)]^{\pm}=[P_{GB}^{heat}(t)]^{\pm}\Delta t\end{cases} \tag{3-53}$$

式中：$[P_{GB}^{gas}(t)]^{\pm}$和$[Q_{GB}(t)]^{\pm}$分别表示在t时刻，燃气锅炉消耗的天然气功率区间值以及燃气锅炉消耗的天然气流量区间值；$[P_{GB}^{heat}(t)]^{\pm}$、$[\eta_{GB}]^{\pm}$和$[H_{GB}(t)]^{\pm}$分别表示在t时刻，燃气锅炉输出的热功率区间值、气热转换效率区间值以及燃气锅炉最终输出的热量区间值。

6. 气—电—热耦合设备模型

在区域级综合能源系统中，电—热—气耦合环节是通过微燃机热电联产（CHP）机组实现的，其典型的物理模型可表示为

$$\begin{cases}[P_{\mathrm{MT}}^{\mathrm{gas}}(t)]^{\pm}=\dfrac{[Q_{\mathrm{MT}}(t)]^{\pm}L_{\mathrm{GLCV}}}{\Delta t}\\ [P_{\mathrm{MT}}^{\mathrm{clc}}(t)]^{\pm}=[P_{\mathrm{MT}}^{\mathrm{gas}}(t)]^{\pm}[\eta_{\mathrm{MT}}]^{\pm}\\ [P_{\mathrm{MT}}^{\mathrm{rest-heat}}(t)]^{\pm}=\dfrac{[P_{\mathrm{MT}}^{\mathrm{clc}}(t)]^{\pm}(1-[\eta_{\mathrm{MT}}]^{\pm}-[\eta_{\mathrm{q}}]^{\pm})}{[\eta_{\mathrm{MT}}]^{\pm}}\\ [P_{\mathrm{HRSG}}^{\mathrm{heat}}(t)]^{\pm}=[P_{\mathrm{MT}}^{\mathrm{rest-heat}}(t)]^{\pm}K_{\mathrm{HRSG}}^{\mathrm{hc}}M_{\mathrm{HRSG}}^{\mathrm{sr}}\\ [H_{\mathrm{HRSG}}(t)]^{\pm}=[P_{\mathrm{HRSG}}^{\mathrm{heat}}(t)]^{\pm}\Delta t\end{cases} \tag{3-54}$$

式中：$[P_{\mathrm{MT}}^{\mathrm{gas}}(t)]^{\pm}$、$[Q_{\mathrm{MT}}(t)]^{\pm}$ 和 L_{GLCV} 为在 t 时刻微燃机消耗的天然气功率区间值、微燃机消耗的天然气流量区间值以及天然气低热值（取 9.7kW·h/m³）；$[P_{\mathrm{MT}}^{\mathrm{clc}}(t)]^{\pm}$ 和 $[\eta_{\mathrm{MT}}]^{\pm}$ 为在 t 时刻，微燃机输出的电功率区间值以及发电效率区间值；$[P_{\mathrm{MT}}^{\mathrm{rest-heat}}(t)]^{\pm}$ 和 $[\eta_{\mathrm{q}}]^{\pm}$ 为在 t 时刻，高温烟气余热功率区间值以及余热传输失效率；$[P_{\mathrm{HRSG}}^{\mathrm{heat}}(t)]^{\pm}$、$K_{\mathrm{HRSG}}^{\mathrm{hc}}$、$M_{\mathrm{HRSG}}^{\mathrm{sr}}$ 和 $[H_{\mathrm{HRSG}}(t)]^{\pm}$ 为在 t 时刻，余热锅炉输出的热功率区间值、余热锅炉制热系数、烟气回收率以及余热锅炉输出的热量区间值；t 表示调度时间。

7. 气—电—热—冷耦合设备模型

CCHP 设备输出冷热比例按照负荷需求进行调节分配。

$$\begin{cases}H_{\mathrm{MT-HL}}=P_{\mathrm{MT}}(1-\eta_{\mathrm{e}}-\eta_{\mathrm{loss}})/\eta_{e}\\ H_{\mathrm{MT}}=H_{\mathrm{MT-HL}}\eta_{\mathrm{hex}}\\ L_{\mathrm{MT}}=(H_{\mathrm{MT-HL}}-H_{\mathrm{MT}})\eta_{\mathrm{cop}}\\ V_{\mathrm{MT}}=\sum[P_{\mathrm{MT}}\Delta T/(\eta_{\mathrm{MT-e}}Q_{\mathrm{LHV}})]\end{cases} \tag{3-55}$$

式中：P_{MT} 为燃气轮机的发电功率；$P_{\mathrm{MT-HL}}$ 表示燃气轮机发电后的余热功率；$\eta_{\mathrm{ME-e}}$ 为燃气轮机的发电效率；η_{loss} 为燃气轮机散热损失系数，一般取值为 0.03；H_{MT} 表示制热功率，燃气轮机发电后的余热经过溴冷机后可制热；η_{hex} 表示制热系数，一般取值为 1.2；L_{MT} 表示经过溴冷机后的制冷功率；η_{cop} 为制冷系数，一般取值为 0.95；V_{MT} 表示燃气轮机消耗的天然气量；ΔT 为燃机运行时间。

8. 热转冷耦合设备模型

其单位时间制冷量与加热源热量的关系如下

$$\begin{cases}Q_{\mathrm{Br},i}^{\mathrm{t}}=I_{\mathrm{Br}}^{\mathrm{c}}H_{\mathrm{Br,in},i}^{\mathrm{t}}\\ H_{\mathrm{Br},i}^{\mathrm{t}}=I_{\mathrm{Br}}^{\mathrm{h}}H_{\mathrm{Br,in},i}^{\mathrm{t}}\end{cases} \tag{3-56}$$

式中：$Q_{\mathrm{Br},i}^{\mathrm{t}}$ 和 $H_{\mathrm{Br},i}^{\mathrm{t}}$ 分别为第 i 个吸收式制冷机在时段 t 内的供冷功率和供热功率；$H_{\mathrm{Br,in},i}^{\mathrm{t}}$ 为吸收式制冷机的耗热功率；$I_{\mathrm{Br}}^{\mathrm{c}}$ 和 $I_{\mathrm{Br}}^{\mathrm{h}}$ 分别为吸收式制冷机的制冷能效比和制热能效比。

（三）能源存储设备模型

1. 储电设备模型

储能电池典型的物理模型为

$$S_{oc}(t)=(1-\delta\Delta t)S_{oc}(t_o)\left(P_{ch}\eta_{ch}-\frac{P_{dis}}{\eta_{dis}}\right)\Delta t \tag{3-57}$$

式中：$S_{oc}(t)$和$S_{oc}(t_o)$分别表示储能电池在 t 和t_o时刻的剩余电量；δ表示储能电池的自放电率，%/h；Δt表示t_o到t的时间跨度；P_{ch}和P_{dis}分别表示储能电池的充放电功率；η_{ch}和η_{dis}分别表示储能电池的充放电效率。

2. 储热设备模型

储热箱在不考虑储热箱内部控制过程的前提下，仅仅从剩余储热能量以及储放热功率等方面进行数学建模

$$H_{HS}(t)=H_{HS}(t-1)+\left[\eta_{store}^{heat}P_{store}^{heat}(t)-\frac{P_{release}^{heat}(t)}{\eta_{release}^{heat}}\right]\Delta t \tag{3-58}$$

式中：$H_{HS}(t)$和$H_{HS}(t-1)$分别表示在 t 时刻以及 $t-1$ 时刻热储能所储存的热量；$P_{store}^{heat}(t)$、$P_{release}^{heat}(t)$、η_{store}^{heat}和$\eta_{release}^{heat}$分别表示在 t 时刻，热储能的吸热功率、放热功率、吸热效率以及放热效率。

3. 储冷设备模型

冷储能设备原理同热储能，蓄冰槽的能量平衡方程为

$$Q_g=-q_{ph}\frac{dm_t}{dt}+m_i c_i\frac{dT_i}{dt}+m_w c_w\frac{dT_w}{dt} \tag{3-59}$$

式中：Q_g为乙二醇溶液的传热量；q_{ph}为水的汽化潜热；c_i、c_w为冰和水的比热。

蓄冰量的计算依据是，单位时间步长内所蓄存的冰量等于当前时间步长结束时，蓄冰槽内蓄存的总冰量减去上一时间步长结束时蓄冰槽内蓄存的总冰量

$$V_{ice-t,i}=V_{ice-t,i-1}+N_{coils}\sum_{i=1}^{N}V_{ice,i} \tag{3-60}$$

式中：$V_{ice-t,i}$为本时间步长结束时，蓄冰槽内蓄存的总冰量，m^3；$V_{ice-t,i-1}$为上一时间步长结束时蓄冰槽内蓄存的总冰量，m^3；N_{coils}为蓄冰槽内的盘管数量；N为每根盘管的分段数。

4. 储气设备模型

储气数学模型可表示

$$Q_{GS}(t)=Q_{GS}(t-1)+\left[\frac{\eta_{store}^{gas}P_{store}^{gas}(t)}{L_{GLCV}}-\frac{P_{relase}^{gas}(t)}{\eta_{release}^{gas}L_{GLCV}}\right]\Delta t \tag{3-61}$$

式中：$Q_{GS}(t)$和$Q_{GS}(t-1)$分别表示在 t 时刻以及 $t-1$ 时刻气储能所储存的气量；

$P_{\text{store}}^{\text{gas}}(t)$、$P_{\text{relase}}^{\text{gas}}(t)$、$\eta_{\text{store}}^{\text{gas}}$ 和 $\eta_{\text{release}}^{\text{gas}}$ 分别表示在 t 时刻，气储能的充气功率、放气功率、充气效率以及放气效率。

二、区域级综合能源系统网络模型

（一）电力网络模型

在区域级综合能源系统中，电力系统部分以传统发电机组与可再生能源作为主力电源，电源产生的电能经由电力网输送分配至负荷。考虑到电力系统的运行现状主要以交流网为主，对于区域级综合能源系统内的电力系统，在此以交流潮流模型进行模型构建，其电功率可通过式（3-62）表征

$$\boldsymbol{S}=\boldsymbol{P}+\mathrm{j}\boldsymbol{Q}=\boldsymbol{U}(\boldsymbol{YU})^{*}+\mathrm{j}\boldsymbol{U}(\boldsymbol{YU})^{*} \tag{3-62}$$

式中：$\boldsymbol{S}$、$\boldsymbol{P}$ 与 $\boldsymbol{Q}$ 分别为视在功率、有功功率与无功功率；$\boldsymbol{U}$ 为网络节点电压；$\boldsymbol{Y}$ 为节点导纳矩阵。

（二）热力网络模型

在热力系统中，热能由热源经供热管网送至换热站，然后通过散热器将热能转换给热力用户，进而经热力管网的回热网络返还至热源。在此热能输送、转换过程中，承担热力系统的传输介质为水，因此，在对热力系统模型构建时主要考虑水力模型与热力模型两部分。

1. 水力模型

在热力系统的闭合管道中，热力传输介质在不同管道中流动的压头损失之和为零，即

$$\begin{cases} A_{\mathrm{s}}m=m_{\mathrm{q}} \\ B_{\mathrm{h}}h_{\mathrm{f}}=0 \end{cases} \tag{3-63}$$

式中：A_{s} 与 B_{h} 分别为热力系统的节点—支路关联矩阵与回路—支路关联矩阵；m_{q} 为网络节点的流量；h_{f} 为压头损失向量，其可由式（3-64）计算得到

$$h_{\mathrm{f}}=Km|m| \tag{3-64}$$

式中：K 为热力管网的阻力系数矩阵。

2. 热力模型

为了便于阐述，在此将热力网中经过热力负荷节点前后传输介质水的温度分别表征为 T_{s} 与 T_0，则可由此构建热力系统的热力模型

$$\begin{cases} \Phi=C_{\mathrm{p}}m_{\mathrm{q}}(T_{\mathrm{s}}-T_0) \\ T_{\text{end}}=(T_{\text{start}}-T_{\mathrm{a}})\mathrm{e}^{-\frac{\lambda L}{C_{\mathrm{p}}m}}+T_{\mathrm{a}} \\ \left(\sum m_{\text{out}}\right)T_{\text{out}}=\sum m_{\text{in}}T_{\text{in}} \end{cases} \tag{3-65}$$

式中：C_p 为传输介质水的比热容；T_{end}、T_{start} 与 T_a 分别为热力管网的首、末端温度与热力管网周围环境温度；λ为热力管网的热传导系数；L 为热力管网的距离；m_{out} 与 m_{in} 分别为热力管网传输机制的输出输入温度；T_{out} 与 T_{in} 分别为流入与流出热力管网传输介质温度。

（三）天然气网络模型

区域级综合能源系统的天然气系统由气源、供气管道、压缩机与天然气负荷构成，即天然气由气源经天然气供气管道送至天然气用户。在此过程中，为了实现天然气的传输，需要确保天然气管道存在一定压力，此压力的提供通常由压缩机提供。在此，为了便于分析，将天然气系统网络划分为含压缩机网络与不含压缩机的网络，具体分析过程与思路如下：

1. 不含压缩机的天然气网络模型

在不含压缩机的天然气网络模型中，可通过以下方法对网络中节点压力与管道的流量进行分析

$$f_r = \phi(\Delta p_r^2) = K_r s_{ij}\sqrt{s_{ij}(p_i^2 - p_j^2)} \tag{3-66}$$

式中：f_r 为天然气管道 r 中的稳态流量；K_r 为天然气管道常数；$\Delta p_r^2 = p_i^2 - p_j^2$ 为天然气管道的压力降；s_{ij} 为天然气管道中的气体流向。

进而，天然气网络的流量方程为

$$A_g f = L \tag{3-67}$$

式中：A_g 为省略含压缩机管道的天然气网络节点—支路关联矩阵。

令 $\Pi_i = p_i^2$，$\Delta\Pi_r = \Delta p_r^2$，则天然气管道的压力降向量为

$$\Delta\Pi = -A_g^T \Pi \tag{3-68}$$

2. 含压缩机的网络模型

含压缩机的网络模型可由式（3-69）表示

$$\begin{cases} f_{com} = f_{on} = K_{on}\sqrt{(p_o^2 - p_n^2)} \\ f_{cp} = \dfrac{k_{cp} f_{com} T_{gas}}{LHV_{ng}}\left(k_{cp}^{\frac{a-1}{a}} - 1\right) \\ f_{mi} = f_{com} + f_{cp} \\ f_{mi} = K_{mi}\sqrt{(p_m^2 - p_i^2)} \\ k_{cp} = \dfrac{p_o}{p_i} \end{cases} \tag{3-69}$$

式中：f_{com} 为流过压缩机的天然气流量；f_{cp} 为天然气的消耗量；k_{cp} 为压缩机的压

缩比；LHV_{ng} 为天然气的热值；T_{gas} 为天然气的温度；a 为多变指数。

（四）耦合环节模型

在区域级综合能源系统中，可以广义地认为能源站是实现电—气—热—冷耦合的物理环节，其负责综合能源的转换、分配和存储，因此也是不同能源间实现柔性互补的关键点，为此需要构建其适用的能量分析模型。能源站内部涉及电、气、冷、热的多种类型设备以及设备的多种运行方式，所以能源站存在不同的结构和组成方式。本书基于能源集线器模型来描述能源站内部的能源耦合关系，以方便下一步对能源柔性互联的建模计算。

1. 能源集线器的基本概念

电力系统、天然气系统和热力系统之间的耦合环节存在不同的结构和组成方式。区域多能流全过程耦合的供能模型采用能源集线器来描述系统间的能源耦合关系。能源集线器集成多种类型能源（包括电、气、热、冷等）间的相互转化、分配和存储。计及电、气、热、冷四种能源的能源集线器结构如图 3-1 所示。

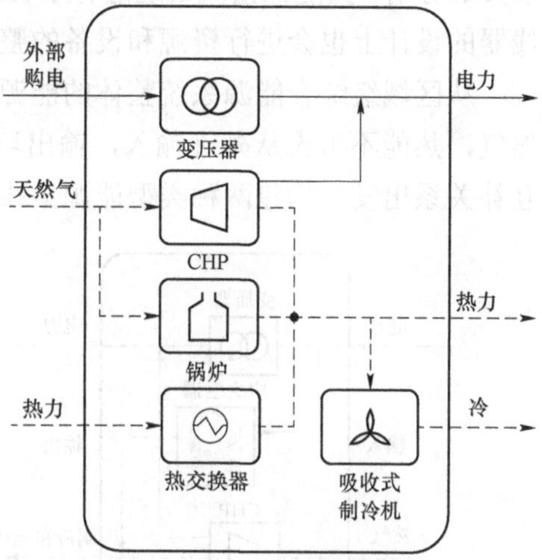

图 3-1　能源集线器结构

图 3-1 的能源集线器结构包括电、气、热能源输入 P_e、P_g、P_h；电、热、冷能源输出 L_e、L_h、L_c；各种能源转化环节。整体结构能源集线器的输入输出关系可以表示如下

$$\underbrace{\begin{bmatrix} L_e \\ L_h \\ L_c \end{bmatrix}}_{L_\beta} = \underbrace{\begin{bmatrix} C_{ee} & C_{ge} & C_{he} \\ C_{eh} & C_{gh} & C_{hh} \\ C_{ec} & C_{gc} & C_{hc} \end{bmatrix}}_{C_{\alpha\beta}} \underbrace{\begin{bmatrix} P_e \\ P_g \\ P_h \end{bmatrix}}_{P_\alpha} \tag{3-70}$$

式中：$\boldsymbol{P}_\alpha$、$\boldsymbol{L}_\beta$、$\boldsymbol{C}_{\alpha\beta}$ 为能源集线器的输入向量、输出向量、描述输入和输出之间耦合关系的耦合系数矩阵；α 表示 e、g 或 h，即电能、天然气或热能；β 表示 e、h 或 c，即电能、热能或冷能。

集线器的输入输出关系与电力系统、天然气系统和热力系统的稳态模型或者暂态模型组成了基于能源集线器耦合的模型。该类模型的特点是在电力系统、天然气系统和热力系统稳态或暂态模型的基础上，用能源集线器来描述系统之间的耦合作用，通过一个矩阵来表示耦合关系，不考虑单个耦合元件的特性而只考虑整体的输入输出关系。

基于能源集线器模型的区域级综合能源系统，将式（3-70）扩展到两个系统的节点网络中区，即考虑了两种运行模式下各系统间的耦合关系，同时也将传统的电力平衡约束和供热负荷平衡约束联合起来。在满足两系统独立潮流约束的同时，结合联合等式约束，对潮流进行调整，得到比较优化的潮流分布。

2. 区域级综合能源系统中的能源集线器建模

在区域级综合能源系统中，针对同一功能区块，由于供能模式的统一性及相似性，其能源形式往往会进行一定的简化，尤其是对于能源的输入和耦合环节，根据前文的分析，其能源模式已经进行了初选并进行了相应的容量匹配，因此在能源集线器的设计上也会进行资源和设备的整合。

从区域级综合能源系统整体的能源输入输出考虑，输入环节主要包括电能和天然气，热能不考虑从外部输入，输出环节主要包括电力和热/冷负荷。从电与气的互补关系出发，构建两种类型能源集线器如图 3-2 所示。

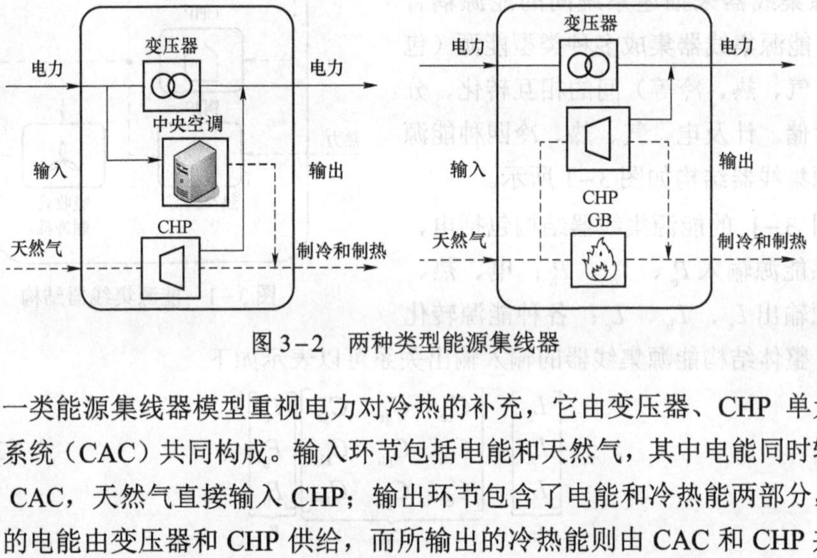

图 3-2　两种类型能源集线器

第一类能源集线器模型重视电力对冷热的补充，它由变压器、CHP 单元和中央空调系统（CAC）共同构成。输入环节包括电能和天然气，其中电能同时输入变压器和 CAC，天然气直接输入 CHP；输出环节包含了电能和冷热能两部分，其中所输出的电能由变压器和 CHP 供给，而所输出的冷热能则由 CAC 和 CHP 共同产生。由此可得所示的能量耦合关系式，其中耦合矩阵中的耦合系数不仅与转换装置的转换效率有关，还与能源在不同转换装置中的分配比例有关。因此引入分配系数 $0 \leqslant v_e \leqslant 1$，如式（3-71）所示

$$\begin{bmatrix} L_{e,\varepsilon} \\ L_{h,\varepsilon} \end{bmatrix} = \begin{bmatrix} v_e & \eta_{ge}^{CHP} \\ (1-v_e)\eta^{CAC} & \eta_{gh}^{CHP} \end{bmatrix} \begin{bmatrix} P_{e,\varepsilon}^{EC} \\ P_{g,\varepsilon}^{EC} \end{bmatrix} \tag{3-71}$$

式中：η_{ge}^{CHP} 与 η_{gh}^{CHP} 分别为天然气经过 CHP 转化为电力和热能的转换效率；η^{CAC} 为 CAC 的制冷和制热的能效比；$P_{e,\varepsilon}^{EC}$、$P_{g,\varepsilon}^{EC}$ 分别为能源集线器 ε 与电网和天然气网络

的能量交互值；$L_{e,\varepsilon}$ 和 $L_{h,\varepsilon}$ 分别为能源集线器 ε 所供应的电负荷和热负荷。

第二类能源集线器模型重视天然气对电力的补充，它包含了电力变压器、CHP和燃气锅炉（GB）三个能源转化设备，其输入量和输出量与第一类能源集线器相同，不同之处只在于其内部能源转化环节发生了变化。因此，采用与第一类能源集线器类似分析思路，可得此类能源集线器的耦合关系式为

$$\begin{bmatrix} L_{e,\varepsilon} \\ L_{h,\varepsilon} \end{bmatrix} = \begin{bmatrix} 1 & v_g \eta_{ge}^{CHP} \\ 0 & v_g \eta_{gh}^{CHP} + (1 - v_g)\eta^{GB} \end{bmatrix} \begin{bmatrix} P_{e,\varepsilon}^{EC} \\ P_{g,\varepsilon}^{EC} \end{bmatrix} \tag{3-72}$$

式中：η^{GB} 为 GB 的效率；v_g 为 EC 的天然气分配系数。

第三节　区域级综合能源系统网络多能流仿真计算

一、区域级综合能源系统网络多能流仿真模型构建

为了清晰了解区域级综合能源的能量流，先对其能量流进行对比分析，具体如表 3-4 所示。

表 3-4　　区域级综合能源系统的能量流对比分析

子系统名称	广义基尔霍夫第一定律	广义基尔霍夫第二定律
电力系统	基尔霍夫电流定律 $\sum_{i=1}^{n} I_i = 0$	基尔霍夫电压定律 $\sum_{i=1}^{n} U_i = 0$
热力系统	热力流连续方程 $\sum_{i=1}^{n} m_i = 0$	热力流回路压力方程 $\sum_{i=1}^{n} h_i = 0$
天然气系统	天然气流体连续方程 $\sum_{i=1}^{n} f_i = 0$	天然气网络回路压力方程 $\sum_{i=1}^{n} \Pi_i = 0$

再者，构建的区域级综合能源系统已知量与未知量具体详见表 3-5 所示。

表 3-5　　区域级综合能源系统的能量流变量分析

子系统名称	变量	已知量	未知量
电力系统	电压相角，θ 电压幅值，U/kV 有功功率，P/MW 无功功率，Q/Mvar	平衡节点 PV 节点和平衡节点 PV 节点和 PQ 节点 PQ 节点	PV 节点与 PQ 节点 PQ 节点 平衡节点 PV 节点和 PQ 节点

续表

子系统名称	变量	已知量	未知量
热力系统	水头压力，H/m	指定某一节点	除指定节点之外的节点
	热功率，Φ/MW	除平衡节点之外的节点	平衡节点
	供热温度，T_s/℃	热源节点	热负荷节点
	输出温度，T_o/℃	热负荷节点	—
	回热温度，T_r/℃	—	所有节点
	热水流量，m/（kg/s）	—	所有热力管道
天然气系统	节点压力，p/bar	天然气平衡节点	除平衡节点之外的节点
	节点天然气负荷，L/（m³/h）	除平衡节点之外的节点	天然气平衡节点
	天然气流量，f/（m³/h）	—	所有供气管道

各个网络通过能源集线器实现耦合，某区域综合能源网络在某一节点通过能源集线器进行耦合，抽象简化后的多能流网络耦合模型示意图如图 3-3 所示。

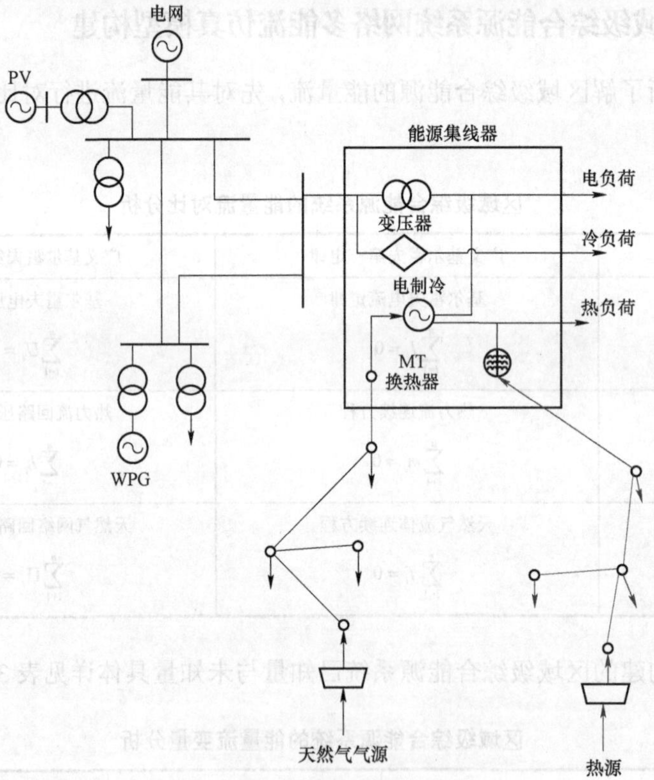

图 3-3　多能流网络耦合模型示意图

在图 3-3 模型中，能源集线器作为各个网络的一个节点，电负荷、气负荷与热负荷将根据能源集线器的参数与运行状态发生改变，所以进行潮流计算时能源集线器的工作状态是重要的参数，能源集线器与能源网络应满足网络与能源集线器约束。

二、区域级综合能源网络能量流模型的计算方法

考虑到同伦算法与牛顿–拉夫逊算法的优势与特性，在此提出基于同伦算法与牛顿–拉夫逊算法相结合的扩展牛顿–拉夫逊算法，具体算法思路如下：

同伦算法的基本思想是对所考虑的问题引入参数λ到下式中，进而构造出了新的函数方程 $S(x,\lambda)$，且该函数有 $S(x,0)=G(x)$，$S(x,1)=F(x)$，此新函数方程 $S(x,\lambda)$ 即为同伦方程。当$\lambda=0$ 时，得到 $S(x,0)=G(x)$ 的解为 x_0；当 $\lambda=1$ 时，得到 $S(x,1)=F(x)$ 的解即为原始非线性方程的解。由此，同伦方程可以定义为

$$S(x,\lambda)=(1-\lambda)G(x)+\lambda F(x) \tag{3-73}$$

当 $G(x)=F(x)-F(x^0)$时，$S(x,\lambda)=F(x)+(\lambda+1)F(x^0)$，则方程解的轨迹可以表示为 $x=x(t)$，$S(x,\lambda)$的迭代式可表示为

$$\begin{cases} \dfrac{\partial S}{\partial x}\dfrac{\mathrm{d}x}{\mathrm{d}t}+\dfrac{\partial S}{\partial t}=0 \\ x(0)=x^0 \end{cases} \tag{3-74}$$

将非线性方程转化为求解微分方程的问题

$$\begin{cases} x'(t)=-J^{-1}F(x^0) \\ x(0)=x^0 \end{cases} \tag{3-75}$$

对于满足 $x(0)=x^0$ 的 $x=x(t)$。$x(1)=x^*$则为原问题的解。通常而言，如果 x 的初始值能够使同伦法与牛顿法都收敛，同伦算法对初始值要求低一些，但是牛顿法收敛速度快一些，精度相对也高一些。因此，可以在第一次能量流计算之前，利用同伦法计算 x 的近似解，然后利用牛顿法迭代求解精确解。

基于同伦算法与牛顿–拉夫逊算法相结合的扩展牛顿–拉夫逊算法实现区域级综合能源系统多能流计算，其计算流程如图 3–4 所示。

在以能源集线器为耦合节点的多能流模型中，进行仿真前需要对能源集线器的运行策略进行初始化，在容量匹配环节给出的设备最优运行策略可以作为初始条件进行计算。若某区域未进行前期的运行策略寻优，可以按照能源集线器以热定电或以电定热的运行策略进行初始化。初始化运行策略之后，耦合节点的各网络负荷可以计算求出，此时各网络潮流可以分开计算，最后判断结果是否满足各网络约束，若满足，则潮流计算结果为最终结果；如不满足则需要调整能源集线器的运行策略再次进行计算。

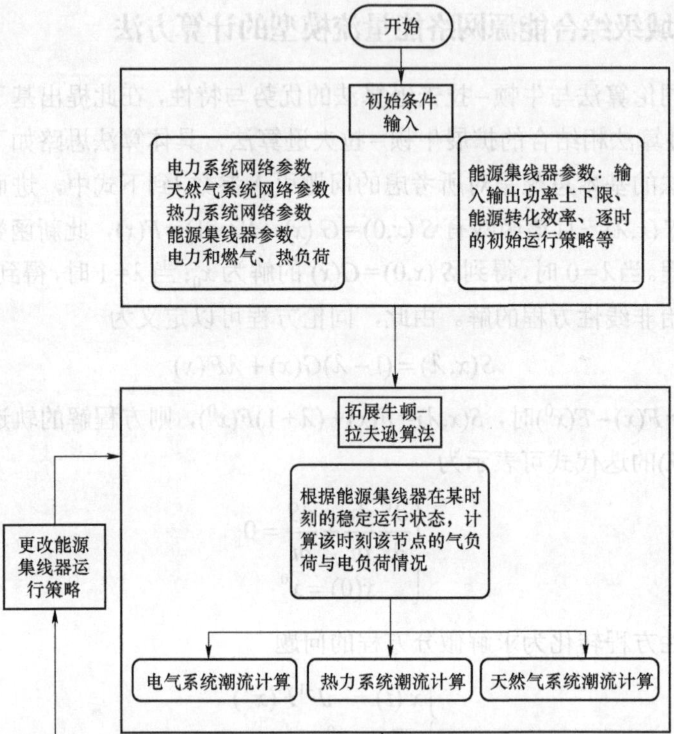
开始
初始条件输入
电力系统网络参数
天然气系统网络参数
热力系统网络参数
能源集线器参数
电力和燃气、热负荷
能源集线器参数：输入输出功率上下限、能源转化效率、逐时的初始运行策略等
拓展牛顿-拉夫逊算法
根据能源集线器在某时刻的稳定运行状态，计算该时刻该节点的气负荷与电负荷情况
电气系统潮流计算
热力系统潮流计算
天然气系统潮流计算
更改能源集线器运行策略
获取耦合节点潮流参数
能源集线器的运行参数
电压、功率
气压、流量等
判断是否满足约束条件?
否
是
结束

图 3-4　多能流计算流程

第四节　区域级综合能源系统多目标源—网—荷容量匹配方法

能源耦合与多能互补是综合能源的重要特征。区域级综合能源系统中的电、气、冷、热环节存在非常紧密的耦合关系，因此各个环节的方案选择得当则可充分挖掘不同能源的互补替代能力。针对不同的能源互补方案，不同的能源设备配置结果将产生不同的系统运行状态。通过优化源—网—荷的容量可以大大提升区域级综合能源系统的运行效率和降低运行成本。

分布式能源系统是一个小规模、靠近用户端、具备热电联产的能源系统。主要形式有：光伏发电、燃气轮机发电、风力发电、生物质能发电等。根据区域的供能模式可知，供能系统的配置除了跟负荷特性有关外，还与目标区域的气候特征、供能情况等情况密切相关。因此这对于系统的优化配置有很高的要求。对于区域内局域网能源配置时，主要任务包括合理确定系统结构和形式，优化选择主要设备的种类、数量、容量等重要参量，并设计运行策略、评估综合性能。区域供能系统得到合理的优化配置，会一定程度上提高系统的运行效率，提高系统经济性、可靠性等。

目前学者对于多能源系统的规划方法研究主要有两类：① 解析方法，以特定的规划原则进行解析计算，从而确定规划方案，但是该方法建模过于简化，规划结果未考虑运行方式对规划的影响；② 优化方法，通过构建、求解规划优化模型获得规划方案，但是该方法需要精确的建模，增加了模型的复杂程度、求解难度大。为了提高计算精度、寻找最优方案解，本章节采用第二种方法。

一、区域级综合能源系统源网荷容量匹配目标

区域级综合能源系统相较于传统的独立式供热或制冷系统而言，可通过不同类型能源单元设备之间的相互配合来共同满足能源负荷需求，此外，具备不同季节供热制冷功能的单元设备（如热泵单元）还可在满足热负荷需求的基础上实现分季供冷。因此，建立合理的目标函数，来实现能源设备不同品位能源供给量的优化配置，是有效发挥综合能源多能互补协调的重要手段。针对区域级综合能源系统的特点，可以设计相应的目标函数，区域级综合能源系统规划优化目标主要围绕全寿命周期内总成本最低、污染气体排放最低、可靠性高、能源利用效率最高等目标开展研究。

（一）全生命周期内总成本最低

经济性目标是区域级综合能源系统规划阶段关注的重点，其直接影响了能源系

统能否正常投资建设与运行。

本书以年为周期基于系统总成本对区域级综合能源系统建立经济性目标 G_{ECO}，其包含初始投资成本 C_{INV}、维护成本 C_{OM}、运行成本 C_{R}。

$$G_{\mathrm{ECO}} = C_{\mathrm{INV}} + C_{\mathrm{OM}} + C_{\mathrm{R}} \tag{3-76}$$

（1）初始投资成本

$$C_{\mathrm{INV}} = \sum_{\mathrm{m}} C_{\mathrm{inv,m}} \lambda_{\mathrm{m}} \mu_{\mathrm{CRF}}(r,Y) \tag{3-77}$$

$$C_{\mathrm{inv,m}} = C_{\mathrm{equ,m}} + C_{\mathrm{aux,m}} \tag{3-78}$$

$$\mu_{\mathrm{CRF}}(r,Y) = \frac{r(1+r)^{Y}}{(1+r)^{Y}-1} \tag{3-79}$$

式中：$C_{\mathrm{inv,m}}$ 为设备 m 的单位容量投资成本；$C_{\mathrm{equ,m}}$ 为设备 m 的单位容量成本；$C_{\mathrm{aux,m}}$ 为设备 m 的单位容量辅助设施建设成本；λ_{m} 为各设备安装容量；$\mu_{\mathrm{CRF}}(r,Y)$为资金回收系数，表示一次性投资成本折算到每年的费用支出；Y 为设备的使用寿命；r 为基准折现率。

（2）维护成本

$$C_{\mathrm{OM}} = \sum_{\mathrm{n}} d_{\mathrm{n}} \sum_{\mathrm{m}} \sum_{t=1}^{24} (C_{\mathrm{om,m}} P_{\mathrm{t,m,out}} \Delta t) \tag{3-80}$$

式中：$C_{\mathrm{om,m}}$ 为设备 m 单位输出能量的运行维护费用，与当地的人力成本相关；$P_{\mathrm{t,m,out}}$ 为 t 时段内设备 m 的出力；Δt 为时间长度，取 1h。

（3）运行成本

$$C_{\mathrm{R}} = C_{\mathrm{DJ}} + C_{\mathrm{RJ}} + C_{\mathrm{FUE,M}} \tag{3-81}$$

$$C_{\mathrm{FUE,M}} = \sum_{n} d_{n} \sum_{m} \sum_{t=1}^{24} \left(\frac{c_{t,\mathrm{gas}} F_{t,\mathrm{m}} \Delta t}{Q_{\mathrm{gas}}} \right) \tag{3-82}$$

$$C_{\mathrm{DJ}} = \sum_{n} d_{n} \sum_{t=1}^{24} \left(\frac{c_{t,\mathrm{Dbuy}} - c_{t,\mathrm{Dsell}}}{2} | P_{t,\mathrm{DJ}} | + \frac{c_{t,\mathrm{Dbuy}} + c_{t,\mathrm{Dsell}}}{2} P_{t,\mathrm{DJ}} \right) \tag{3-83}$$

$$C_{\mathrm{RJ}} = \sum_{n} d_{n} \sum_{t=1}^{24} \left(\frac{c_{t,\mathrm{Rbuy}} - c_{t,\mathrm{Rsell}}}{2} | H_{t,\mathrm{RJ}} | + \frac{c_{t,\mathrm{Rbuy}} + c_{t,\mathrm{Rsell}}}{2} H_{t,\mathrm{RJ}} \right) \tag{3-84}$$

式中：$C_{\mathrm{FUE,M}}$ 为天然气成本；$c_{t,\mathrm{gas}}$ 为 t 时段天然气价格；$F_{t,\mathrm{m}}$ 为 t 时段设备 m 消耗的燃气能量；Q_{gas} 为天然气热值；C_{DJ} 为电交易成本；C_{RJ} 为热交易成本；$c_{t,\mathrm{Dbuy}}$ 和 $c_{t,\mathrm{Dsell}}$ 分别为 t 时刻系统向主网的购售电价格；$c_{t,\mathrm{Rbuy}}$ 和 $c_{t,\mathrm{Rsell}}$ 分别为 t 时刻系统向热网的买卖热价；$P_{t,\mathrm{DJ}}$ 为 t 时刻系统与电网的交互功率，值为正表示从主网的购电电

量，值为负表示向主网的售电电量，值为0表示与主网不进行电能交易；$H_{t,\mathrm{RJ}}$为t时刻系统与上级热网的交互功率，值为正表示从热网的购热量，值为负表示向热网的售热量，值为0表示系统与热网不进行热量交互。

（二）全生命周期内污染气体排放最低

随着全球能源的不断消耗以及环境问题的日益突出，区域级综合能源系统的环保性已成为其规划与运营阶段所避不开的话题，由此考虑CO_2、SO_2和NO_x的排放量来对区域级综合能源系统的环保性目标函数G_{ENV}进行构建

$$G_{\mathrm{ENV}}=\xi_{CO_2}+\xi_{SO_2}+\xi_{NO_x} \tag{3-85}$$

$$\xi_{CO_2}=\sum_{n}d_n\sum_{t=1}^{24}(k_{CO_2,\mathrm{m}}P_{t,\mathrm{m,out}}) \tag{3-86}$$

$$\xi_{SO_2}=\sum_{n}d_n\sum_{t=1}^{24}(k_{SO_2,\mathrm{m}}P_{t,\mathrm{m,out}}) \tag{3-87}$$

$$\xi_{NO_x}=\sum_{n}d_n\sum_{t=1}^{24}(k_{NO_x,\mathrm{m}}P_{t,\mathrm{m,out}}) \tag{3-88}$$

式中：$k_{CO_2,\mathrm{m}}$、$k_{SO_2,\mathrm{m}}$、$k_{NO_x,\mathrm{m}}$分别为设备m对应CO_2、SO_2和NO_x的污染排放系数。其中电力污染排放系数根据当地火电占比与火电污染排放系数确定；$P_{t,\mathrm{m,out}}$为设备m在t时刻的输出功率。

（三）供能可靠性

选取期望能量削减量（expected energy not supplied，EENS）作为系统的可靠性指标，利用状态枚举法进行计算。计算公式为

$$EENS=\sum_{s\in\Omega}P(s)I(s) \tag{3-89}$$

式中：Ω为园区区域级综合能源系统全部失效状态的集合；$P(s)$为状态s的概率；$I(s)$为状态s的最优负荷削减量。$EENS$越小，系统可靠性越高。

（四）能源利用效率最高

能源生产环节的研究对象是区域外购电和区域内能源。能源不仅有“数量”的概念，即能量的多少，还有“质量”的概念，即品位（能级）的高低或做功能力的大小。能源的高效利用不仅要从数量上考虑，还要从质量上考虑。从合理的能源供应角度出发，将不同能源对外所能够做的功和其总能量的比值定义为不同能源的能质系数C_{e}，其表达式为

$$C_{\mathrm{e}}=\frac{W_{\mathrm{e,avaj}}}{W_{\mathrm{e,total}}} \tag{3-90}$$

式中：$W_{e,avaj}$ 为该种能源中可以转化为功的部分；$W_{e,total}$ 为该种能源的总能量。

电能是最高品位的能源，能够全部转化为功，故其能质系数为1，将各种能源换算为等效电，能够将不同能源的品位联系起来。区域综合能源供应环节中总电能平衡及区域外购电方程表达式为

$$E_{sum} = E_e + E_h + E_c + E_k \tag{3-91}$$

$$E'_{in} = E_{sum} + G_{CHP}\eta_{CHP,e} - G'_{re} \tag{3-92}$$

$$E_{in} = E'_{in}\sigma_e \tag{3-93}$$

式中：E_{sum} 为区域总电力需求；E_e、E_h、E_c、E_k 分别为纯电负荷、电制热负荷、电制冷负荷及热网和冷网驱动水泵电负荷；E_{in} 为区域外购电折算成一次能源消耗量；E'_{in} 为向外购电量；G_{CHP} 为热电联产设备消耗燃料量；$\eta_{CHP,e}$ 为热电联产设备发电效率；G'_{re} 为可再生能源发电量；σ_e 为购电一次能源消耗量折算系数。

区域内能源包括可再生能源发电和燃料（包括燃气、生物质能源等），与外购电共同满足后续各个环节的能源需求，区域燃料消耗平衡方程和可再生能源最大发电量方程如下所示

$$G_{in} = G_{CHP} + G_B - B_{in} \tag{3-94}$$

$$G_{re} = G'_{resolor} + G'_{rewind} \tag{3-95}$$

式中：G_{in} 为区域燃料消耗量；G_B 为燃气锅炉消耗燃料量；B_{in} 为区域内生物质可再生能源燃料消耗量；G_{re} 为区域内可再生能源最大发电量；$G'_{resolor}$ 为太阳能发电量；G'_{rewind} 为风能发电量。

区域内一次能源消耗量

$$E_{prim} = \frac{\gamma_{SWsolor}C_{e,SWsolor}G_{resolor}}{\eta_{SWsolor}} + \frac{\gamma_{SWwind}C_{e,SWwind}G_{rewind}}{\eta_{SWwind}} + \gamma_G C_{e,G}G_{in} + \gamma_B C_{e,B}B_{in} + \frac{\gamma_{SE}C_{e,SE}E_{SE,h}}{\eta_{SE}} \tag{3-96}$$

式中：$\gamma_{SWsolor}$、γ_{SWwind}、γ_G、γ_B、γ_{SE} 分别为光伏发电、风力发电、电能、生物质、太阳能制热的能源系数；$C_{e,\,SWsolor}$，$C_{e,\,SWwind}$ 为太阳能发电与风能发电的能质系数；$\eta_{SWsolor}$，η_{SWwind} 为太阳能与风能发电设备效率；$C_{e,\,B}$ 为生物质的能质系数；$C_{e,\,SE}$ 为太阳能和环境能制热的能质系数；$C_{e,G}$ 为电能的能质系数；$E_{SE,h}$ 为区域内太阳能产热量；η_{SE} 为光热设备效率。

区域级综合能源系统能效设定为区域通过等效电法计算的总用能量与一次能源消耗量的比值，以目标值 G_{EFF} 表示系统的能源利用效率，表达式如下

$$G_{EFF} = \frac{E_{PL} + E_{HL}C_H + E_{CL}C_C}{E_{prim}} \tag{3-97}$$

式中：C_H、C_C 为热负荷与冷负荷的能质系数；E_{PL}、E_{HL}、E_{CL} 为区域用电量、用热量、用冷量。

二、区域级综合能源系统源网荷容量匹配约束

为了使优化结果满足实际规划中的诸多限制因素，需进一步考虑优化变量自身的取值范围及多变量之间的限制关系。供需配置优化数学模型的约束条件主要包括等式约束与不等式约束两类。等式约束用以限制供需配置的平衡，不等式约束可限制优化规划的边界。对于区域级综合能源系统的容量配置问题，其约束条件包括规划阶段约束与运行约束两大方面。各约束条件如下所示。

（一）规划设计阶段约束条件

（1）投资能力约束

$$\sum_i B_i \leqslant I_{\max} \tag{3-98}$$

式中：$I_{\max}$ 为最大初期投资成本。

（2）建筑面积约束

$$\sum_{i=1}^{n} x^i m^i \leqslant A_{\max} \tag{3-99}$$

式中：x^i 为第 i 类设备的优化台数；m^i 为第 i 类设备的安装占用面积；$A_{\max}$ 为区域级综合能源系统可使用的土地面积。各设备还应该考虑专属用地面积的约束，考虑区域级综合能源系统建设的地理位置，如在楼宇屋顶安装光伏板，需要以楼宇屋顶有效光照面积最大值为约束。

（3）环境成本约束

$$E \leqslant E_{\max} \tag{3-100}$$

式中：E 为环境污染治理费用；$E_{\max}$ 为最大允许环境污染治理费用。

（4）电网供能约束

$$D_{\max} \geqslant \sum_{i=1}^{n} (x^i P_{\max}^i - x^i U_{\max}^i) \tag{3-101}$$

$$\sum_i U_{\max}^i + D_{\max} \geqslant S L_{\max}^q \tag{3-102}$$

式中：$D_{\max}$ 为电网最大供电能力；x^i 为第 i 类设备的优化台数；$P_{\max}^i$ 为第 i 类设备的耗电功率；$L_{\max}^q$ 为区域内部用电；S 为安全用电系数。

（5）可靠性约束

$$\sigma_{\text{LOLP}} \leqslant \sigma_{\text{LOLP}}^{\max} \tag{3-103}$$

式中：σ_{LOLP} 为系统失负荷概率；$\sigma_{\mathrm{LOLP}}^{\max}$ 为最大允许失负荷概率。

（6）网络架构约束

$$n_{\mathrm{s}} \leqslant n_{\mathrm{s}}^{\max} \tag{3-104}$$

式中：n_{s} 为系统网架稳定系数；$n_{\mathrm{s}}^{\max}$ 为最大允许网架稳定系数。网络架构包括电力网络、天然气网络、热力网络。

（二）运行调度约束条件

（1）负荷供需平衡约束

$$P_t^{\mathrm{TL}} + \sum_{n=1}^{N} P_t^{\mathrm{RE}n} = L_t^{\mathrm{E}} + \sum_j P_t^j \tag{3-105}$$

式中：P_t^{TL} 为大电网在第 t 时间间隔内的平均功率；$P_t^{\mathrm{RE}n}$ 为第 n 种设备发电功率；L_t^{E} 为 t 时段除供冷热和储热冷外的电负荷需求；P_t^j 为 t 时段第 j 种设备制热冷或储热冷的耗电功率。

$$\sum_{\mathrm{j}} Q_t^j = L_t^{\mathrm{H}} \tag{3-106}$$

式中：Q_t^j 为 t 时段第 j 种设备的供热量；L_t^{H} 为 t 时段区域内热负荷需求。

$$\sum_{\mathrm{j}} Q_t^j = L_t^{\mathrm{C}} \tag{3-107}$$

式中：Q_t^j 为 t 时段第 j 种设备的供冷量；L_t^{C} 为 t 时段区域内冷负荷需求。

（2）供能设备运行约束

$$Q_{\min}^j \leqslant Q_t^j \leqslant Q_{\max}^j \tag{3-108}$$

$$-\Delta Q_{\mathrm{down}}^j \leqslant Q_t^j - Q_{t-1}^j \leqslant \Delta Q_{\mathrm{up}}^j \tag{3-109}$$

式中：$Q_{\min}^j$、$Q_{\max}^j$ 分别为第 j 种设备的最小、最大供热/冷量；$\Delta Q_{\mathrm{down}}^j$、$\Delta Q_{\mathrm{up}}^j$ 分别为第 j 种设备的减少出力和增加出力的爬坡速度。

（3）储能设备运行约束。储能装置能够起到良好的削峰填谷作用，其容量与放能功率决定削峰能力，容量与蓄热功率决定填谷能力。为了降低系统的运行成本，应在能源价格低时尽量存储能量，在能源价格高时放出能量。为了减少其他设备的投资容量，应在负荷高峰期间放出能量，在其他期间存储能量。在任意时间段内，蓄能装置内剩余的能量大于零且不大于蓄能容量。

$$\lambda_{\min} C_{\mathrm{ES}} \leqslant E_{t,\mathrm{ES}} \leqslant \lambda_{\max} C_{\mathrm{ES}} \tag{3-110}$$

$$-P_{\mathrm{ch,max}} \leqslant P_{t,\mathrm{ES}} \leqslant P_{\mathrm{dis,max}} \tag{3-111}$$

$$E_{t0,\mathrm{ES}} = E_{tn,\mathrm{ES}} \tag{3-112}$$

式中：$\lambda_{\min}$ 和 $\lambda_{\max}$ 分别为储能的最小、最大电荷状态；C_{ES} 为储能装置容量；$P_{\mathrm{ch,max}}$ 和 $P_{\mathrm{dis,max}}$ 分别为最大充能功率与最大放能功率；$E_{t0,\mathrm{ES}}$ 为储能装置在一个周期的初始电荷；$E_{t\mathrm{n,ES}}$ 为储能装置在一个周期的最末端时刻电荷量。

（4）设备出力约束。考虑到能源生产设备的能源输出不应超过其额定功率，爬坡速率应在一定范围内，因此

$$P_{t,\mathrm{mmin}} \leqslant P_{t,\mathrm{m}} \leqslant P_{t,\mathrm{mmax}} \tag{3-113}$$

$$R_{\mathrm{m}}^{\mathrm{down}} \Delta t \leqslant P_{t,\mathrm{m}} - p_{t-1,\mathrm{m}} \leqslant R_{\mathrm{m}}^{\mathrm{up}} \Delta t \tag{3-114}$$

式中：$P_{t,\mathrm{mmin}}$ 为第 m 类设备的最小运行功率；$P_{t,\mathrm{mmax}}$ 为设备最大运行功率；$R_{\mathrm{m}}^{\mathrm{down}}$、$R_{\mathrm{m}}^{\mathrm{up}}$ 为设备 m 下、上爬坡速率。

（5）电网有功约束

$$P_{i,\min}^{\mathrm{TL}} \leqslant P_i^{\mathrm{TL}} \leqslant P_{i,\max}^{\mathrm{TL}} \tag{3-115}$$

式中：$P_{i,\min}^{\mathrm{TL}}$、$P_{i,\max}^{\mathrm{TL}}$ 分别为节点 i 允许传输的最小、最大功率。

（6）电网节点电压约束

$$V_{i,\min} \leqslant V_i \leqslant V_{i,\max} \tag{3-116}$$

式中：$V_{i,\min}$、$V_{i,\max}$ 分别为节点 i 允许电压上、下限。

（7）热网流量约束

$$F_{i,\min}^{\mathrm{H}} \leqslant F_i^{\mathrm{H}} \leqslant F_{i,\max}^{\mathrm{H}} \tag{3-117}$$

式中：$F_{i,\min}^{\mathrm{H}}$、$F_{i,\max}^{\mathrm{H}}$ 分别为节点 i 最小、最大流量；F_i^{H} 为节点 i 在 t 时刻的流量。

（8）冷网流量约束

$$F_{i,\min}^{\mathrm{C}} \leqslant F_i^{\mathrm{C}} \leqslant F_{i,\max}^{\mathrm{C}} \tag{3-118}$$

式中：$F_{i,\min}^{\mathrm{C}}$、$F_{i,\max}^{\mathrm{C}}$ 分别为节点 i 最小、最大流量；F_i^{C} 为节点 i 在 t 时刻的流量。

（9）气网流量约束

$$F_{i,\min}^{\mathrm{G}} \leqslant F_i^{\mathrm{G}} \leqslant F_{i,\max}^{\mathrm{G}} \tag{3-119}$$

式中：$F_{i,\min}^{\mathrm{G}}$、$F_{i,\max}^{\mathrm{G}}$ 分别为节点 i 最小、最大流量；F_i^{G} 为节点 i 在 t 时刻的流量。

（10）热电耦合约束

$$\frac{\sum_{m=1}^{M} Q_m}{\sum_{n=1}^{N} P_n} \geqslant \tau \tag{3-120}$$

式中：Q_m、P_n 分别为热电耦合机组的产热产电量；τ 为国家规定的热电联产机组的年均热电比基准值，通常取 50%。

三、区域级综合能源系统源网荷容量匹配优化方法

不同区域由于自然资源不同、区域定位不同以及用能需求差异化，导致容量匹配方案存在差异。因此，在开展区域级综合能源容量匹配时，需要考虑区域定位、典型场景类型、区域自然资源情况等因素，并将这些因素作为容量匹配算法的输入参数，开展相关研究。

目前常用的算法有遗传算法、粒子群算法、动态规划、禁忌搜索算法等。

（一）遗传算法

遗传算法由美国的霍兰德教授在 1975 年首次提出，是模仿生物界与自然界的规律进行军的全局搜索，其核心是“适者生存”，子代通过继承父代的优秀基因实现繁衍。遗传算法在寻优过程中主要过程为交叉、变异、选择算子等关键步骤，根据计算所得的目标函数适应度值，从种群的父代和子代中选择一定比例的个体作为后代的群体，然后继续进行寻优计算，直至求得最佳染色体对应的适应度值。其算法求解流程如图 3–5 所示。

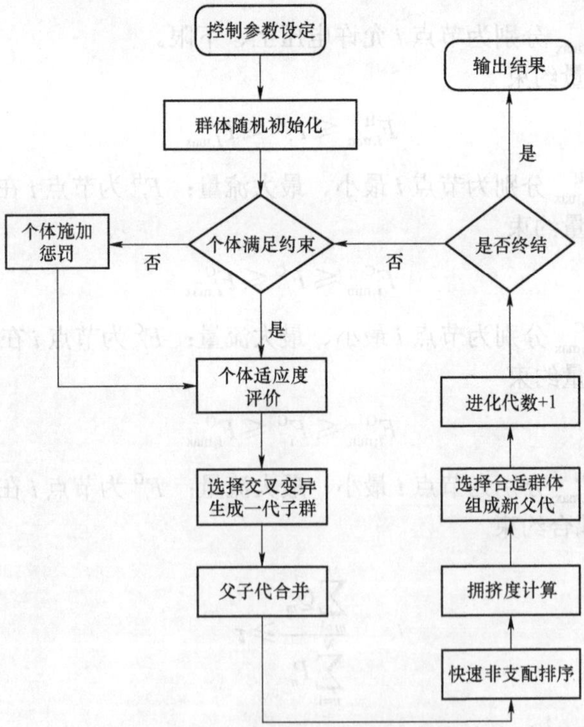

图 3–5　遗传算法求解流程

遗传算法主要特征是群体间的搜索方法以及群体中个体信息的交换，非常适合解决传统搜索方法难以解决的非线性问题。与其他启发式算法相比，遗传算法具有以下优点：从多个初始点开始搜索，可以有效地跳出局部极值；具有自组织、自适应和自学习性，能够获得较高的生存概率；能够在非连续、多峰和嘈杂的环境中收敛到全局最优的解，具有良好的寻找全局最优解的能力；用适应度函数值来评估个体，对目标函数的形式没有要求；并行化程度高，同时对搜索空间中的多个解进行评估，减少了陷入局部最优解的风险。

（二）粒子群算法

粒子群算法是1995年由肯尼迪和艾伯哈特等提出的一种新型的并行元启发式算法。遗传算法是模拟自然界鸟群等生物种群觅食的行为寻求最优解。首先，随机产生一组解，通过迭代计算寻找最优解，根据适应度值选择粒子，并通过适应度值评价粒子质量，通过跟随当前最优值来寻找全局最优解。粒子群算法的主要优点为结构简单，操作容易实现，且求解精度较高，收敛速度较快。粒子群算法求解基本流程如图3–6所示。

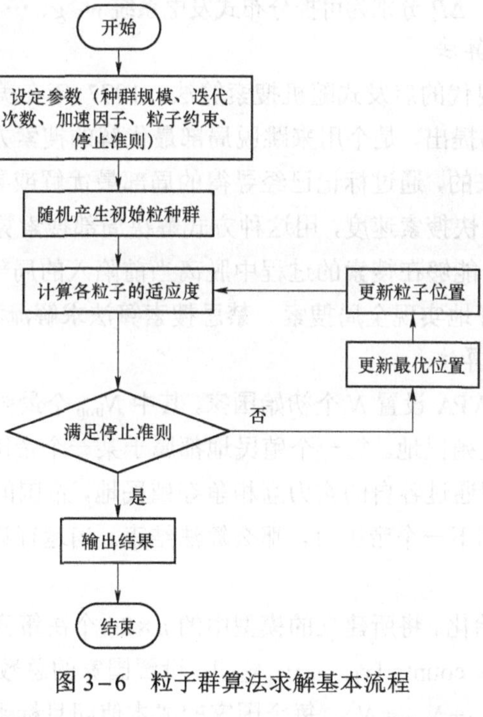

图3–6　粒子群算法求解基本流程

（三）动态规划

动态规划方法由波尔曼（Bellman）于1957年提出，是一种将多阶段决策问题分解为相对简单的子问题求得最优解的方法，即最优策略所包含的子策略一定是最优子策略。该方法对于子问题重叠的情况特别有效，通过将问题拆分、重新定义问题状态之间的相互关系，用递推的方式或是分治的方式解决问题。动态规划算法在区域级综合能源系统中的状态递归方程如下

$$\min F=\sum_{k}^{N-1}F_k(x_k,u_k)+F_N(x_N,u_N) \tag{3-121}$$

式中：N 为规划阶段总数；x_k 为第 k 阶段的状态变量，即可控分布式发电设备的输出功率；u_k 是第 k 阶段的决策变量，即可控分布式发电系统可调节的输出功率；$F_k(x_k,u_k)$ 为第 k 阶段的指标方程；$F_N(x_N,u_N)$ 为第 N 阶段的指标方程。

x_k 到 x_{k+1} 的状态转移方程为

$$x_{k+1}=g(x_k,u_k) \tag{3-122}$$

u_k 表达式如下

$$u_k=[\Delta P_{\mathrm{w}},\Delta P_{\mathrm{g}},\cdots,\Delta P_{\mathrm{e}}] \tag{3-123}$$

式中：ΔP_{w}、ΔP_{g}、…、ΔP_{e} 分别为可控分布式发电系统 w、g、…、e 的可调节输出功率。

（四）禁忌搜索算法

禁忌搜索是种现代的启发式随机搜索算法，1977 年在美国由科罗拉多大学教授弗雷德弗·格洛弗提出，是个用来跳脱局部最优解的搜索方法。该算法是基于局部搜索算法改进而来的，通过标记已经寻得的局部最优解或寻解过程，并引入禁忌表减少循环次数，加快搜索速度，用这种方式解决局部搜索算法在局部循环搜索的缺点。禁忌搜索算法能够在搜索的过程中脱离当前陷入的局部最优的状况，转向其他的搜索空间，更好地实现全局搜索。禁忌搜索算法求解流程如图 3-7 所示。

（五）帝国竞争算法

帝国竞争算法 WPA 设置 N 个初始国家，其中 N_{imp} 个最强大的国家被选中作为帝国，剩下的国家是殖民地。每一个殖民地都属于某一个帝国。在算法运行的过程中，表现为帝国之间通过各自的实力互相争夺殖民地，帝国的实力越强越是能获得更多的殖民地。只剩下一个帝国时，那么算法结束。当运行设备有 n 种时，算法具体步骤如下：

(1) 帝国的初始化。将所建立的模型中的 $n\times24$ 个决策变量构成的一个 $24n$ 维向量代表着一个国家 count=$[x_1, x_2, \cdots, x_{24n}]$。设置国家的总数为 N，帝国数为 N_{imp}，殖民地数为 N_{col}（$N_{\mathrm{col}}+N_{\mathrm{imp}}=N$），每个国家的成本值即目标函数。通过模糊隶属函数用来将国家的能量值标准化，具体如下

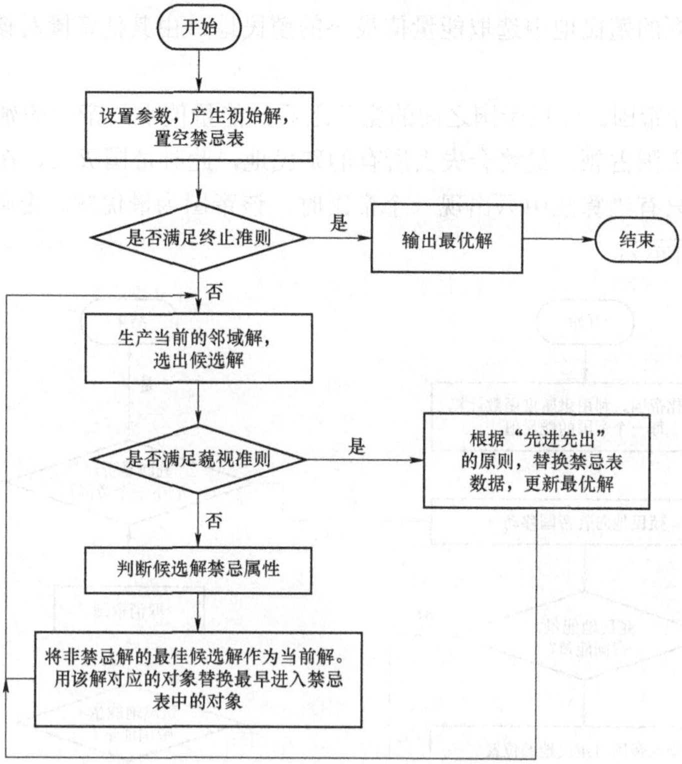

图 3－7　禁忌搜索算法求解流程

$$\begin{cases} \mu(\text{count})=\begin{cases}1 & f(\text{count})\leqslant \min f(N)\\ 0 & f(\text{count})\geqslant \max f(N)\end{cases} \\ \mu(\text{count})=\dfrac{\max f(N)-f(\text{count})}{\max f(N)-\min f(N)} \quad \min f(N)\leqslant f(\text{count})\leqslant \max f(N)\end{cases} \tag{3-124}$$

式中，$\max f(N)$、$\min f(N)$ 分别代表着 N 个国家所代表的目标函数的最大值与最小值，对于求最小值的问题而言，成本越小能量值越大。

（2）殖民地同化。当帝国侵占殖民地之后，殖民地受到影响而向帝国靠近，利用殖民地向帝国主义国家移动进行局部搜索，保证了算法的局部收敛性，移动的距离为 l：U（0，$b\times d$），其中 $b>1$ 保证殖民地向着帝国靠近，d 是殖民地与帝国之间的距离。移动的方向和殖民地与帝国连线的夹角 θ：U（$-\gamma$，γ），γ为偏移量调整参数。

（3）帝国更新。当帝国所占领的殖民地能量大于帝国时，帝国要与该殖民地位互换，即该殖民地升级为帝国，帝国降级为殖民地。

（4）帝国竞争。帝国竞争首先要计算每个帝国的总能量值，将总能量值最小的帝国所占领的殖民地中选取能量值最小的殖民地，由其他帝国对该殖民地进行竞争。

（5）删除帝国。经过帝国之间的竞争之后，能量值小的帝国的殖民地将会被能量值大的帝国占领，最终会失去所有的殖民地，此时帝国灭亡，在算法中位置会被清除。只有当算法中只出现一个帝国时，该帝国为最优解。否则，返回（2）（如图3–8所示）。

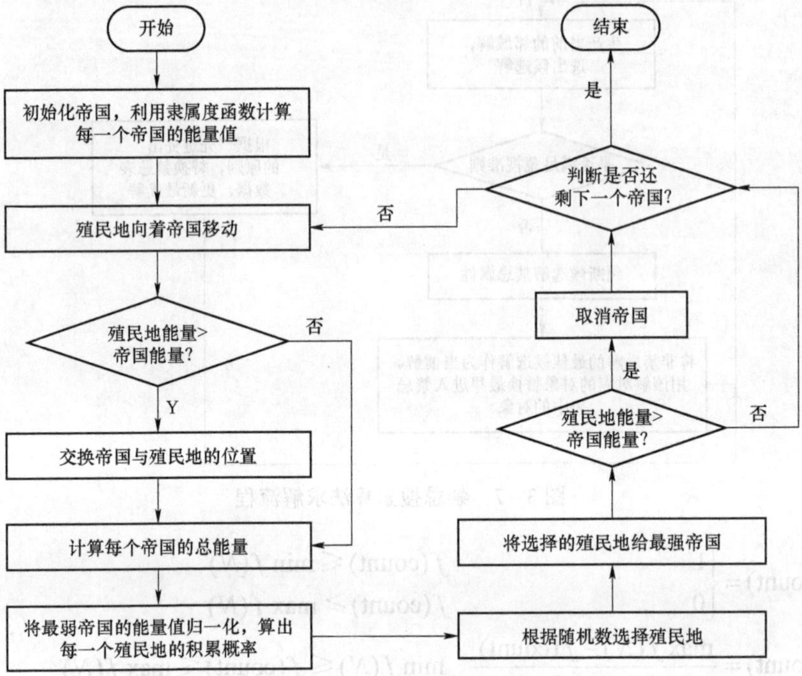

图3–8 帝国竞争算法

（六）双层求解模型

由于多目标优化问题过于复杂，涉及的利益主体众多，设备及网络多样，直接求解难度较大，甚至出现不合理解。基于智能算法提出两层优化模型进行区域级综合能源系统容量匹配优化方法的求解，具体流程如图3–9所示。

输入参数主要包括以下几类：

（1）系统数据，包括综合能源所在区域自然资源情况、风电光伏建设空间等区域固有信息，决定某些能源设备的装机容量上下限。

（2）设备参数，包括所选用的能源设备的出力上下限、能源转换效率等运行参数。

（3）负荷信息，该区域三个季节的典型日冷热电负荷曲线。

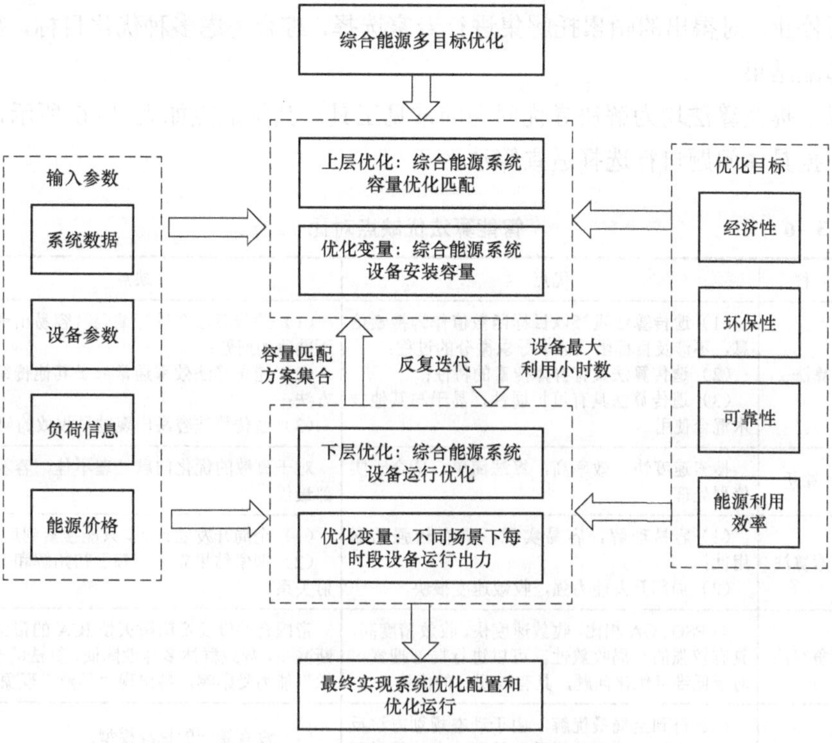

图 3-9　容量匹配优化求解流程

（4）能源价格，包括从外部购买能源的实时价格，例如，天然气价格、电网购电的峰谷电价。

规划层面。对区域级综合能源系统供给和存储设备的类型和数量进行优化。基于规划区域内综合能源整体负荷水平，在备选综合能源供给和存储设备中，针对多种优化规划目标，提出区域内的制冷装置、制热装置、储冷和储热装置的优化组合方案。主要考虑源端与荷端的负荷匹配能力，同时挖掘能源间的耦合关系，分析互供互备的能力。

运行层面。对区域级综合能源系统设备的运行调度进行优化，在调度运行时，运行经济性主要由燃气购置费、外部购电费用决定，而能源利用效率也与外部购能有关，当在满足用能需求的前提下，外部购能越少，能源利用效率越高，同时污染排放也越小。所以现在运行层面，经济性、能源利用效率、环保性并不矛盾。

将外层制定的容量匹配方案集合传递给内层，在内层中以经济性为目标针对每个方案进行运行出力优化，将优化后的各设备最大负荷利用小时数传递至外层，在外层中，根据设备的运行小时数计算每种匹配方案的经济、环保、能源利用效率目标函数，进行寻优操作，获得下一代的容量配置方案，反复迭代直到达到设定循环数次后停止。对得出的帕累托解集进行专家选择，综合考虑多种优化目标，得出最后的匹配结果。

以上提及算法均为解决寻优问题的常见工具，其优缺点如表 3-6 所示，读者可以根据具体问题自行选择适宜算法。

表 3-6　　智能算法优缺点对比

算法名称	优点	缺点
遗传算法	（1）遗传算法直接以目标函数值作为搜索信息，不涉及目标函数值求导求微分的过程； （2）遗传算法具有群体搜索的特性； （3）遗传算法具有可扩展性，易于与其他技术混合使用	（1）遗传算法在进行编码时容易出现不规范不准确的问题； （2）遗传算法效率通常低于其他传统的优化方法； （3）遗传算法容易出现过早收敛的问题
粒子群算法	搜索速度快、效率高，算法简单，适合于实值型处理	对于离散的优化问题处理不佳，容易陷入局部最优
禁忌搜索算法	（1）容易理解，容易实现，具有较强的通用性； （2）局部开发能力强，收敛速度很快	（1）全局开发能力弱，只能搜索到局部最优； （2）搜索结果完全依赖于初始解和邻域的映射关系
帝国竞争算法	与 PSO、GA 相比，收敛速度快、收敛精度高，具有较强的全局收敛性。可以进行局部搜索，对于低维度优化问题，具有较明显的优势	帝国合并以及帝国覆灭使 ICA 的帝国个数不断减少，导致群体多样性降低，算法的全局“勘探”能力受影响，易出现“早熟”现象
动态规划	能够得到全局最优解，由于动态规划方法反映了动态过程演变的联系和特征，在计算时可以利用实际知识和经验提高求解效率	（1）没有统一的标准模型； （2）数值方法求解时存在维数灾难

四、典型场景下综合能源源网荷容量配置方案

（一）典型日选择

典型日负荷曲线可表征地区用能特点，预估负荷特性发展趋势。目前，典型日负荷曲线的选择方法主要有两种：① 通过对历史数据曲线进行分类，选取平均功率、最大功率等代表性数据，并对其进行简单的加权平均，从而选取某一日作为典型日；② 基于人工智能技术和数据挖掘进行高维度数据的统计分析，采用聚类分析算法优化典型日负荷曲线的选取。本节基于统计学习的多元分类方法选取典型日电、热、冷负荷曲线，为后续 IES 优化运行结果的求取奠定基础。

根据山东地区的气候特征和用能特点，将一年的不同季节划分为夏季（6～9 月）、冬季（12 月～次年 3 月）和春秋过渡季（3～5、10、11 月），并从相应的月份中按照多元分类方法选取各自具有代表性的典型日电、热、冷负荷，选取山东某典型工业场景为例进行分析，基于 MCNN-LSTM 方法得到该场景下夏季、冬季、过渡季三个季节的典型日电、热、冷负荷曲线如图 3-10 所示。

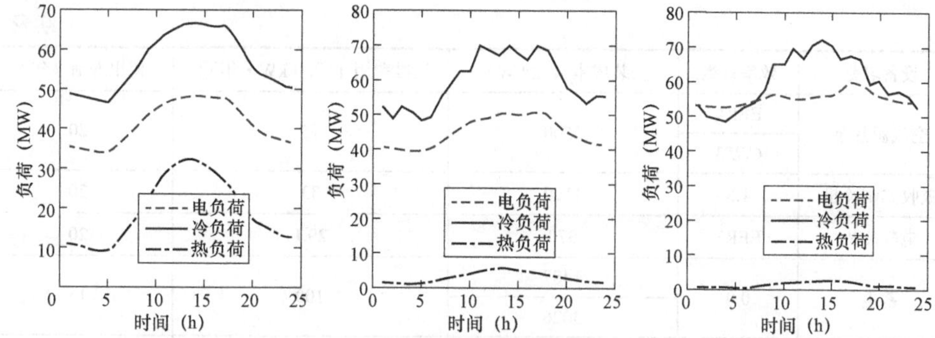

(a) 夏季典型日负荷曲线　(b) 过渡季典型日负荷曲线　(c) 冬季典型日负荷曲线

图 3-10 工业典型日电、热、冷负荷曲线

由图 3-10 可知，该 IES 区域冷负荷受季节影响较为明显，电负荷与热负荷与生产相关，受季节影响较小。热负荷在夏季无建筑采暖负荷，主要为生产热负荷，整体略低于其他季节。

以三个季节的典型日负荷代替全年负荷特性进行容量匹配计算便于求解，同时又能兼顾冷热电负荷在全年的变化情况，考虑全年的运行，实现能源侧多源耦合互补，避免设备容量配置冗余浪费。

（二）源网荷容量匹配边界条件分析

为更加精确地进行容量匹配，下文设定源网荷容量匹配边界条件。基于山东省历史年份气象统计数据，将每种季节持续天数分别设定为夏季 120d、冬季 120d 和过渡季 125d，根据山东省风速光照情况估算风光电的年利用小时数，分别为光伏年利用小时数取 1000h，风力发电利用小时数 2500h。

各类综合能源设备参数如表 3-7 所示。

表 3-7　各类综合能源设备参数

设备名称	效率参数	安装成本（元/kW）	运维费用［元/（kW·年）］	使用寿命（年）
风力发电机组	—	9960	298.8	20
光伏发电系统	—	4500	135	25
燃气轮机	0.9	6000	180	30
余热锅炉	0.8	340	10.2	15
燃气锅炉	0.9	400	12	20
水源热泵	EER4.5	3000	90	20
	COP4			
地源热泵	EER4.5	3200	96	20
	COP4			

续表

设备名称	效率参数	安装成本（元/kW）	运维费用［元/（kW·年）］	使用寿命（年）
空气源热泵	EER4	2500	75	20
	*COP*3			
吸收式制冷机	1.8	1100	33	20
电制冷机	EER3	970	29.1	20
蓄电	0.9	1487	100	15
		3026		
电蓄热	0.95	1000	30	20
蓄冷	0.9	600	18	20

注　2015 年数据。

山东省居民生活农业生产电价与工商业及其他用电价如表 3–8、表 3–9 所示。

表 3–8　　山东省居民生活农业生产电价　　（元/kWh）

用电分类	电压等级	正常电价	峰段电价	谷段电价	峰段电价（采暖季）	谷段电价(采暖季）
居民生活用电	第一档	0.546 9				
	第二档	0.596 9				
	第三档	0.846 9				
一户一表	第一档		0.576 9	0.376 9	0.576 9	0.346 9
	第二档		0.626 9	0.426 9	0.626 9	0.396 9
	第三档		0.876 9	0.676 9	0.876 9	0.646 9
合表	不满 1kV	0.555 0				
	1kV 以上	0.501 0				
农业生产用电	不满 1kV	0.540 0				
	1～10kV	0.525 0				
	35kV 及以上	0.510 0				

注　峰时段 8:00～22:00，谷时段 22:00～次日 8:00（取自国家电网山东省 2019 年电价通知）。

表 3–9　　山东省工商业及其他用电价

用电分类	电压等级	尖峰电价 高峰电价 (元/kWh)	高峰电价（元/kWh）	平段电价（元/kWh）	低谷电价（元/kWh）	最大需量［元/（kW·月）］	变压器容量［元/(kVA·月）］
单一制电价	＜1kV	1.039 4	0.920 3	0.622 6	0.324 9		
	1～10kV	1.016 1	0.899 8	0.608 9	0.318 0		
	35kV 及以上	0.992 7	0.879 1	0.595 1	0.311 1		

续表

用电分类	电压等级	尖峰电价 高峰电价 （元/kWh）	高峰电价 （元/kWh）	平段电价 （元/kWh）	低谷电价 （元/kWh）	最大需量 [元/（kW·月）]	变压器容量 [元/(kVA·月)]
两部制电价	1～10kV	1.028 9	0.911 3	0.617 2	0.323 2	38	28
	35～110kV	1.003 4	0.888 8	0.602 2	0.315 7	38	28
	110～220kV 及以下	0.977 9	0.866 3	0.587 2	0.308 2	38	28
	220kV 及以上	0.952 4	0.843 8	0.572 2	0.300 7	38	28

注 高峰时段 8:30～11:30，16:00～21:00；低谷时段 23:00～次日 7:00；其余时段为平时段，尖峰时段在 6～8 月实施。尖峰时段 10:30～11:30，19:00～21:00（取自国网山东省电力公司 2019 年电价通知）。

（三）容量匹配方法算例与分析

以某政府办公区域为例，其设备容量上限与典型日负荷情况如图 3－11 所示。根据该区域的情况，包括设备安装空间。风力资源情况等，初步估算光伏装机上限为 10MW。

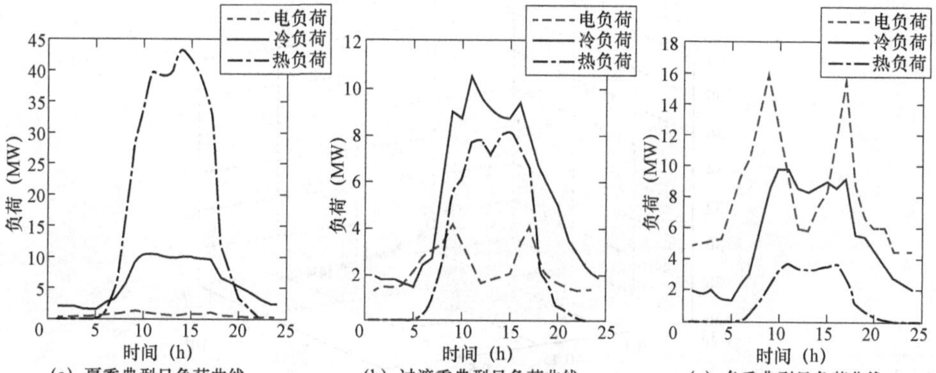

(a) 夏季典型日负荷曲线 (b) 过渡季典型日负荷曲线 (c) 冬季典型日负荷曲线

图 3－11 行政办公区典型日负荷

选用光伏、燃气三联供、燃气锅炉、电制冷机为该区域供能。为了保证可再生能源 100%消纳，可适当增加储电、储热装置，将光伏风电多余电量转化为热能或电能进行存储。

以经济性、环保性、高能量利用效率作为目标，将可靠性作为约束进行寻优计算。以能量利用效率目标函数的寻优过程进行研究，迭代终止后目标函数的寻优曲线如图 3－12 所示。

可见在 43 代左右目标值变化趋于平稳，算法找到最优解，得到的 Pareto 解集如图 3－13 所示。

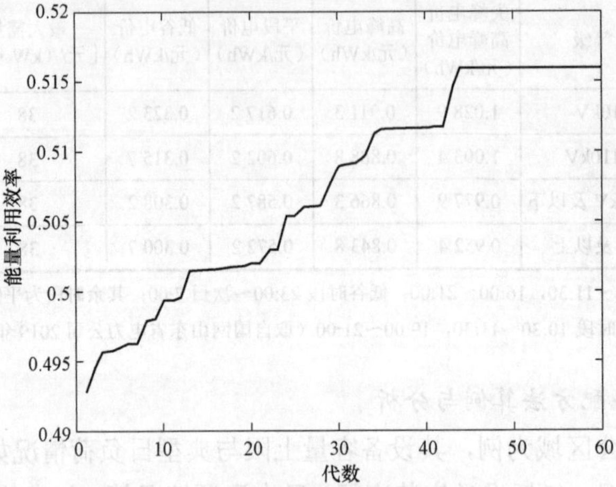

图 3-12 寻优曲线

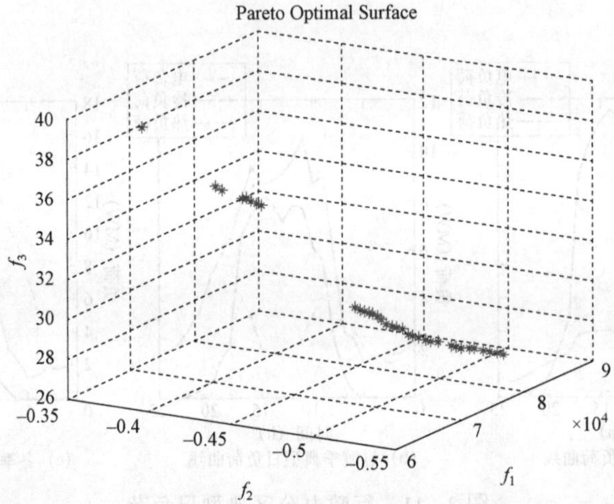

图 3-13 Pareto 解集

图 3-13 中，f_1、f_2、f_3 分别为系统年总成本、区域级综合能源系统能源利用效率与污染气体排放量，可以看出环保性越强能源利用效率越高，但经济性越差。综合考虑各指标的情况，权衡指标权重，选择折中的方案。由于实际情况中各个设备的容量是离散的，所以将该方案中的各个设备容量向上取整，选择容量为最接近的设备型号，多余容量作为区域级综合能源系统的裕量应对突发情况。根据负荷情况增加电蓄热锅炉调节负荷情况。设备容量选择如表 3-10 所示。

考虑能量梯级利用，设备调度情况如图 3-14～图 3-16 所示。

表 3-10 设备容量选择

设备名称	配置容量（kW）	设备名称	配置容量（kW）
光伏发电系统	6000	余热锅炉	11 600
燃气锅炉	2160	电制冷机	20 000
燃气轮机	7050	电锅炉	2000
吸收式制冷机	20 000	蓄电	5500
		蓄热	4000

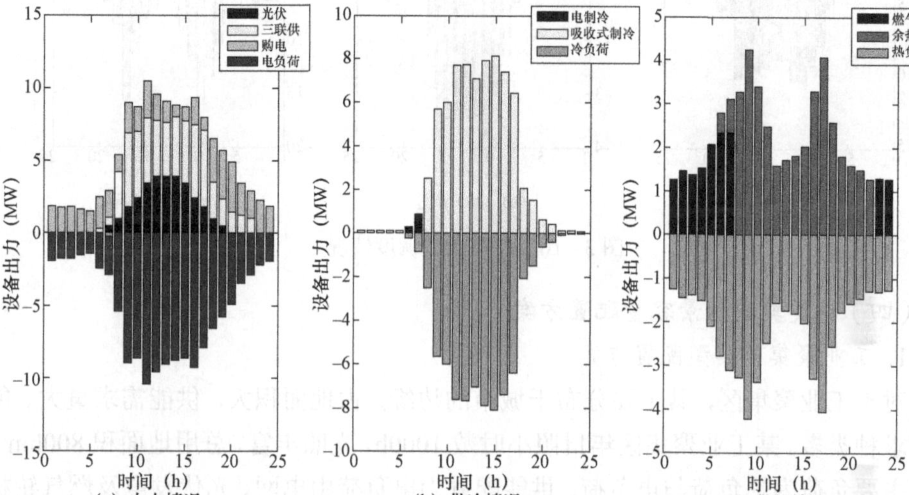

(a) 电力情况　(b) 供冷情况　(c) 供热情况

图 3-14 过渡季设备调度情况

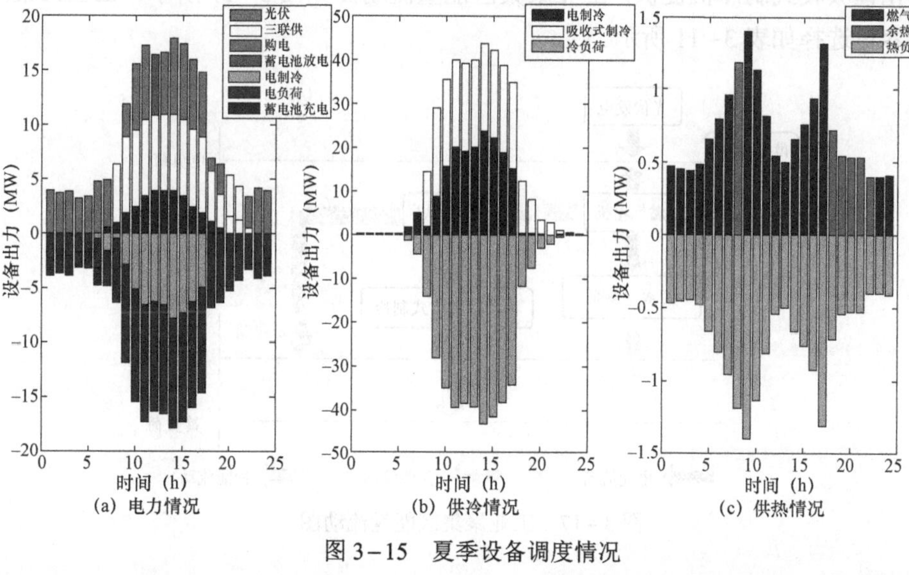

(a) 电力情况　(b) 供冷情况　(c) 供热情况

图 3-15 夏季设备调度情况

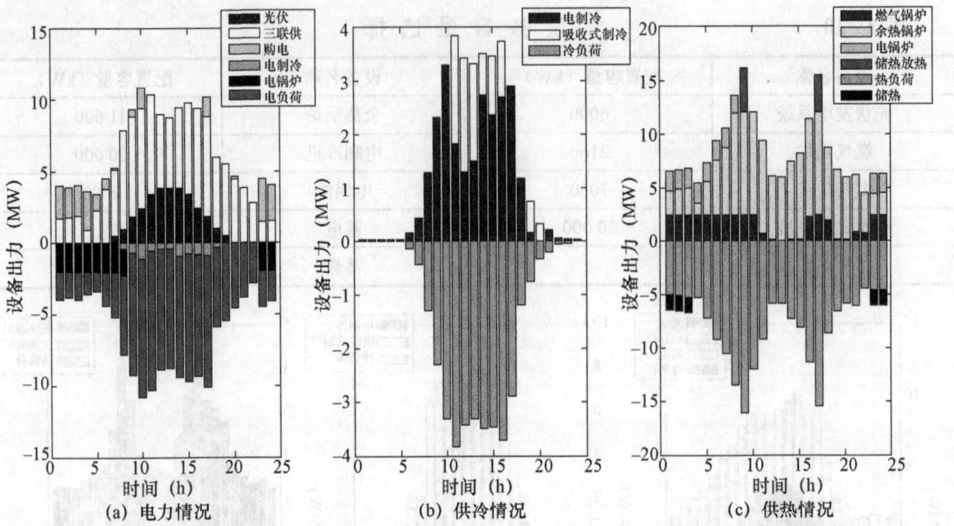

图 3-16　冬季设备调度情况

（四）八类典型场景容量配置方案

1. 工业聚集区典型配置方案

对于工业聚集区，其主要分布于城市的边缘，占地面积大，供能需求量大、能源需求种类多。某工业聚集区年日照小时数 1000h，光照丰富，总用地面积 $800hm^2$，全区主要负荷为热负荷与电负荷。供能配置为电负荷由电网、光伏发电及燃气轮机共同提供，燃气轮机废热驱动污水源热泵与余热锅炉同时满足热负荷需求，冷负荷由溴化锂吸收式制冷机提供，工业聚集区能量流动图如图 3-17 所示。工业聚集区设备容量选择如表 3-11 所示。

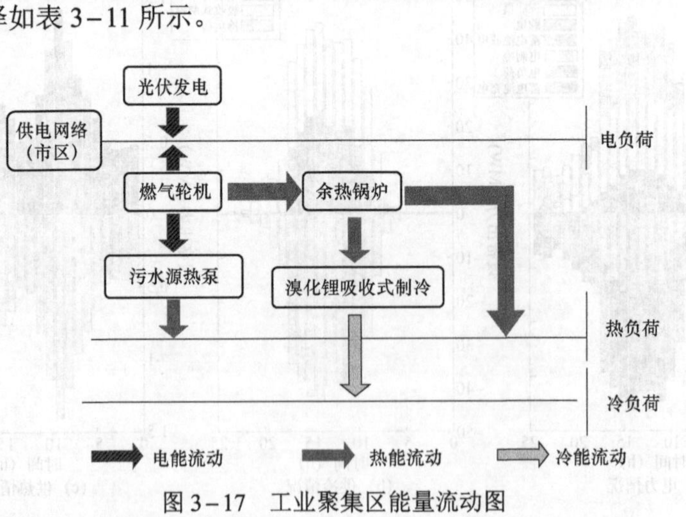

图 3-17　工业聚集区能量流动图

表 3-11　　工业聚集区设备容量选择

设备名称	配置容量（kW）	设备名称	配置容量（kW）
光伏发电系统	1000	污水源热泵	300
燃气轮机	4600	余热锅炉	9000
吸收式制冷机	2100		

2. 行政中心区典型配置方案

对于行政中心区，通常位于交通方便的城市中心区域，占地面积小，因其人口密度昼夜差异较大，用能需求较小，用能主要集中在白天工作时间。某政府办公楼群占地 10hm²，楼顶面积可利用率高，主要负荷为冷负荷与电负荷，设计供能模式为：可再生能源发电满足一部分电负荷，少量电负荷直接由大电网购买。以燃气锅炉提供的热为主，余热锅炉回收的低温热水作为协同，满足热负荷需求。燃气轮机的抽气热为高温蒸汽作为溴化锂吸收式制冷机的动力源；同时，利用电制冷机，满足区域冷负荷。行政中心区能量流动图如图 3-18 所示。行政中心区设备容量选择如表 3-12 所示。

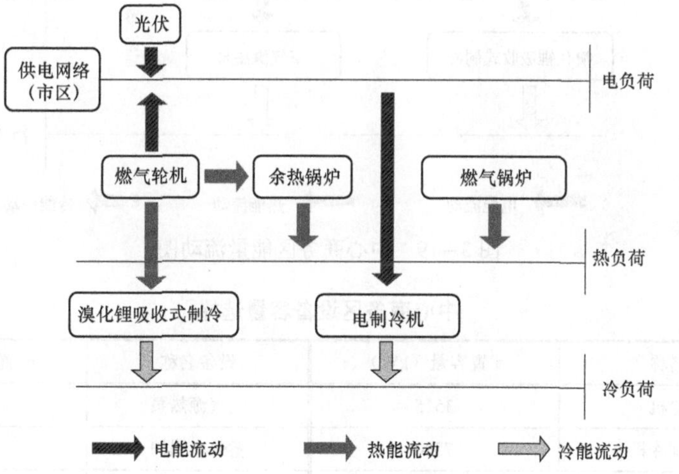

图 3-18　行政中心区能量流动图

表 3-12　　行政中心区设备容量选择

设备名称	配置容量（kW）	设备名称	配置容量（kW）
光伏发电系统	1000	电制冷机	6000
燃气轮机	5810	余热锅炉	10 800
吸收式制冷机	12 800	燃气锅炉	5760

3. 中心商务区典型配置方案

对于中心商务区，负荷需求与行政中心类似，但是负荷量大。某大型商务区设备可用空间有限，美观要求较高，有一定的噪声要求。冷负荷 5.5MW，电负荷 3.5MW。

供能配置为燃气轮机所产电能与大电网共同满足电负荷需求；以余热锅炉回收的低温热水和蓄热电锅炉提供的热为主，空气源热泵作为协同，满足热负荷需求。燃气轮机的抽气热为高温蒸汽作为溴化锂吸收式制冷机的动力源；同时，利用空气源热泵，满足区域冷负荷。中心商务区能量流动图如图 3－19 所示。中心商务区设备容量选择如表 3－13 所示。

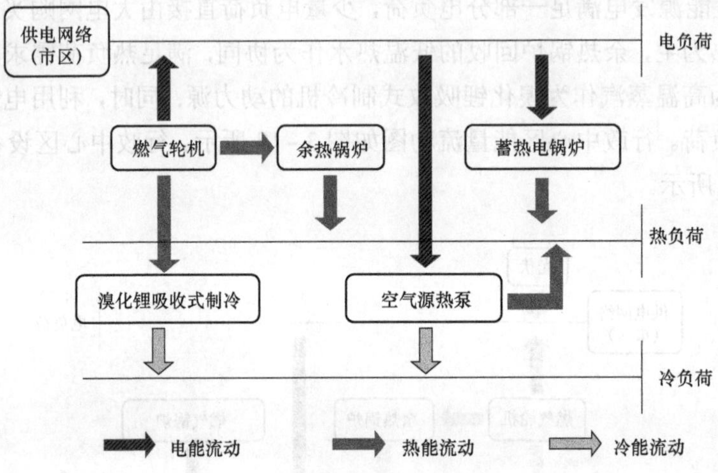

图 3－19　中心商务区能量流动图

表 3－13　中心商务区设备容量选择

设备名称	配置容量（kW）	设备名称	配置容量（kW）
燃气轮机	3515	空气源热泵	18 000
吸收式制冷机	7500	蓄热电锅炉	5000
余热锅炉	6760		

4. 教育科研区典型配置方案

对于教育科研区，主要用能时间为工作日，部分夜间供暖，负荷波动大。且某学校校区电负荷 10MW、热负荷 15MW，该区对噪声有一定的要求，在供能模式设计阶段不采用热电联产设备。

光伏发电所产电能与大电网共同满足电负荷需求，以燃气锅炉和蓄热电锅炉提供的热为主，空气源热泵作为协同，满足热负荷需求。在晚上空气源热泵产生大量的冷，储存在储冷水箱里，在白天，只需开启部分配套设备，便可满足区域冷负荷，教育科研区能量流动图如图 3-20 所示。教育科研区设备容量选择如表 3-14 所示。

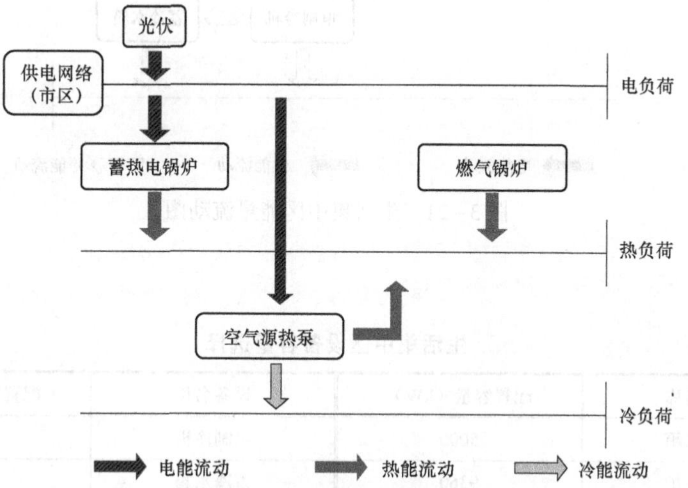

图 3-20 教育科研区能量流动图

表 3-14 **教育科研区设备容量选择**

设备名称	配置容量（kW）	设备名称	配置容量（kW）
光伏	1000	空气源热泵	5000
燃气锅炉	5080	蓄热电锅炉	500

5. 生活集中区典型配置方案

某居民小区热负荷 14MW、电负荷 8MW，屋顶利用率低，综合考虑经济性和舒适性，采用供能模式主要是充分利用储热水箱，利用燃气锅炉与储热水箱联合供暖满足热负荷需求，电制冷机满足区域冷负荷需求。当供热量/供冷量供大于需时，将热量/冷量存储到蓄热水箱/蓄冷水箱，当供热量与供冷不足时，将其作为补充，生活集中区能量流动图见图 3-21。生活集中区设备容量选择如表 3-15 所示。

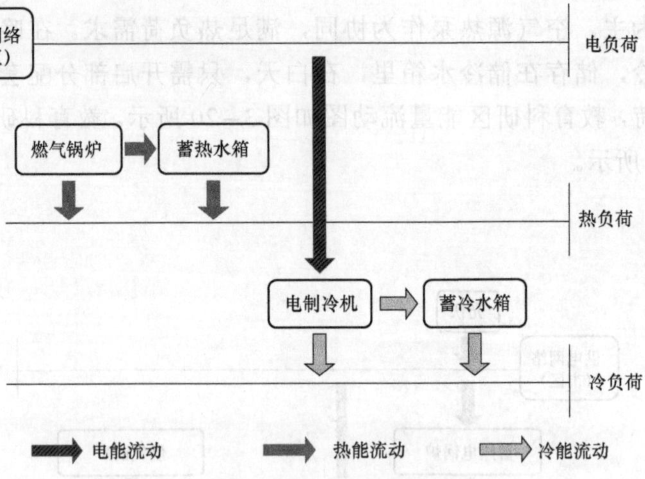

图 3–21　生活集中区能量流动图

表 3–15　　生活集中区设备容量选择

设备名称	配置容量（kW）	设备名称	配置容量（kW）
蓄热水箱	5000	电制冷机	9000
燃气锅炉	9360	蓄冷水箱	5000

6. 核心商业区典型配置方案

某商圈以冷电负荷为主，冷负荷 12MW、电负荷 10MW，综合考核心商业区建筑类型、功能划分、用能特点等特性，供能方案为：通过热电联供设备和吸收式制冷机实现能量的梯级利用，同时区域内还建设了电制热、电制冷等满足区域多源负荷。区域所需电能少部分来自外购电，多数来自燃气轮机发电，热负荷需求由燃气轮机所产废热满足，蓄热电锅炉作为补充，同时部分废热驱动吸收式制冷机满足冷负荷需求，电制冷机作为补充，核心商业区能量流动图如图 3–22 所示。核心商业区设备容量选择如表 3–16 所示。

表 3–16　　核心商业区设备容量选择

设备名称	配置容量（kW）	设备名称	配置容量（kW）
燃气轮机	7030	电制冷机	10 000
余热锅炉	11 952	电蓄热锅炉	5000
吸收式制冷剂	10 080		

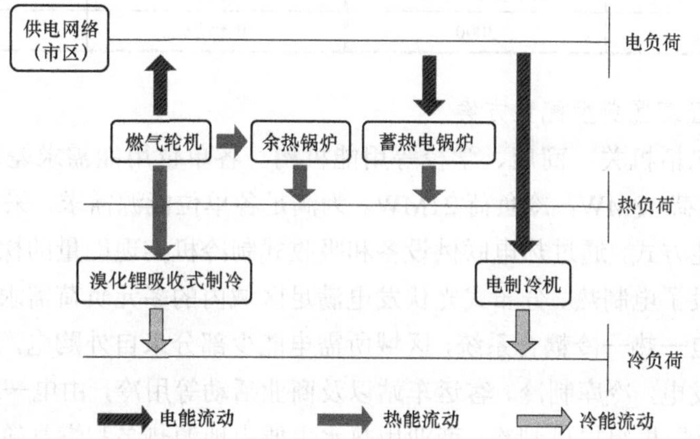

图 3-22　核心商业区能量流动图

7. 农业经济区典型配置方案

某农业经济区以大棚种植为主，主要负荷为热负荷与电负荷。该地占地面积大，噪声容忍度高。农业经济区能量流动图如图 3-23 所示。

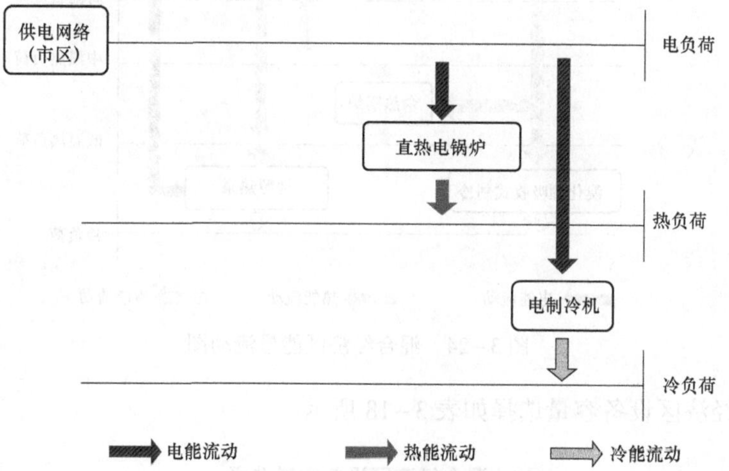

图 3-23　农业经济区能量流动图

电负荷全部由电网购买，供热负荷由直热电锅炉满足；冷负荷主要由电制冷满足。农业经济区设备容量选择如表 3-17 所示。

表 3-17　　农业经济区设备容量选择

设备名称	配置容量（kW）	设备名称	配置容量（kW）
电制冷机	3000	电锅炉	3000

8. 混合经济区典型配置方案

某区域包括机关、商店、学校等用能机构。各单位用能需求差异大，电负荷15MW，热负荷18MW，冷负荷21MW。为满足各单位能源需求，采用多种能源互补耦合的供能方式，通过热电联供设备和吸收式制冷机实现能量的梯级利用，同时区域内还建设了电制热、分布式光伏发电满足区域内的多元负荷需求。供能配置主要采用气—电—热—冷耦合系统，区域所需电能少部分来自外购电，多数来自光伏及燃气轮机发电，冷库制冷、客运车站以及商业活动等用冷，由电—冷耦合装备地源热泵、溴化锂机组提供制冷；商业用热水主要由地源热泵和燃气轮机提供，也可在夜间用电低谷期通过电锅炉进行蓄热，混合经济区能量流动图见图 3-24 所示。

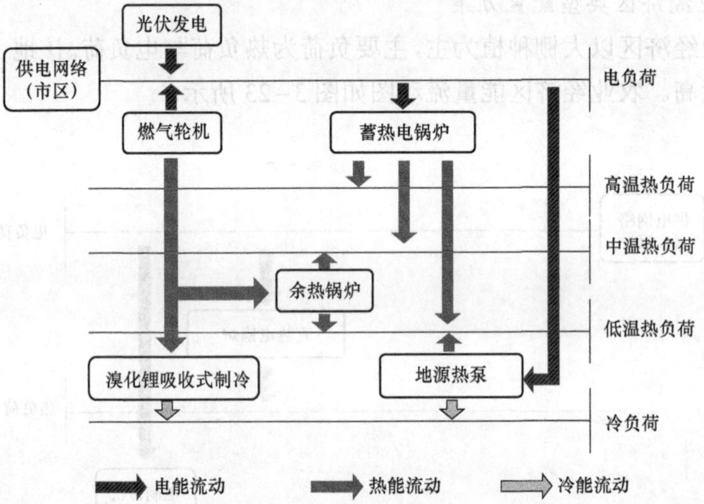

图 3-24　混合经济区能量流动图

混合经济区设备容量选择如表 3-18 所示。

表 3-18　　混合经济区设备容量选择

设备名称	配置容量（kW）	设备名称	配置容量（kW）
光伏	5000	余热锅炉	11 952
燃气轮机	7030	电蓄热锅炉	5000
吸收式制冷剂	15 000	地源热泵	3000

小　结

本章介绍了区域级综合能源规划的数个关键技术，包括负荷预测、规划模型构建、多能流仿真、多目标容量匹配等方法的介绍。

冷热负荷预测方法目前有时间序列法、灰色预测法、软件模拟法、情景分析法、指标法，其中前两种方法需要大量历史数据作为支撑，采用统计学理论进行预测，后三种方法根据建筑参数、人员行为、经验参考等方法对冷热负荷进行预测，此方法无须历史数据，适合新区与数据收集不全的区域。电力负荷预测种类较多，技术成熟度较高。由于电力负荷历史数据较为完善，所以基于统计学理论的方法具有较高的实用性。

分析各类设备与能源网络的数学模型、以能源集线器为耦合中心的综合能源网络多能流仿真模型构建与计算。

从经济性、环保性、可靠性、高效性方面出发建立目标函数，从规划设计约束、用地约束、环境约束、用电约束、供需平衡约束、设备约束、储能约束等方面建立约束函数，分析多种用于多目标容量配置优化智能算法，采用遗传算法进行容量匹配的流程进行了算例演示，便于初学者对该部分加深理解。

思考题

1. 为制订综合能源供能方案应当收集哪些区域信息？
2. 不同的场景下如何制定目标函数？
3. 能源集线器是如何耦合各个能源网络的？

第四章　区域级综合能源系统多维度能效评估关键技术

第一节　区域级综合能源系统多维度能效评估指标

一、区域级综合能源系统多维度能效评估指标规范化方法

能源的品位高低是相对而言的，从转换为电能的难易程度考虑，能源有低品位能源和高品位能源之分。较难转化为电能的为低品位能源，较易转化成电能的为高品位能源。当比较不同温度的热源时，高温热源被认为是高品位能源，低温热源则为低品位能源。

区域级综合能源系统中，不同能源间的转换过程具有“量”的守恒性和“质”的差异性。因此，为了揭示系统内部存在的能量质的贬值和损耗，科学地表征能量的利用程度，需要将不同能源折算到同一能级上进行品位差异的度量。不同能源的单位统一度量方法如下。

（一）等效电法

区域级综合系统能源包括电能、天然气、冷、热，研究中采用“等效电法”将综合能源不同量的能源统一转换为电能，天然气通过标煤法进行折算，冷热能通过热当量法进行折算。

（1）标煤法。主要用于一次能源的统一折算，由于各种燃料燃烧时释放能量存在差异，将煤炭、石油、天然气等都按一定比例统一折算成标准煤。

（2）热当量法。利用不同热能的热功当量，并按照热能所能做功的大小进行折算。

（二）能质系数

针对区域级综合能源系统的多种类能源，利用“能质系数”将不同能级的能源折算到同一能级水平，不同类型能源能质系数如表 4-1 所示。

表 4-1　　　　能 质 系 数

<table>
<tr><th>名称</th><th>夏季能质系数</th><th>冬季能质系数</th><th>备注</th></tr>
<tr><td>天然气</td><td>0.60</td><td>0.64</td><td></td></tr>
<tr><td>煤</td><td>0.41</td><td>0.46</td><td></td></tr>
<tr><td>市政热水</td><td>0.15</td><td>0.23</td><td>与供回水温度有关</td></tr>
<tr><td>市政蒸汽</td><td>0.27</td><td>0.35</td><td>与使用的蒸汽压力有关</td></tr>
<tr><td>冷负荷</td><td>0.07</td><td>—</td><td>0.07 是供回水为 7～12℃时的能质系数</td></tr>
<tr><td>热负荷</td><td>—</td><td>0.10</td><td></td></tr>
<tr><td>生物质</td><td colspan="2">0.286</td><td></td></tr>
<tr><td>地热能</td><td colspan="2">0.007</td><td></td></tr>
<tr><td>风力发电</td><td colspan="2">0.203</td><td></td></tr>
<tr><td>太阳能发电</td><td colspan="2">0.153</td><td></td></tr>
<tr><td>太阳能发热</td><td colspan="2">0.06</td><td></td></tr>
</table>

二、区域级综合能源系统多维度能效评估指标定义及公式

在指标计算过程中，对于不同能源“量”间的转化，采用“等效电法”进行换算；对于不同能源间“质”的转化，采用“能质系数”进行换算，从而使得整个系统中能源质量的统一。

（1）能源供应效率指标。

1）供电效率。能源供应系统为区域级综合能源系统中可提供电能的部分。能源供应系统的能量入口为从外部电网购入的电能、由能源转换装置产生的电能和储电装置所放的电能，能量出口为纯电负荷、储电装置所储的电能和用以转换成气、热、冷等其他能源的电能。能源供应系统中不需要动力设备为电能传输提供驱动，因此仅分析其能量系统，包括电能输配和存储环节，其中，电能输配环节包括电力线路和变压器，存储环节包括储电装置。

根据园区中外部系统输入的电能以及三联供机组产生电能的电压等级不同，将电能的输配环节分为三种情况：① 二者电压等级均为 10kV，则均需要经过变压器降为 380V；② 外部输入电能的电压等级为 10kV，三联供发电的电压等级为 380V，则外部输入的电能需要经过变压器，而三联供产生的电能不需要经过变压器；③ 二者电压等级均为 380V 时，则均不需要经过变压器。因此，能源供应系统中电能供

应量 W_e 为

$$W_e=\begin{cases}[(P_e+E_{chp})\eta_t+R_e+(1-\gamma_e)D_e]\eta_{line}\\ [P_e\eta_t+E_{chp}+R_e+(1-\gamma_e)D_e]\eta_{line}\\ [P_e+E_{chp}+R_e+(1-\gamma_c)D_c]\eta_{line}\end{cases}\tag{4-1}$$

式中：η_t 为变压器效率；η_{line} 为园区内电力线路的效率；γ_e、γ_c 为电、冷负荷的折算系数；W_e 为电能供应量，kWh；E_{chp} 为三联供产生的电能，kWh；R_e 为园区内可再生能源产生的电能，kWh；P_e 为外部输入的电能，kWh；D_e、D_c 为储电、储冷装置释放的能量，kWh。

能源供应系统的能效分子为电能供应量减去储电装置的储电损耗，分母为由外部系统供应的电能与不考虑充放电损耗时储电装置的放电量之和，因此能源供应系统的能效 η_e 为

$$\eta_e=\frac{W_e-\gamma_e S_e(1/\eta_{s,e}-1)}{P_e+E_{chp}+(1-\gamma_e)D_e/\eta_{d,e}}\tag{4-2}$$

式中：$\eta_{s,e}$、$\eta_{d,e}$ 为储电装置储、放电效率，由储电装置的类型及型号决定；S_e 为储电装置释放的能量，kWh。

2）供冷、热网效率。供冷、热子系统为区域级综合能源系统中提供冷、热能的部分。供热子系统的能量入口为从外部热网购入的热能、由能源转换装置转换的热能和储热装置所放的热能，出口为纯热负荷、储热装置所储的热能和用以转换成冷能的热能。供冷子系统的能量入口为其他能源通过能源转换装置转换的冷能和储冷装置所放的冷能，出口为冷负荷和储冷装置所储的冷能。

在热/冷能的能量系统中，能量传输的载体是热/冷能的温度，传输过程中会有一定的温度耗散，可以取单位长度管网的耗散率进行简化；存储环节主要考虑储热/冷装置的损耗。因此供热、供冷子系统的热、冷供应量 W_h、W_c 分别为

$$W_h=[H_{g-h}+H_{e-h}+H_{chp}+R_h+(1-\gamma_h)D_h](1-0.01l_h a_h)\tag{4-3}$$

$$W_c=[C_{e-c}+C_{h-c}+R_c+(1-\gamma_c)D_c](1-0.01l_c a_c)\tag{4-4}$$

式中：W_h 为供热量，kWh；W_c 为供冷量，kWh；H_{g-h} 和 H_{e-h} 分别为由天然气和电能通过电锅炉、燃气锅炉产生的热能，kWh；H_{chp} 为三联供产生的热能，kWh；C_{e-c} 和 C_{h-c} 分别为由电能和热能通过相应能源转换设备转换而成的冷能，kWh；R_h、R_c 分别为可再生能源产生的热能、冷能，kWh；l_h、l_c 分别为热、冷管网的长度，m；a_h、a_c 分别为热、冷管网每100m的耗散率；γ_h 为热负荷的折算系数；D_h 为储热装置释放的能量，kWh。

供热、供冷子系统的能量系统能效 η_h、η_c 的分子分母与能源供应系统类似，

分别为

$$\eta_{\mathrm{h}}=\frac{W_{\mathrm{h}}-\gamma_{\mathrm{h}}S_{\mathrm{h}}(1/\eta_{\mathrm{s,h}}-1)}{P_{\mathrm{h}}+H_{\mathrm{chp}}+H_{\mathrm{e-h}}+(1-\gamma_{\mathrm{h}})D_{\mathrm{h}}/\eta_{\mathrm{d,h}}} \tag{4-5}$$

$$\eta_{\mathrm{c}}=\frac{W_{\mathrm{c}}-\gamma_{\mathrm{c}}S_{\mathrm{c}}(1/\eta_{\mathrm{s,c}}-1)}{C_{\mathrm{e-h}}+C_{\mathrm{h-c}}+(1-\gamma_{\mathrm{c}})D_{\mathrm{c}}/\eta_{\mathrm{d,c}}} \tag{4-6}$$

式中：$\eta_{\mathrm{s,h}}$、$\eta_{\mathrm{d,h}}$分别为储热装置储、放热的效率；$\eta_{\mathrm{s,c}}$、$\eta_{\mathrm{d,c}}$为储冷装置储、放冷的效率；S_{h}、S_{c}为储热、储冷装置释放的能量，kWh。

在热/冷能的动力系统中，动力传输的介质为热/冷水，其能效将和天然气动力系统能效在下面统一分析。

3）供气效率。供气子系统为区域级综合能源系统中提供天然气的部分。供气子系统的能量入口为从外部气网购入的天然气和由能源转换装置产生的天然气，出口为纯天然气负荷和用以转换成电、热、冷的天然气。

在天然气的能量系统中，能量传输的载体为天然气，其损耗可忽略不计；存储环节中的损失也可忽略不计。供气子系统的能效可近似看成100%。在天然气的动力系统中，动力传输介质是天然气，依托加压循环泵消耗电能进行传输，其能效将和热/冷能的动力系统能效在下节统一分析。

天然气的供应量W_{g}如式（4-7）所示

$$W_{\mathrm{g}}=P_{\mathrm{g}}+G_{\mathrm{e-g}} \tag{4-7}$$

式中：W_{g}为天然气供应量，kWh；P_{g}为外部输入天然气量，kWh；$G_{\mathrm{e-g}}$为由电能转换成的天然气，kWh。

天然气供应效率η_{w}计算如式（4-8）所示

$$\eta_{\mathrm{w}}=(1-\eta_{\mathrm{m-w}})\times 100\% \tag{4-8}$$

式中：$\eta_{\mathrm{m-w}}$为动力系统中天然气循环泵的效率，具体见后叙的分析。

4）动力系统能效。动力系统为区域级综合能源系统中为设备提供动力的部分。在供热/冷/气子系统中，介质的传输往往会逸散一定的能量，因此需要依托水泵或加压循环泵等设备提供动力来保证系统正常运行，以保证供能管道出、入口扬程一致时，动力传输环节所消耗电能来度量介质传输过程中能量逸散，进而评估相应动力系统的传输效率。

泵扬程表示泵的扬水高度，用Y表示，常用计量单位为m。泵的实际扬程Y为

$$Y=Y_0-fQ_{\mathrm{hp}}^2 \tag{4-9}$$

式中：Y_0为理论扬程，即流速为0时的扬程；f为摩阻系数；Q_{hp}为泵的流量，m³/h。

因此泵的入口和出口扬程分别为Y_{in}和Y_{out}

$$Y_{loss}=Y_{in}-Y_{out} \tag{4-10}$$

$$E_{hp}=\sum_{t} w \cdot Q_{hp} Y_{loss} \times 10^{-3} /(3600 \times \eta_{hp}) \tag{4-11}$$

式中：Y_{loss}为扬程损耗；E_{hp}为泵补偿扬程损耗所需的电能，N/m³；η_{hp}为泵的效率，根据泵的品牌各有不同；w为液体的重度，即一立方米液体的重量，N/m³，当传输介质为水时，w取9800N/m³，天然气加压循环泵与水泵消耗电能计算方法类似，仅是液体重度的差别，液化天然气的重量仅为同体积水的45%左右。

在此基础上，动力系统传输效率η_m为

$$\eta_m=\frac{V_m\lambda_m-E_{hp}\lambda_E}{V_m\lambda_m} \tag{4-12}$$

式中：V_m为能量m经泵传输的量；λ_m为能量m的折算系数。

（2）能源转换效率指标。能源转换设备效率表示的是转换后的输出能量与转化前输入能量的比值，包括电/热、气/热、气/电、电/冷、热/冷之间的转换过程；而多能源系统综合能效表示的是整个系统可满足的能量需求与外部系统输入能量的比值。用*COP*来表示设备效率的大小，不同设备的*COP*值以综合能源设备特性的结论作为依据，具体见附录。

1）电转热/冷能源转换设备能效。在电转热/冷能源转换过程中，入口能量为电能，出口能量为热/冷能。转换设备按照是否利用可再生能源分成两类，一类为不利用可再生能源的电锅炉、电制冷机设备；另一类为利用可再生能源通过热泵消耗电能制热、制冷的设备，空气源、地源热泵。在计算能效时，要对不同种类的能源进行折算，电转热/冷能源转换过程的效率η_{e-h}、η_{e-c}为

$$\eta_{e-h}=\frac{\lambda_h}{\lambda_e}COP_{e-h} \tag{4-13}$$

$$\eta_{e-c}=\frac{\lambda_c}{\lambda_e}COP_{e-c} \tag{4-14}$$

式中：COP_{e-h}为电制热的制热系数；COP_{e-c}为电制冷的制冷系数。

2）气转电/热能源转换设备能效。在气转电/热能源转换过程中，入口能量为天然气，出口能量为电能和热能。由燃气轮机和余热回收装置组成的热电联产机组可实现天然气到电能和热能的转换，该设备效率η_{chp}为

$$\eta_{chp}=\frac{\lambda_E E_{chp}+\lambda_{Steam}H_{chp}}{\lambda_G G_{chp}} \tag{4-15}$$

式中：E_{chp}、H_{chp}为热电联产机组产生的电能和热能，kWh；λ_{Steam}为蒸汽的折算系数；G_{chp}为热电联产机组消耗的天然气。

在以天然气为入口能量的转换设备中，还有一种仅实现天然气到热能转换的燃气锅炉设备，该能源转换过程的效率η_{g-h}为

$$\eta_{g-h}=\frac{\lambda_h}{\lambda_G}COP_{g-h} \tag{4-16}$$

式中：COP_{g-h}为天然气的制热系数，即单位天然气能通过燃气锅炉产生的热能。

3）热转冷能源转换设备能效。热转冷能源转换过程中入口能量为热能，出口能量为冷能，主要转换设备为吸收式制冷机。热转冷能源转换过程的效率η_{h-c}为

$$\eta_{h-c}=\frac{\lambda_c}{\lambda_h}COP_{h-c} \tag{4-17}$$

式中：COP_{h-c}为吸收式制冷机的制冷系数。

（3）系统技术成效指标。

1）源荷功率比。

源荷功率比反映区域级综合能源系统的源荷配置情况，可采用式（4-18）计算

$$源荷功率比=\frac{某能源生产、存储、转化、交换而来的总容量}{该品味能源的最大负荷} \tag{4-18}$$

2）电与气耦合度。电与气耦合度反映区域级综合能源系统内电与燃气能源之间的依赖程度，可采用式（4-19）计算

$$电与气耦合度=\frac{电、气耦合发电设备额定功率}{系统最大用电负荷} \tag{4-19}$$

3）电与热/冷耦合度。电与热/冷耦合度反映区域级综合能源系统内热/冷能源与电能之间的依赖程度，可采用式（4-20）计算

$$电与热/冷耦合度=\frac{电转热/冷设备总额定功率+冷热电三联供设备热/冷总额定功率}{系统最大热/冷功率} \tag{4-20}$$

4）储能充电功率与分布式电源功率之比。储能充电功率与分布式电源功率之比反映储能与分布式电源的配比情况，可采用式（4-21）计算

$$储能充电功率与分布式电源功率之比=\frac{综合能源系统内储能额定充电功率之和}{综合能源系统内分布式电源额定功率之和} \tag{4-21}$$

5）储能功率与负荷之比。储能功率与负荷之比反映储能对负荷的支持能力，可采用式（4-22）计算

$$储能功率与负荷之比=\frac{综合能源系统内储能额定功率之和}{系统最大用能负荷} \tag{4-22}$$

（4）能源供应可靠性指标。

1）供电可靠性。供电可靠率为计算周期内供电系统向用户理论持续供电的能力，可采用式（4-23）计算

$$\begin{aligned}供电可靠率&=1-\frac{\lambda_{se}}{\lambda_{se}+\mu_{se}}\\&=1-\frac{MTTR}{MTTF+MTTR}\\&=1-\frac{f\times MTTR}{8760}\end{aligned} \tag{4-23}$$

式中：λ_{se}为供电系统理论失效率，次/年；μ_{se}为供电系统理论修复率，修复次数/年；$MTTR$为供电系统理论平均修复时间，h；$MTTF$为供电系统理论失效前平均运行时间，h；f为供电系统理论平均失效频率，次/年。

2）燃气管网出口压力合格率。以燃气管网出口压力合格率指标计算燃气供应的可靠程度，以相关标准规定的基准值为参考，计算燃气管网出口压力合格率

$$燃气管网出口压力合格率=\frac{P_{w测量}-P_{w标准}}{P_{w标准}}\times 100\% \tag{4-24}$$

式中：$P_{w测量}$为燃气管网出口压力测量值；$P_{w标准}$为相关标准中规定的燃气管网出口压力。

3）供冷、热设备故障率。通过供冷、热设备故障情况间接评价供冷、热的可靠程度。供冷、热设备故障率通过式（4-25）计算

$$供冷、热设备故障率=1-\frac{设备正常运行时间}{设备正常运行时间+设备故障维修时间}\times 100\% \tag{4-25}$$

（5）能源供应质量指标。

1）中低压台区谐波含量合格率。

$$中低压台区谐波含量合格率=\frac{谐波含量满足标准要求的台区数量}{中低压台区总数量}\times 100\% \tag{4-26}$$

2）中低压台区电压合格率。

$$中低压供电电压合格率=\frac{满足电压合格率的电压监测点数量}{中低压电监测点总数量}\times 100\% \tag{4-27}$$

3）出口天然气质量合格率。参考天然气相关质量标准，测试出口天然气质量，包括总硫、硫化氢、二氧化碳杂质含量。

$$出口天然气质量合格率=\left(1-\frac{\dfrac{T_{S1}}{T_{S2}}+\dfrac{T_{H_2S1}}{T_{H_2S2}}+\dfrac{T_{C1}}{T_{C2}}}{3}\right)\times 100\% \tag{4-28}$$

式中：T_{S1}、T_{H_2S1}、T_{C1} 为天然气出口总硫、硫化氢以及总碳的测试值；T_{S2}、T_{H_2S2}、T_{C2} 为相关标准中天然气出口总硫、硫化氢以及总碳的规定值。

4）冷、热出口温度波动合格率。以冷、热网出口温度波动合格率指标计算冷、热供应的质量，可由式（4-29）计算

$$冷、热出口温度波动合格率=\left(1-\frac{T_{max}-T_{min}}{T}\right)\times 100\% \tag{4-29}$$

式中：T_{max} 为冷、热网出口测量温度最高值；T_{min} 为冷、热网出口测量温度最低值；T 为用户所需温度值。

（6）经济效益指标。区域级综合能源系统的系统经济性评价指标常作为系统优化规划与调控过程中，以经济成本为核心优化目标的优化依据。经济评价指标一般采用综合成本法建立，综合考虑系统建设、运行的全生命周期经济效益，将系统的前期设计建设成本、中期运行维护成本和后期扩展改造或更新弃用的全过程成本纳入计算，通过对系统规划与运行有关要素在计算周期内的成本进行累加计算，获得评价系统经济收益的量化指标。

采用综合成本法建立的经济评价指标一般由系统初投资成本、运行维护成本和报废成本几个部分组成。初始投资成本一般包括单元设备采购成本与安装调试阶段所投入的成本；运行维护成本包括运行能耗购入成本和系统设备检修维护成本；报废成本包含系统设备报废淘汰阶段报废处置费用和报废资产残值回收收入等费用。

1）系统总成本。系统经济性指标为对系统总成本评价，主要包括初始投资成本、运行维护成本以及保费成本。系统总成本指标计算公式如下

$$ECI = \sum_{i=1}^{M}(IC_i + MC_i + SC_i) \tag{4-30}$$

$$IC_{\mathrm{EAC},i} = IC_i \times \frac{IR(1+IR)^{l_i}}{(1+IR)^{l_i}-1} \tag{4-31}$$

$$MC_i = \varepsilon_i \times W_i \times \sum_{j=1}^{N}(FC_{i,j}\sigma_j) + RC_i \tag{4-32}$$

$$SC_{\mathrm{EAC},i} = SC_i \times \frac{IR(1+IR)^{l_i}}{(1+IR)^{l_i}-1} \tag{4-33}$$

式中：ECI 为区域级综合能源系统的总成本；IC_i、MC_i、SC_i 为区域级综合能源系统中第 i 类能源单元的初始投资成本、运行维护成本、报废成本；$IC_{\mathrm{EAC},i}$、$SC_{\mathrm{EAC},i}$ 为第 i 类能源单元的初始投资成本、报废成本的等年值；IR 为折现率；l_i 为第 i 类能源单元的生命周期；ε_i 为第 i 类能源单元的年平均负荷率；W_i 为第 i 类能源单元的年能源产量，kWh；$FC_{i,j}$ 为第 i 类能源单元单位能源产量的消耗第 j 类燃料量（或电耗量）；σ_j 为第 j 类燃料购入成本；RC_i 为第 i 类能源单元的检修维护成本。

一般为简化计算，报废成本的等年值可按比例折算为初始投资成本的等年值，并根据报废处置费用与报废资产残值回收收入之差决定其计入总成本时是正值或负值。

2）单位供能成本指标。单位供能成本指标为对系统供能的综合成本的计算。单位供能成本可采用式（4-34）计算

$$LCOE = \frac{I_0 - \dfrac{V_{\mathrm{R}}}{(1+i)^n} + \displaystyle\sum_{n=1}^{N}\frac{A_n + D_n + P_n}{(1+i)^n}}{\displaystyle\sum_{n=1}^{N}\frac{Y_n}{(1+i)^n}} \tag{4-34}$$

式中：$LCOE$ 为单位供能成本；I_0 为初始投资；V_{R} 为固定资产残值；N 为项目运行年份；A_n 为第 n 年的运行成本；D_n 为第 n 年的折旧；P_n 为第 n 年的利息；Y_n 为第 n 年的供能量；I 为折现率。

3）财务净现值指标。财务净现值为对系统收益能力的计算。财务净现值可采用式（4-35）计算

$$FNPV = \sum_{t}^{n} NC_t(1+i_{\mathrm{c}})^{-t} \tag{4-35}$$

式中：n 为项目计算周期；NC_t 为计算周期内第 t 年的新增净现金流量（数据分别依据全部投资与资本金财务现金流量表）；i_{c} 为基准收益率。

投资回收期可采用式（4−36）计算

$$投资回收期=累计净现金流量开始出现正值的年份数-1+\frac{上年累计净现金流量}{当年净现金流量} \tag{4-36}$$

财务内部收益率可采用式（4−37）计算

$$\sum_{t}^{n} NC_t (1+FIRR)^{-t}=0 \tag{4-37}$$

式中：n 为项目计算周期；NC_t 为计算周期内第 t 年的新增净现金流量。

（7）社会效益指标。区域级综合能源系统的环境评价主要针对能源生产中对环境产生影响的气候变化指标和污染物排放指标进行量化。温室气体与污染物排放的量化常采用等价经济价值的折算量化方式。

1）可再生能源消纳率。通过可再生能源消纳率指标评价可再生能源的消纳程度以及覆盖程度，可用式（4−38）计算

$$\bar{K}'_{\mathrm{DG}}=K'_{\mathrm{DG}}/N'_{\mathrm{DG}} \tag{4-38}$$

式中：$\bar{K}'_{\mathrm{DG}}$ 为可再生能源消纳率；N'_{DG} 为可再生能源电源总数；K'_{DG} 为所有可再生能源电源消纳率，计算公式如下

$$K'_{\mathrm{DG}}=\sum_{k=1}^{N'_{\mathrm{DG}}}\frac{P_{\mathrm{DG}_k}^{o'}}{P_{\mathrm{DG}_k}^{\max}} \tag{4-39}$$

式中：$P_{\mathrm{DG}_k}^{o'}$ 为第 k 个可再生能源电源的上网有功功率；$P_{\mathrm{DG}_k}^{\max}$ 为第 k 个可再生能源电源的有功功率最大值。

2）气候变化指标。在气候变化指标中，通过计算区域级综合能源系统相较于基准能源系统减少的温室气体排放等价的碳交易价格来衡量系统环境收益。其中，基准能源系统一般选取传统的全部采用化石燃料的能源生产模式，包括燃煤电厂、燃煤供热锅炉等基本能源单元。影响全球温室效应的气体包括 CO_2、NO 和 CH_4 等，各类物质的排放量可利用对应的当量因子转换为当量二氧化碳排放量以便于计算。气候变化指标计算公式如下

$$ENIC=\sum_{i=1}^{M}[CT\times W_i\times\varepsilon_i\times(CEC_i-CE_i)] \tag{4-40}$$

$$CE_i=\sum_{j=1}^{N}(GHE_{i,j}\times\delta_{\mathrm{CG},j}) \tag{4-41}$$

式中：$ENIC$ 为区域级综合能源系统的气候变化指标；CT 为碳交易价格；W_i 为区域级综合能源系统中第 i 类能源单元的年能源供给量，kWh；ε_i 为第 i 类能源单元

的年平均负荷率；CEC_i 为第 i 类能源单元对应的基准能源系统中单元的单位能源产量的当量二氧化碳排放量，t/kWh；CE_i 为第 i 类能源单元单位能源供给量的当量二氧化碳排放量，t/kWh；$GHE_{i,j}$ 为第 i 类能源单元单位能源供给量的温室气体 j 排放量，t/kWh；$\delta_{\mathrm{CG},j}$ 为温室气体 j 排放量折算二氧化碳排放量的当量因子。

3）污染物排放指标。在污染物排放指标中，通过计算系统减少的污染物排放等价的经济价值来衡量系统环境收益，即区域级综合能源系统相较基准能源系统所减少的污染物排放越多，带来的等价经济价值越高，系统环境指标越高

$$ENIP=\sum_{i=1}^{M}\sum_{j=1}^{N}[VP_j\times W_i\times\varepsilon_i\times(PEC_{i,j}-PE_{i,j})] \qquad (4-42)$$

式中：$ENIP$ 为区域级综合能源系统的污染物排放指标；VP_j 为第 j 种污染物的环境价值；W_i 为区域级综合能源系统中第 i 类能源单元的年能源供给量，kWh；ε_i 为第 i 类能源单元的年平均负荷率；$PEC_{i,j}$ 为第 i 类能源单元对应的基准能源系统中单元的单位能源供给量第 j 种污染物排放；$PE_{i,j}$ 为第 i 类能源单元单位能源供给量下的第 j 种污染物排放。

第二节　区域级综合能源系统多维度能效评估指标体系

一、区域级综合能源系统多维度能效评估指标体系构建原则

针对综合能源多维度能效评估指标体系设计的实际需求和 SMART［S=Specific（具体）、M=Measurable（可度量）、A=Attainable（可实现）、R=Relevant（相关性）、T=Time-bound（有时限）］原理的基本概念，在指标体系构建时应遵循以下基本原则。

（1）目的性原则。评价目标是一切评价工作的出发点。在指标体系建立之前，应明确评价的目的，指标的结构和选取应围绕所需评价的目标展开。评价过程中也应与目标进行比对，避免偏离目标。

（2）规范性原则。规范性是基本指标设计中最重要的原则。首先，单项指标必须具有严格的物理意义和明确的指标定义；其次，指标命名应具有良好的一致性和可读性，使相关操作人员在实践过程中可以理解、掌握和运用；再者，所有的基本指标必须有对应的指标体系类别，便于后续的指标分类。

（3）全面性原则。指标体系要求能够全面反映评价目标和评价对象，同时各指标之间既相互独立又存在一定的逻辑关系，所有指标构成一个有机的整体。

（4）系统性原则。评价体系的二级指标选取应考虑系统性，同时要综合考虑在

配电网运行工作中对不同时间维度、不同数据主题、不同管理目标的实际需求。第一步，应确定指标体系的总体框架，明确指标体系的各个维度；第二步，应在指标体系中逐步选取合适的基础指标，进而构建出全面、合理、明确的区域级综合能源系统评价指标体系。

（5）简明性原则。指标的选取应具备一定的典型代表性，选取的指标应尽可能少。简明的指标能让实际操作人员理清头绪、抓住关键。构建指标体系时，除考虑指标体系的定位外，也要注意指标之间的重复度。避免相近、相同的指标选取，造成资源的浪费。

（6）定性定量相结合原则。该原则应同时考虑定性因素和定量因素。通过系统的识别方法分析区域级综合能源系统效益影响因素。建立定性定量相结合的评价指标体系。

（7）可比性原则。指标体系应符合空间上和时间上的可比原则。采用可比性较强的相对量指标。同时，还应明确各指标的含义、计算方法、取值范围，确保各项指标数值的可比性。

二、区域级综合能源系统多维度能效评估指标体系构建

基于以上原则，为确保综合能效评估结果的科学合理性，根据评估目的和数据采集条件，借鉴层次分析模型建立评估指标体系。层次分析模型分为三层，分别为目标层、准则层、方案层。目标层为综合能效；准则层指标为能源供应效率、能源转换效率、能源供应可靠性、能源供应质量、经济效益以及社会效益；方案层为各类能效指标。通过以上层次组合形成区域级综合能源系统多维度能效评估的合理判据。

在能源供应效率模块中，考虑供气、供电、供热、供冷子系统，包括各自的能量系统和动力系统，能量系统包括能量传输环节和存储环节，动力系统包括动力传输环节。在能源转换效率模块中，包括电/热、气/热、气/电、电/冷、热/冷之间的转换过程。在系统技术成效指标中，主要评价系统建设情况与能源配置情况。在能源供应可靠性模块中，考虑冷、热、电、气能源供应的可靠程度。在能源供应质量模块中，主要考虑冷、热、电、气能源供应的质量。在经济效益子模块中，采用综合成本法，以初始投资成本、运行维护成本和报废成本指标来反映区域级综合能源系统的经济性水平，评价多能源配置条件下的经济效益优化程度。在社会效益子模块中，用气候变化指标和污染物排放指标来反映系统在多能协同与清洁能源综合利用上的环境友好程度，可评价由于可再生能源的替换式应用及多能协同的高效用能带来的相较基准系统的环境收益。

多维度能效评估指标架构见表4–2。

表4–2　多维度能效评估指标架构

一级指标	二级指标	指标类型
能源供应效率指标	供电效率	正向型
	供冷、热网效率	正向型
	供气效率	正向型
	动力系统能效	正向型
能源转换效率指标	电转热/冷能源转换设备能效	正向型
	气转电/热能源转换设备能效	正向型
	热转冷能源转换设备能效	正向型
系统技术成效指标	源荷功率比	正向型
	电与气耦合度	正向型
	电与热/冷耦合度	正向型
	储能充电功率与分布式电源功率之比	正向型
	储能功率与负荷之比	正向型
能源供应可靠性指标	供电可靠性	正向型
	燃气管网出口压力合格率	正向型
	供冷、热设备故障率	正向型
能源供应质量指标	中低压台区谐波含量合格率	正向型
	中低压台区电压合格率	正向型
	出口天然气质量合格率	正向型
	冷、热出口温度波动合格率	正向型
经济效益指标	系统总成本	正向型
	单位供能成本指标	正向型
	财务净现值指标	正向型
社会效益指标	可再生能源消纳率	正向型
	气候变化指标	逆向型
	污染物排放指标	逆向型

指标有不同类型，分为正向型、逆向性以及中间型，正向型指标为值越大越好的指标，逆向型指标为值越小越好的指标，中间型指标为值处于某个区间较好的指标。为了统一指标类型，更精确地对系统进行评估，需要对指标进行归一化处理。归一化方法如下。

1. 正向型指标

针对正向型指标的处理

$$a_{ij}=\frac{x_{ij}-m_j}{M_j-m_j} \tag{4-43}$$

其中，$M_j=\max\{x_{ij}\}$，$m_j=\min_i\{x_{ij}\}$，通过处理指标，指标的值将会变为 $0\leqslant a_{ij}\leqslant 1$。

2. 逆向型指标

针对逆向型指标的处理

$$a_{ij}=\frac{M_j-x_{ij}}{M_j-m_j} \tag{4-44}$$

其中，$M_j=\max_i\{x_{ij}\}$，$m_j=\min_i\{x_{ij}\}$，通过处理指标，指标的值将会变为 $0\leqslant a_{ij}\leqslant 1$。

3. 中间型指标

针对中间型指标的处理

$$A(x)=\begin{cases}0, & x<a\\ \dfrac{x-a}{b-a}, & a\leqslant x\leqslant b\\ 1, & b\leqslant x\leqslant c\\ \dfrac{d-x}{d-c}, & c\leqslant x\leqslant d\\ 0, & d\leqslant x\end{cases} \tag{4-45}$$

式中：a 与 d 是函数的下限与上限值；b 与 c 则是中间区间［b，c］的下限与上限。

三、区域级综合能源系统多维度能效评估指标权重确定方法

1. 德尔菲法

德尔菲法又名专家意见法或专家函询调查法，是依据系统的程序，采用匿名发表意见的方式，即团队成员之间不得互相讨论，不发生横向联系，只能与调查人员发生关系，以反复的填写问卷，以集结问卷填写人的共识及搜集各方意见，可用来构造团队沟通流程，应对复杂任务难题的管理技术。

（1）实施步骤。

1）组成专家小组。按照评价指标所需要的知识范围，确定专家。专家人数的多少，可根据课题的大小和涉及面的宽窄而定，一般不超过 20 人。

2）向所有专家提出所要评价的问题及有关要求，并附上有关这个问题的所有背景材料，同时请专家提出还需要什么材料。然后，由专家做书面答复。

3）各个专家根据他们所收到的材料，提出自己的权重意见，并说明自己是怎样利用这些材料并提出权重值的。

4）将各位专家第一次判断意见汇总，列成图表，进行对比，再分发给各位专家，让专家比较自己同他人的不同意见，修改自己的意见和判断。也可以把各位专家的意见加以整理，或请身份更高的其他专家加以评论，然后把这些意见再分送给各位专家，以便他们参考后修改自己的意见。

5）将所有专家的修改意见收集起来，汇总，再次分发给各位专家，以便做第二次修改。逐轮收集意见并为专家反馈信息是德尔菲法的主要环节。收集意见和信息反馈一般要经过三四轮。在向专家进行反馈的时候，只给出各种意见，但并不说明发表各种意见的专家的具体姓名。这一过程重复进行，直到每一个专家不再改变自己的意见为止。

6）对专家的意见进行综合处理。德尔菲法同常见的召集专家开会、通过集体讨论、得出一致权重值的方法既有联系又有区别。德尔菲法能发挥专家会议法的优点，即能充分发挥各位专家的作用，集思广益，准确性高；能把各位专家意见的分歧点表达出来，取各家之长，避各家之短。同时，德尔菲法又能避免专家会议法的缺点；权威人士的意见影响他人的意见；有些专家碍于情面，不愿意发表与其他人不同的意见；出于自尊心而不愿意修改自己原来不全面的意见。德尔菲法的主要缺点是过程比较复杂，花费时间较长，具有一定的主观性。

（2）需要注意的问题。

1）并不是所有问题事件都要经过四步。可能有的事件在第二步就达到统一，而不必在第三步中出现。

2）在第四步结束后，专家对各事件的结果也不一定都达到统一。不统一也可以用中位数和上下四分点来做结论。

（3）实施流程。

1）团队成员发出第一份初始调查表，收集参与者对于某一事件的观点（注：德尔菲法中的调查表与通常的调查表有所不同，通常的调查表只向被调查者提出问题，要求回答，而德尔菲法的调查表不仅提出问题，还兼有向被调查者提供信息的责任，它是团队成员交流思想的工具）。

2）向团队成员发出第二份调查表（列有其他人意见），要求其根据几个具体标准对其他人的观点进行评估。

3）向团队成员发出第三份调查表（列有第二份调查表提供的评价结果、平均评价、所有共识），要求其修改自己原先的观点或评价。

4）总结出第四份调查表（包括所有评价、共识和遗留问题），由组织者对其数据处理，得到最终权重。

2. 层次分析法

层次分析法（AHP）是从定性分析到定量分析的一种经典的系统工程方法，它将人对因素之间主观判断的定性分析定量化，通过较为简单的计算将因素之间的重要性进行排序从而将各种复杂系统因素之间的差异数值化。作为一种实用的多准则决策方法，AHP 法能把一个复杂的问题表示为有序的递阶层次结构，通过人们对决策方案的判断，进行优劣排序。

AHP 法的基本原理是：首先将复杂问题分成若干层次，以同一层次的各要素按照上一层要素为准则进行两两判断，比较其重要性，以此计算各层要素的权重，最后根据组合权重并按最大权重原则确定最优方案。具体的 AHP 法的分析步骤为：

（1）建立层次模型。根据具体问题选定指标，并建立合适的层级。

（2）确定相对重要程度。在建立层次模型后，需要判断每一层次中各因素的相对重要性，其中 u_i、u_j（i，j=1，2，3，…，n）表示因素，u_{ij} 表示 u_i 对 u_j 的相对重要性数值，引用数字 1～9 及其倒数作为标度，具体关系见表 4–3。

表 4–3　　互反性标度打分原则

标度	含　义
1	表示两个因素相比，具有相同的重要性
3	表示两个因素相比，前者比后者稍微重要
5	表示两个因素相比，前者比后者明显重要
7	表示两个因素相比，前者比后者强烈重要
9	表示两个因素相比，前者比后者极端重要
2，4，6，8	表示上述相邻判断的中间值
倒数	若因素 i 与因素 j 的重要性之比为 a_{ij}，那么因素 j 与因素 i 的重要性之比为 $a_{ji}=1/a_{ij}$

将得到的所有相对重要性数值 u_{ij} 组成判断矩阵 P

$$P=\begin{pmatrix} u_{11} & \cdots & u_{1n} \\ \vdots & \ddots & \vdots \\ u_{n1} & \cdots & u_{nn} \end{pmatrix} \tag{4-46}$$

（3）计算重要性排序。首先需要求出判断矩阵的最大特征根 $\lambda_{\max}$ 以及所对应的特征向量 W。计算方式如下

$$P_{\mathrm{W}}=\lambda_{\max}W \tag{4-47}$$

找到特定特征向量 W 后，W 经过归一化后的结果即为各个因素的权重分配。

（4）一致性检验。得到权重分配后，还需要通过一致性检验来判断权重是否合理。首先需计算一致性指标（consistency index，CI）

$$CI=\frac{\lambda_{\max}-n}{n-1} \tag{4-48}$$

式中：$\lambda_{\max}$ 为判断矩阵的最大特征值。

（5）计算一致性比例（consistency ratio，CR）

$$CR=\frac{CI}{RI} \tag{4-49}$$

其中，RI 为随机一致性指标，RI=［0 0 0.52 0.89 1.12 1.26 1.36 1.41 1.46 1.49 1.52 1.54 1.56 1.58 1.59］。

由于成对比较的数量比较多，很难做到完全一致，而成对比较都允许存在一定程度上的不一致。为了解决一致性问题，AHP 提供了一种方法来测量决策者做成对比较的一致性。如果一致性程度达不到要求，决策者应该在实施 AHP 分析前重新审核成对比较并做出修改。

3. 熵权法

熵权法作为一种客观赋权方法，主要思想为通过各指标的信息熵确定熵值，而后再通过熵权计算对权重进行修正，使权重更加科学客观可行。

（1）构建指标矩阵。评价样本数为 m，评价指标为 n，各指标值为 $v_{ij}(i=1,2,\cdots,m;j=1,2,\cdots,n)$，则指标矩阵如下

$$\boldsymbol{V}=\begin{bmatrix} v_{11} & \cdots & v_{1n} \\ \vdots & \ddots & \vdots \\ v_{m1} & \cdots & v_{mn} \end{bmatrix} \tag{4-50}$$

（2）规范化指标矩阵。对指标矩阵进行规范化处理，得出规范化指标矩阵 $\boldsymbol{X}=(x_{ij})_{mn}$，如下

$$x_{ij}=v_{ij}\Big/\left[\sum_{i=1}^{m}(v_{ij})^2\right]^{1/2} \tag{4-51}$$

式中：x_{ij} 矩阵中第 i 个样本的第 j 个指标的值。

（3）熵权法确定指标权重

$$h_{ij}=(1+x_{ij})\Big/\sum_{i=1}^{m}(1+x_{ij}) \tag{4-52}$$

$$k_i = \frac{1}{\ln m}\sum_{i=1}^{m} h_{ij}\ln h_{ij} \tag{4-53}$$

$$s_j = (1-k_i)\Big/\sum_{j=1}^{n}(1-k_i) \tag{4-54}$$

式中：h_{ij}为每种指标出现的概率；k_i为系统的信息熵；s_j为所表示的为第j项指标的熵权。

指标权重列向量如下

$$\boldsymbol{S} = (s_1, s_2, \cdots, s_n)^{\mathrm{T}} \tag{4-55}$$

式中：s_n为第n项指标权重。

（4）加权标准化。加权标准化矩阵如下

$$\boldsymbol{Y} = (y_{ij})_{mn} = (s_j x_{ij})_{mn} \tag{4-56}$$

式中：y_{ij}为标准化矩阵第i个样本的第j个指标值。

4. 主成分分析法

主成分分析法基本思想是设法将原来众多的具有一定相关性的指标$X_1, X_2, \cdots, X_p$（比如p个指标），重新组合成一组较少个数的互不相关的综合指标F_m来代替原来指标。

设F_1表示原变量的第一个线性组合所形成的主成分指标，即$F_1 = a_{11}X_1 + a_{21}X_2 + \cdots + a_{p1}X_p$，由数学知识可知，每一个主成分所提取的信息量可用其方差来度量，其方差 var（F_1）越大，表示F_1包含的信息越多。常常希望第一主成分F_1所含的信息量最大，因此在所有的线性组合中选取的F_1应该是X_1、X_2、…、X_p的所有线性组合中方差最大的，故称F_1为第一主成分。如果第一主成分不足以代表原来p个指标的信息，再考虑选取第二个主成分指标F_2，为有效地反映原信息，F_1已有的信息就不需要再出现在F_2中，即F_2与F_1要保持独立、不相关，用数学语言表达就是其协方差 cov（F_1，F_2）=0，所以F_2是与F_1不相关的X_1，X_2，…，X_p的所有线性组合中方差最大的，故称F_2为第二主成分，依此类推构造出的F_1、F_2、…、F_m为原变量指标X_1、X_2、…、X_p第一、第二、…、第m个主成分。

$$\begin{cases} F_1 = a_{11}X_1 + a_{12}X_2 + \cdots + a_{1p}X_p \\ F_2 = a_{21}X_1 + a_{22}X_2 + \cdots + a_{2p}X_p \\ \quad\cdots \\ F_m = a_{m1}X_1 + a_{m2}X_2 + \cdots + a_{mp}X_p \end{cases} \tag{4-57}$$

具体步骤如下：

（1）计算协方差矩阵。计算样品数据的协方差矩阵

$$\Sigma=(s_{ij})_{p\times p}$$

其中

$$s_{ij}=\frac{1}{n-1}\sum_{k=1}^{n}(x_{ki}-\overline{x}_i)(x_{kj}-\overline{x}_j) \tag{4-58}$$

式中：i，j=1，2，…，p。

（2）求出Σ的特征值λ_i及相应的正交化单位特征向量a_i。Σ的前 m 个较大的特征值$\lambda_1\geqslant\lambda_2\geqslant\cdots\geqslant\lambda_m>0$，就是前 m 个主成分对应的方差，λ_i对应的单位特征向量a_i就是主成分 F_i 的关于原变量的系数，a_i'为单位特征向量a_i的逆矩阵，即$a_i'a_i=1$，为则原变量的第 i 个主成分 F_i 为

$$F_i=a_i'X \tag{4-59}$$

主成分的方差（信息）贡献率用来反映信息量的大小，a_i为

$$a_i=\lambda_i\bigg/\sum_{i=1}^{m}\lambda_i \tag{4-60}$$

（3）选择主成分。最终要选择几个主成分，即 F_1，F_2，…，F_m 中 m 的确定是通过方差（信息）累计贡献率 $G(m)$来确定

$$G(m)=\sum_{i=1}^{m}\lambda_i\,/\sum_{k=1}^{p}\lambda_k \tag{4-61}$$

当累积贡献率大于 85%时，就认为能足够反映原来变量的信息了，对应的 m 就是抽取的前 m 个主成分。

（4）计算主成分载荷。主成分载荷是反映主成分 F_i 与原变量 X_j 之间的相互关联程度，原来变量 X_j（j=1，2，…，p）在诸主成分 F_i（i=1，2，…，m）上的荷载 l_{ij}（i=1，2，…，m；j=1，2，…，p）。

$$l(Z_i,X_j)=\sqrt{\lambda_i}\,a_{ij}(i=1,2,\cdots,m;j=1,2,\cdots,p) \tag{4-62}$$

（5）计算主成分得分。计算样品在 m 个主成分上的得分

$$F_i=a_{1i}X_1+a_{2i}X_2+\cdots+a_{pi}X_p\qquad i=1，2，\cdots，m \tag{4-63}$$

实际应用时，指标的量纲往往不同，所以在主成分计算之前应先消除量纲的影响。消除数据的量纲有很多方法，常用方法是将原始数据标准化，即做如下数据变换

$$x_{ij}^{*}=\frac{x_{ij}-\overline{x}_j}{s_j}\qquad i=1,2,\cdots,n;\ j=1,2,\cdots,p \tag{4-64}$$

其中

$$\overline{x}_j=\frac{1}{n}\sum_{i=1}^{n}x_{ij}\ ,\quad s_j^2=\frac{1}{n-1}\sum_{i=1}^{n}(x_{ij}-\overline{x}_j)^2$$

5. 组合权重

为了在评价中既反映决策的主观性，又体现决策的客观性，可采用组合权重计算方法对指标进行赋权。

由不同权重计算方法计算得到的权向量分别为$S=\{s_1,s_2,\cdots,s_n\}$、$T=\{t_1,t_2,\cdots,t_n\}$。设S对T的相对重要程度为α，T对S的相对重要程度为β，且满足组合权重向量W与主观权重向量T的偏差最小，可通过下式对其进行描述

$$\min H(w_j)=\alpha(w_j-t_j)^2+\beta(w_j-s_j)^2 \tag{4-65}$$

$$\sum w_j=1,1\leqslant j\leqslant n$$

按照矩估计理论的基本思想，计算各指标不同权重的期望值，不同权重的期望值为每个指标权重的实际值。利用各指标的权重实际值，可计算单一指标S、T权重向量相对重要系数如下

$$\begin{cases}\alpha_j=\dfrac{t_j}{t_j+s_j}\\[2ex]\beta_j=\dfrac{s_j}{t_j+s_j}\end{cases} \tag{4-66}$$

针对多决策矩阵中的评价指标，可计算整体权重向量的相对重要系数如下

$$\begin{cases}\alpha=\dfrac{\sum\limits_{j=1}^{n}\alpha_j}{\sum\limits_{j=1}^{n}\alpha_j+\sum\limits_{j=1}^{n}\beta_j}=\dfrac{\sum\limits_{j=1}^{n}\alpha_j}{n}\\[4ex]\beta=\dfrac{\sum\limits_{j=1}^{n}\beta_j}{\sum\limits_{j=1}^{n}\alpha_j+\sum\limits_{j=1}^{n}\beta_j}=\dfrac{\sum\limits_{j=1}^{n}\beta_j}{n}\end{cases} \tag{4-67}$$

针对每一个指标x_j，以H（w_j）最小为优，可转换为如下公式

$$\begin{cases}\min H=\{H(w_1),H(w_2),\cdots,H(w_n)\}\\ \text{s.t.}\sum\limits_{j=1}^{n}w_j=1,0\leqslant w_j\leqslant 1,1\leqslant j\leqslant n\end{cases} \tag{4-68}$$

可将多目标最优化模型转化为单目标最优化模型进行求解，计算方式如下

$$\begin{cases}\min H=\sum\limits_{j=1}^{n}[\alpha\times(w_j-t_j)^2]+\sum\limits_{j=1}^{n}[\beta\times(w_j-s_j)^2]\\ \text{s.t.}\sum\limits_{j=1}^{n}w_j=1,0\leqslant w_j\leqslant 1,1\leqslant j\leqslant n\end{cases} \tag{4-69}$$

神经网络（neural networks）是基于人脑并从人脑神经网络的机制原理开始，最终映射出与之相近的神经网络模型。

人脑的神经是由无数个神经元组成的，而当神经元数量处于过于单一时，其将无法实现众多动作的完成。而人工神经网络也恰恰是基于这种原理，运用大量神经元构成神经网络，但在对神经元数量进行确定时，不需要注重所预测的内容，而是要根据最终确定的模型得到最终的神经元数量。

神经网络是由神经元组成的，想要了解神经网络，必须弄清楚单个神经元是如何组成的以及其处理信息的过程，神经元模型如图 4–1 所示。

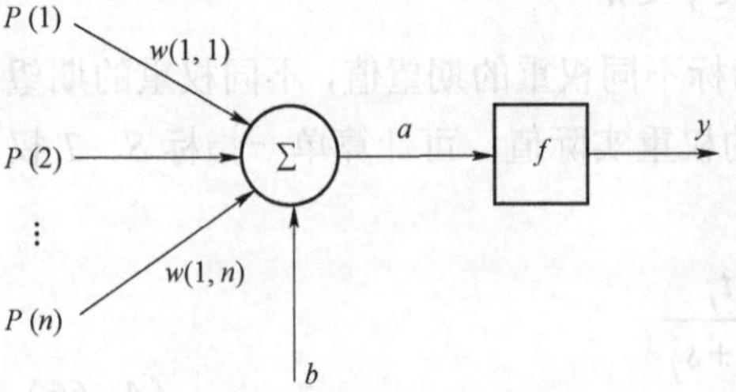

图 4–1　神经元模型

图 4–1 中 P 为神经元的输入，w 为输入到神经元的连接权值，反映与神经元连接程度的大小，b 为阈值，$f(\cdot)$ 为激励函数，y 为一个神经元的输出。激励函数，也称压制函数或传递函数，是对神经元输出幅值的一个限制，常见的人工神经元的激活函数有以下几个：阈值型函数、分段型函数以及 S 形函数。其中，S 形函数是最常用的激活函数。这个函数能够很好地体现出神经元输入、输出的非线性特征，对比较复杂的非线性关系也能够容易地实现其映射。S 形激活函数是正切型和对数型两种传递函数类型的总称，它可以将神经网络的输入数据全部映射至范围为 [–1，1] 或是 [0，1] 区间之内，图 4–2（a）为对数型 S 形函数，图 4–2（b）为正切型 S 函数。

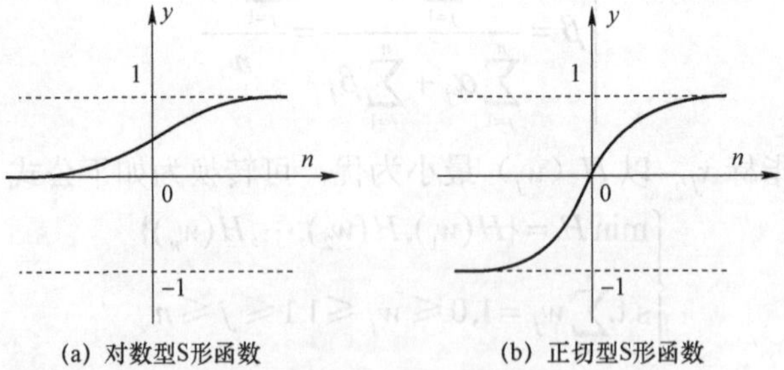

图 4–2　型函数

（1）对数型传递函数关系式为

$$\varphi(x)=\frac{1}{1+e^{-\beta x}},\beta>0 \tag{4-70}$$

（2）正切型传递函数关系式为

$$\varphi(x)=\tan\mathrm{h}(x)=\frac{1-\mathrm{e}^{-x}}{1+\mathrm{e}^{-x}},\beta>0 \tag{4-71}$$

最后可以得出神经元的输出为

$$y=f(wP+b) \tag{4-72}$$

在利用神经网络计算权重时，首先要确定神经网络各层的单元数以及隐含层数，通常情况下，越复杂的隐含层单元数越多，学习时也越容易收敛，但当隐含层单元数过多时，会增加系统的计算量。

第三节　区域级综合能源系统多维度能效评估方法

一、模糊综合评价法

模糊综合评价法是针对现实中大量具有模糊性质的问题而设计的一种评判模型和方法，在应用实践中得到了有关专家不断演进。该方法既有严格的定量刻画，也有对难以定量分析的模糊现象进行主观上的定性描述，把定性描述和定量分析紧密地结合起来，其基本原理是先按每个一级指标单独评判，再按所有一级指标综合评判。其基本步骤可以归纳以下几个方面。

（1）首先确定评价对象的因素论域，可以设 N 个评价指标，$X=(X_1, X_2, \cdots, X_n)$。

（2）确定评语等级论域，设 $A=(W_1, W_2,\cdots, W_n)$，每一个等级可对应一个模糊子集，即等级集合。

（3）建立模糊关系矩阵。在构造了等级模糊子集后，要逐个对被评事物从每个因素 $X_i=(i=1, 2, \cdots, n)$上进行量化，即确定从单因素来看被评事物对等级模糊子集的隶属度(R/X_i)，进而得到模糊关系矩阵

$$R=\begin{bmatrix}(R|X_1)\\(R|X_2)\\\cdots\\(R|X_n)\end{bmatrix}=\begin{bmatrix}r_{11} & r_{12} & \dots & r_{1m}\\ r_{21} & r_{22} & \dots & r_{2m}\\ \dots & \dots & \dots & \dots\\ r_{n1} & r_{n2} & \dots & r_{nm}\end{bmatrix}_{nm} \tag{4-73}$$

其中，第 i 行第 j 列元素，表示某个被评事物 X_i 从因素来看对 W_j 等级模糊子集的隶属度。

（4）确定评价因素的权向量。在模糊综合评价中，确定评价因素的权向量：$U=(u_1, u_2, \cdots, u_n)$。一般采用层次分析法确定评价指标间的相对重要性次序。从而

确定权系数，并且在合成之前归一化。

（5）合成模糊综合评价结果向量。利用合适的算子将 U 与各被评事物的 R 进行合成，得到各被评事物的模糊综合评价结果向量 B 即

$$U \bullet R = (u_1, u_2, \cdots, u_n)\begin{bmatrix} r_{11} & r_{12} & \dots & r_{1m} \\ r_{21} & r_{22} & \dots & r_{2m} \\ \dots & \dots & \dots & \dots \\ r_{n1} & r_{n2} & \dots & r_{nm} \end{bmatrix}_{nm} = (b_1, b_2, \cdots, b_m) = B \quad (4\text{-}74)$$

式中：b_i 为被评事物从整体上看对 W_j 等级模糊子集的隶属程度。

（6）对模糊综合评价结果向量进行分析。实际中最常用的方法是最大隶属度原则，但在某些情况下使用会有些勉强，损失信息很多，甚至得出不合理的评价结果。提出使用加权平均求隶属等级的方法，对于多个被评事物并可以依据其等级位置进行排序。

二、TOPSIS 方法

TOPSIS 方法是一种适用于根据多项指标、对多个方案进行比较选择的分析方法。这种方法的中心思想在于首先确定各项指标的正理想解和负理想解，正理想解是一设想的最好值，它的各个属性值都达到各候选方案中最好的值；而负理想解是另一设想的最坏值；然后，求出各个方案与理想解、负理想解之间的加权欧氏距离，由此得出各方案与最优方案的接近程度，作为评价方案优劣的标准。

TOPSIS 方法是有限方案多目标决策的综合评价方法之一，它可消除不同指标量纲的影响，并能充分利用原始数据的信息，所以能充分反映各方案之间的差距、客观真实地反映实际情况，具有真实、直观、可靠的优点，而且其对样本资料无特殊要求。TOPSIS 方法较之单项指标相互分析法，能集中反映总体情况、能综合分析评价，具有普遍适用性。其基本计算过程如下几个方面。

（1）多目标决策矩阵构造。设方案集为 $C=(C_1, C_2, \cdots, C_m)$，指标集为 $M=(M_1, M_2, \cdots, M_n)$，方案 M_j 对指标 C_i 的评价值为 $r_{ij}(i=1,2,\cdots,n; j=1,2,\cdots,m)$，则可得到多目标决策矩阵 R，如下式所示

$$R = \begin{bmatrix} r_{11} & r_{12} & \cdots & r_{1m} \\ r_{21} & r_{21} & \cdots & r_{2m} \\ \cdots & \cdots & \cdots & \cdots \\ r_{n1} & r_{n2} & \cdots & r_{nm} \end{bmatrix} \quad (4\text{-}75)$$

（2）正负理想解计算。由矩阵 $R=(r_{ij})_{m\times n}$ 和权向量 $W=(w_1, w_2, \cdots, w_m)$ 相乘构成

加权的决策矩阵 $Z=(z_{ij})_{m\times n}$。计算指标正理想解和负理想解，得到正理想解向量 Z^+ 和负理想解向量 Z^-，$Z^+=(z_1^+,z_2^+,\cdots,z_m^+)$，$Z^-=(z_1^-,z_2^-,\cdots,z_m^-)$，如式（4–76）所示

$$z_i^+=\max(z_{i1}^+,z_{i2}^+,\cdots,z_{im}^+),z_i^-=\min(z_{i1}^-,z_{i2}^-,\cdots,z_{im}^-) \tag{4–76}$$

（3）相对距离计算。计算各方案到正理想解的距离 D_j^+ 与到负理想解的距离 D_j^-，计算方法如式（4–77）和式（4–78）所示

$$D_j^+=\sqrt{\sum_{i=1}^{m}(z_{ij}-z_i^+)^2},i=1,2,\cdots,m;j=1,2,\cdots,n \tag{4–77}$$

$$D_j^-=\sqrt{\sum_{i=1}^{m}(z_{ij}-z_i^-)^2},i=1,2,\cdots,m;j=1,2,\cdots,n \tag{4–78}$$

（4）综合评价值计算。计算各评价对象的综合评价相对贴近度，相对贴近度表示各方案与最优方案的接近程度，相对贴近度越大表示该方案与最优方案越类似，计算方法如式（4–79）所示

$$C_j=\frac{D_j^-}{D_j^-+D_j^+},j=1,2,\cdots,n \tag{4–79}$$

（5）评价结果排序。由以上公式计算结果，按 C_j 由大到小对各方案评估结果进行优劣排序。

三、数据包络分析法

数据包络分析（data envelopment analysis，DEA）是一种典型的多准则评价决策方法。DEA 方法直接面向各决策单元的观察数据，应用数学规划技术计算比较决策单元的相对效率（亦称相对有效性或有效性）。其原理本质是借助于数学规划和各决策单元的观察数据确定相对有效的生产前沿面，将各个决策单元投影到生产前沿面上，并通过比较决策单元偏离前沿面的程度来判断它们是否有效。根据 DEA 方法提供的评价结果，不但可以对决策单元的相对效率进行排序，还能够获得非（弱）有效决策单元的效率改进方向和改进幅度以及决策单元的规模收益状况等。

（1）数据包络分析法的主要思想。一个经济系统或者一个生产过程可以看成一个单元在一定可能范围内，通过投入一定数量的生产要素并产出一定数量的“产品”的活动。虽然这些活动的具体内容各不相同，但其目的都是尽可能地使这一活动取得最大的“效益”。由于从“投入”到“产出”需要经过系列决策才能实现，或者说，由于“产出”是决策的结果，所以这样的单元被称为“决策单元”（decision making units，DMU）。可以认为每个 DMU 都代表一定的经济含义，它的基本特点是具有

一定的输入和输出，并且在将输入转换成输出的过程中，努力实现自身的决策目标。

（2）数据包络分析法的基本模型。本节主要对 DEA 中最基本的模型，即 C^2R 模型进行介绍。设有 n 个决策单元（j=1，2，…，n），每个决策单元有相同的 m 项投入（输入），输入向量为

$$x_j=(x_{1j},x_{2j},\cdots,x_{mj})^{\mathrm{T}}>0, j=1,2,\cdots,n \tag{4-80}$$

每个决策单元有相同的 s 项产出（输出），输出向量为

$$y_j=(y_{1j},y_{2j},\cdots,y_s)^{\mathrm{T}}>0, j=1,2,\cdots,n \tag{4-81}$$

其中，x_1，…，x_m 为 m 个输入指标；y_1，…，y_s 为 s 个输出指标。

$x_{ij}>0$ 表示第 j 个决策单元对第 i 输入指标 x_i 的投入量，j=1，…，n，i=1，…，m；

$y_{rj}>0$ 表示第 j 个决策单元对第 r 输出指标 y_r 的产出量，j=1，…，n，r=1，…，s。

为了将所有的投入和所有的产出进行综合统一，即将这个生产过程看作是一个只有一个投入量和一个产出量的简单生产过程，我们需要对每一个输入和输出进行赋权，设输入和输出的权向量分别为

$$v=(v_1,v_2,\cdots,v_m)^{\mathrm{T}}, u=(u_1,u_2,\cdots,u_s)^{\mathrm{T}}$$

若 v_i 为 m 个类型中的第 i 类型输入的权重；u_r 为 s 个类型中的第 r 类型输出的权重。这时，则第 j 个决策单元投入的综合值为 $\sum_{i=1}^{m}v_i x_{ij}$，产出的综合值为 $\sum_{r=1}^{s}u_r y_{rj}$，定义每个决策单元 DMU_j 的效率评价指数

$$h_j=\frac{\sum_{r=1}^{s}u_r y_{rj}}{\sum_{i=1}^{m}v_i x_{ij}} \tag{4-82}$$

模型中 x_{ij}、y_{ij} 为已知数（可由历史资料或预测数据得到），于是问题实际上是确定组最佳的权向量 v 和 u，使第 j 个决策单元的效率值 h_j 最大。这个最大的效率评价值是该决策单元相对于其他决策单元来说不可能更高的相对效率评价值。我们限定所有的 h_j 值（j=1，2，…，n）不超过 1，即 $\max h_j\leqslant 1$。这意味着，若第 k 个决策单元 h_k=1，则该决策单元相对于其他决策单元来说生产率最高，或者说这一系统是相对而言有效的；若 h_k<1，那么该决策单元相对于其他决策单元来说，生产率还有待于提高，或者说这一生产系统还不是有效的。

根据上述分析，第 j_0 个决策单元的相对效率优化评价模型为

$$\max h_{j0} = \frac{\sum_{r=1}^{s} u_r y_{rj0}}{\sum_{i=1}^{m} v_i x_{ij0}} \tag{4-83}$$

$$\text{s.t.} \begin{cases} \dfrac{\sum_{r=1}^{s} u_r y_{rj}}{\sum_{i=1}^{m} v_i x_{ij}} \leqslant 1, \ j = 1, 2, \cdots, n \\ v = (v_1, v_2, \cdots, v_m)^{\mathrm{T}} \geqslant 0 \\ u = (u_1, u_2, \cdots, u_s)^{\mathrm{T}} \geqslant 0 \end{cases} \tag{4-84}$$

这是一个分式规划模型，我们必须将它化为线性规划模型才能求解。为此令

$$t = \frac{1}{\sum_{i=1}^{m} v_i x_{ij0}}, \mu_r = t u_r, w_i = t v_i \tag{4-85}$$

则模型转化为

$$\max h_{j0} = \sum_{r=1}^{s} \mu_r y_{rj0} \tag{4-86}$$

$$\text{s.t.} \begin{cases} \sum_{r=1}^{s} \mu_r y_{rj} - \sum_{i=1}^{m} w_i x_{ij} \leqslant 0, j = 1, 2, \cdots, n \\ \sum_{i=1}^{m} w_i x_{ij0} = 1 \\ \mu_r, w_i \geqslant 0, i = 1, 2, \cdots, m; \ r = 1, 2, \cdots, s \end{cases} \tag{4-87}$$

写成向量形式有

$$\max h_{j_0} = \mu^{\mathrm{T}} Y_0 \tag{4-88}$$

$$\text{s.t.} \begin{cases} \mu^{\mathrm{T}} Y_j - w^{\mathrm{T}} X_j \leqslant 0 \\ w^{\mathrm{T}} X_0 = 1, j = 1, 2, \cdots, n \\ w \geqslant 0, \mu \geqslant 0 \end{cases} \tag{4-89}$$

四、评价方法综合分析

1. 模糊综合评价法优缺点

（1）优点。数学模型简单，通过精确的数据处理模糊的评价对象，能对蕴藏信息呈现模糊性的资料做出比较科学、合理、贴近实际的量化评价，对于多因素和多层次的复杂问题评判的效果较好。

评价结果是一个模糊向量集，并不是一个具体的值，包含的信息比较丰富，既可以比较准确地刻画被评价对象，又可以进一步加工得到参考信息，并且其评价结果对于被评价对象也具有唯一性。

（2）缺点。目前对于隶属度的确定还没有系统的方法，计算复杂，对指标权重矢量的确定主观性较强，不能解决由于评价指标间相关而造成的评价信息重复的问题。

当指标集较大，即指标集个数较多时，在权矢量和为 1 的条件约束下，相对隶属度权系数往往偏小，权矢量与模糊矩阵 R 不匹配，结果会出现超模糊现象，分辨率很差，无法区分谁的隶属度更高，甚至造成评判失败。

2. TOPISIS 方法优缺点

（1）优点。充分利用原始数据信息，结果能精确地反映各评价方案之间的差距；对样本资料要求较低，不特殊要求或限制评价对象的样本量、指标的多少以及数据资料的分布。不仅适合方案、指标较少以及样本量小的资料，也适用于方案、指标较大且样本量大的资料，具有良好的直观性，并且使用更灵活简便。

（2）缺点。一般采用的赋权方法为主观赋权法中的专家评分法，虽然应用较为广泛，但是本身存在一定的局限性，赋权结果不够全面。

以距离作为尺度仅仅能够反映数据曲线之间的位置关系，不能体现数据序列的动态变化。

3. 数据包络分析法的优缺点

（1）优点。

1）客观性强：不用考虑分配权重给各项指标，可以消除评价者的主观意愿在权重的分配之初就对评价结果产生了某种指向性的影响。

2）无须考虑指标量纲：在分析时不必计算综合投入、产出量，由此避免了寻求相同度量因素产生的干扰。

3）计算更简便：使用数据包络分析方法，可以在不给出投入、产出之间关系函数的前提下，仍然能正确测定各种投入、产出量的综合效论，还可通过松弛变量，了解改进方向及改进幅度，可以用做决策参考处理。

（2）缺点。对决策单元数据要求较高，投入产值不能为负值；受样本大小的影响较大，若样本量较小，可能会影响输出的结果。

第四节　区域级综合能源系统评估流程

综合能源多维度能效评估流程如图 4–3 所示。

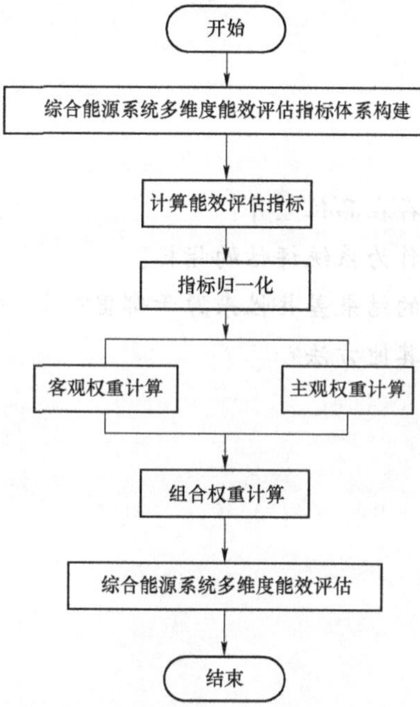

图 4-3　综合能源多维度能效评估流程

首先，根据第二节内容，选取区域级综合能源系统多维度能效评估指标，构建综合能源多维度能效评估指标体系。

其次，基于第一节与第二节的计算方法，计算各评估指标值，并对指标值进行归一化处理。

再次，基于第三节权重计算方法，选取主观权重与客观权重计算方法，分别计算能源评估指标主观权重与客观权重，进而计算其组合权重，计算出多维度能效评估体系的权重。

最后，根据第四节内容，选取评估方法，评估区域级综合能源系统多维度能效。

小　结

本章介绍了区域级综合能源系统评估的数个关键技术，包括评价指标、权重计算方法以及评价方法。分别介绍了德尔菲法、层次分析法、熵权法、主成分分析法以及组合赋权的权重计算方法，介绍了模糊综合评价法、TOPSIS 方法以及数据包络分析评价方法，并提供了区域级综合能源系统评估流程，加强初学者对该部分的理解。

思考题

1. 不同能源为什么会存在品位差异?
2. 还有什么其他可以作为系统评估的指标?
3. 不同权重方法计算的结果差异性来源于哪里?
4. 系统评估还有什么其他方法?

第五章　国内典型区域级综合能源系统建设案例分析

第一节　混合经济区区域级综合能源系统建设案例

一、项目概况

天津某示范区规划范围用地面积约 800 万 m^2。规划面积 800 万 m^2（城镇建设用地 650 万 m^2），常住人口 4 万人。建设功能复合的科技服务核心区，包括软件研发中心、科技创业中心、技术交易与培训中心等，发展产业研究、创业孵化、企业管理等服务外包产业，示范区核心区示意如图 5-1 所示。

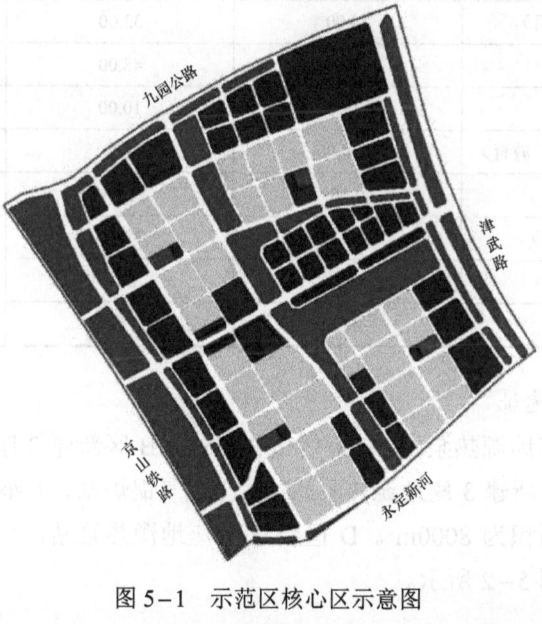

图 5-1　示范区核心区示意图

二、项目规划方案

（一）冷、热供应模式

考虑到实际情况，这里集中供热和供冷的区域为商业、研发地块的部分区域，冷、热供应方案见表 5–1。

表 5–1 冷、热供应方案

行业	供热	供冷
商业	燃气锅炉、三联供、地源热泵为主＋蓄热式电锅炉调峰	三联供、地源热泵、冷水机组为主＋冰蓄冷调峰
研发		
教育	分散式电采暖	冷水机组
居民	燃气锅炉	分体式空调

（二）容量配置

商业及研发部分供热、供冷采用三联供及地源热泵。学校供热采用分散式电采暖，供冷采用冷水机组，居住区采用燃气锅炉供热，分体式空调供冷。其他区域采用燃气锅炉及冷水机组，容量配置见表 5–2。

表 5–2 容 量 配 置 （MW）

功能形式	供电	供热	供冷
三联供（燃气内燃机）	24.00	32.00	32.00
地源热泵	–12.00	48.00	48.00
蓄热式电锅炉	–10.00	10.00	0.00
冷水机组（商业、研发、教育）	–40.00	0.00	200.00
燃气锅炉	0.00	216.00	0.00
分散电采暖（学校）	–12.00	12.00	0.00
分体空调（居民）	0.00	0.00	151.80
合计	–50.00	318.00	431.80

（三）能源站选址

A 区新建 2 座地源热泵站，1 座燃气锅炉站。B 区新建 2 座地源热泵站、1 座燃气锅炉站。C 区新建 3 座地源热泵站，1 座燃气锅炉站，1 座三联供站，三联供站需独立占地，面积为 8000m^2。D 区新建 2 座地源热泵站，1 座燃气锅炉站，能源站选址简图如图 5–2 所示。

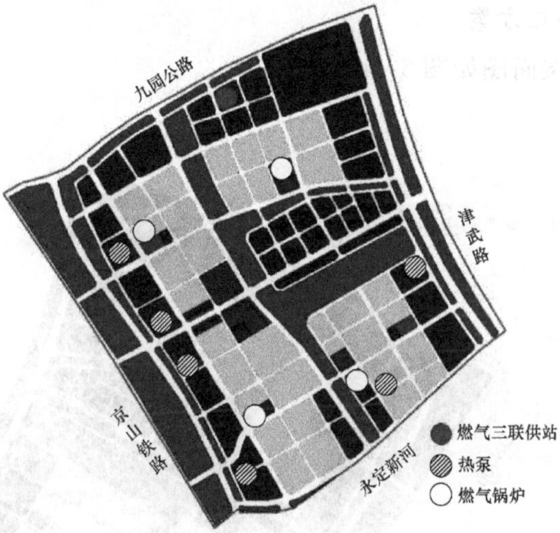

图 5–2　能源站选址简图

（四）管网设计

根据能源站负荷供应原则，以双海道、双锦路为界，将核心区分为 4 个区块，区块内能源站间热力管网互联互通，区块间原则不交叉供应，核心区不再引入外部热力管网。以地源热泵、三联供站、燃气锅炉房、冷水机组及分体式空调为主为区域提供热（冷）供应，其中三联供需考虑独立占地，占地面积约 8000m²。同时考虑将南侧永定河水源热泵及北侧九园公路污水源热泵作为供冷、供热补充，管网架构如图 5–3 所示。

图 5–3　管网架构

（五）天然气供应方案

天然气供应方案简图如图 5-4 所示。

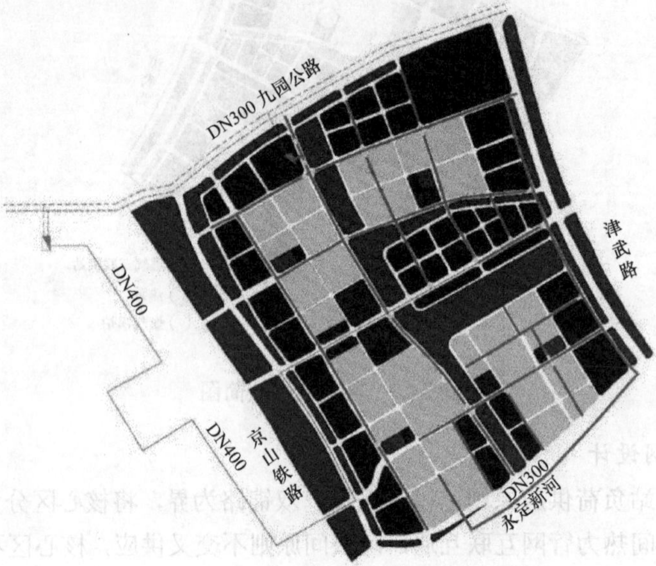

图 5-4　天然气供应方案简图

（1）供应天然气气源，区内现状中压管线不能满足用气需求，故需靠近气源管线规划新建高调站 1 座。

（2）规划在九园公路与双立路交口附近新建高调站 1 座，气源接自北宝蓟高压，进站高压管线为 DN300，出站中压管线为 DN600，该站设计能力为 4.00 万 m/h，满足该区域、项目东侧地块及北侧地块用气需求。

（3）规划高调站气源由北宝蓟计量柜经北辰—宝坻—蓟县高压提供，现状北宝蓟计量柜设计能力为 3 万 m/h，仅能满足现状下游用户用气需求。故为保障规划高调站气源，需对北宝蓟计量柜进行增容改造。

（4）规划沿区域内双立路、双海道、双锦路、新光道、新颜道、双盈路等新建 DN200～DN500 中压管线，与双海道、新光道等现状 DN300 中压管线相连接，构成区域中压管线的环状供气格局，管道参数见表 5-3 所示。

表 5-3　　管道参数

管径（mm）	DN600	DN500	DN400	DN300（高压）	DN300	DN200	DN100
长度（m）	100	300	2000	500	8600	12 000	700

（六）电力负荷预测

电力负荷预测结果见表 5-4 所示。

表 5-4　　电力负荷预测结果

行业	电力负荷（MW）
商业	66.66
研发	86.49
住宅	72.83
教育	8.16

（七）智能电网

（1）建设坚强网架：结合区域项目开发进度，实现配电网 100%双环网，满足该区域用户接入需求。

（2）开展配电自动化建设：推动区域配电自动化 100%全覆盖，同步开展状态检测、主动抢修、互动服务等工作。

（3）开展主动式配电网试点：选取 2 组环网，建设 2 座 10kV 交直流混联开闭站，通过两端柔性环网控制实现 2 条不同变电站 10kV 母线合环并联运行。

（4）推广清洁替代：规划建设充电桩群，开展电动汽车分时租赁业务；推动校园蓄热式电锅炉建设。

（八）通信组网方案

传输骨干网采用工业以太网组网形式，接入网采用 EPON 技术，通信组网方案简图如图 5-5 所示。在各能源站布置工业以太网光纤交换机，各能源站联网组成环网；最大网速为 1000Mbit/s。基于综合能源规划方案，通信网规划估算初投资 1806 万元。

（九）多源大数据中心

多源大数据中心向下依托采集数据源获取真实的数据，通过数据挖掘、分析和多元信息融合进行知识提取和信息融合，向上为业务应用提供可靠的可用信息，同时为上层应用开发提供统一的接口和开发环境、多源大数据中心架构示意如图 5-6 所示。多源大数据中心在 4 个不同层面提供支持：

（1）为城市综合能源服务管理平台提供数据、模型和实例支持；

（2）为能源生产传输消费等全过程提供数据存储、分析、挖掘和管理支持；

（3）为能源生产与消费提供分布式电源联合消纳、柔性负荷响应等决策支持；

（4）为能源传输提供优化运行和风险决策支持。

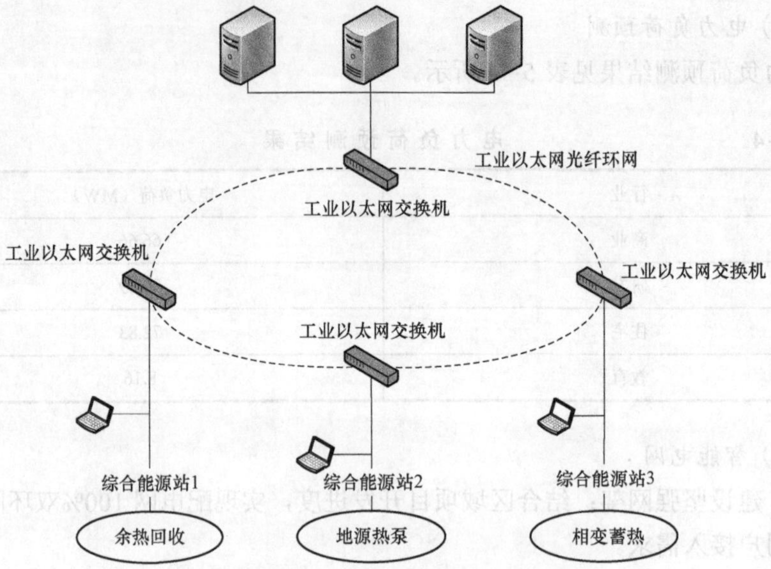

图 5-5　通信组网方案简图

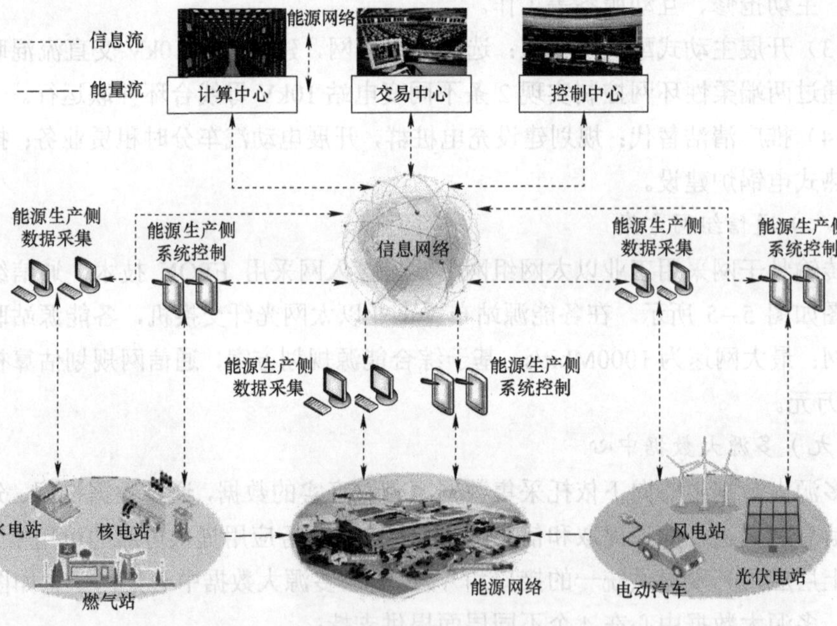

图 5-6　多源大数据中心架构示意图

（十）区域级综合能源系统规划架构

区域级综合能源系统规划架构如图 5-7 所示。一个区域级综合能源系统，可以由许多不同类型的能源、能源生产设备、能源转换设备及储能设备组成。终端负荷需求包括电需求、供热需求、热水需求和供冷需求。在系统的输入端，其能源可以是天然气、液化石油气、柴油、太阳能、风能、生物质能以及地热能等。经过不同的能源转换设备，这些能源的能量最终转化成可以供用户使用的电、热和冷等形式。

区域级综合能源系统的基本架构设计，必须充分考虑用户侧的能源需求、当地可利用的能源资源、所在地区的气候条件、可用于组成系统的设备种类，以及安装场地大小等实际的限制条件等因素，才能形成完整的系统框架，并经过优化得到适应该地区的最优供能系统。

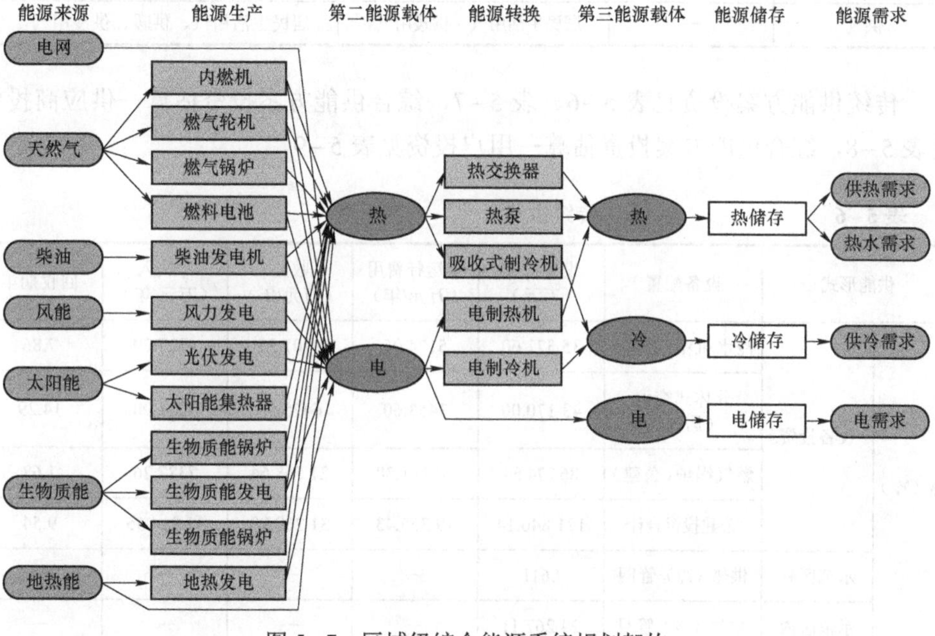

图 5-7　区域级综合能源系统规划架构

三、项目能效评估

（一）投资对比

通过与常规功能方式对比，对综合能源供能的效益进行评估，供能方式对比见表 5-5。

表 5-5　　供能方式对比

供能方式	行业	常规功能方式	综合能源供能方案
供热	商业和研发	市政供热	燃气锅炉、三联供、地源热泵为主＋蓄热式电锅炉调峰

续表

供能方式	行业	常规功能方式	综合能源供能方案
供热	居民和教育	市政供热	居民采用燃气锅炉；教育采用分散式电采暖
供冷	商业和研发	冷水机组	三联供、地源热泵为主+冷水机组、冰蓄冷调峰
	居民和教育	分体式空调	居民采用分体式空调；教育采用冷水机组
供电	—	市政为主、光伏发电为辅	市政为主、三联供和光伏发电为辅
供气	—	居民生活用气、供暖用气	居民生活用气、供暖、供冷用气

传统供能方案投资见表 5-6、表 5-7，综合供能方案投资估算—供应商投资见表 5-8，综合供能方案投资估算—用户投资见表 5-9。

表 5-6　　传统供热（冷）方案投资

供能形式		设备配置	设备投资（万元）	年运行费用（万元/年）	收益（万元/年）	净收入（万元/年）	回收期年
热（冷）	设备投资	冷水机组（公建）	35 571.60	5174.05	9701.35	4527.29	7.86
		分体式空调（居民）	43 170.00	3453.60	6475.50	3021.90	14.29
		燃气锅炉（公建）	86 274.54	14 181.38	21 568.64	7387.26	1.68
		公建投资合计	121 846.14	19 355.43	31 269.99	11 914.55	9.54
	示范区外	供热（冷）管网	8611	—	—	—	—
	示范区内	供热（冷）管网	24 267.11	—	—	—	—

表 5-7　　传统供电和供气方案投资

供能形式		设备配置	设备投资（万元）	年运行费用（万元/年）	收益（万元/年）	净收入（万元/年）	回收期年
气	示范区外	燃气管网	4840.00	—	—	—	—
	示范区内	燃气管网	16 178.07	—	—	—	—
电	示范区外	变电站	13 000.00	—	—	—	—
		线路	8245.44	—	—	—	—
		排管	9690.00	—	—	—	—
	示范区内	电网	59 319.59	—	—	—	—

表 5-8 综合供能方案投资估算—供应商投资

供能形式		设备配置	设备投资（万元）	年运行费用（万元/年）	收益（万元/年）	净收入（万元/年）	回收期年
供热（冷）	设备投资	三联供（燃气内燃机）	20 570.40	144.00	3311.00	3167.00	6.50
		地源热泵	17 142.86	3005.32	4966.00	1960.68	8.74
		蓄冰槽	427.81	119.99	276.90	156.91	2.73
		蓄热式电锅炉	1714.29	471.33	659.20	187.87	9.12
		冷水机组（商业、研发、教育）	23 529.41	3423.93	6419.88	2995.94	7.85
		燃气锅炉	21 600.00	7136.16	14 960.44	7824.27	2.76
		合计	84 984.76	14 300.73	30 593.41	16 292.68	5.22
	示范区外	供热（冷）管网	6850.00	—	—	—	—
供气	示范区外	燃气管网	4640.00	—	—	—	—
供电	示范区外	变电站	13 000.00	—	—	—	—
		线路	9239.04	—	—	—	—
		排管	11 074.00	—	—	—	—

表 5-9 综合供能方案投资估算—用户投资

供能形式		设备配置	设备投资（万元）	年运行费用（万元/年）	收益（万元/年）	净收入（万元/年）	回收期年
供热（冷）	设备投资	分散式电采暖	2400.00	260.77	676.20	415.43	5.78
		分体式空调（居民）	43 170.00	3453.60	6475.50	3021.90	14.29
		合计	45 570.00	3714.37	7151.70	3437.33	20.07
	示范区内	供热（冷）管网	24 267.11	—	—	—	—
供气	示范区内	燃气管网	16 178.07	—	—	—	—
供电	示范区内	电网	59 319.59	—	—	—	—

（二）安全性

（1）供能可靠性提升。供电可靠性将达到 99.999%；通过天然气、供热/冷设备的四表合一及信息化、自动化建设，将大幅提升区域能源故障抢修效率、提升区域供能可靠性。

（2）实现能源互联互通。该区域以电能为中心、以天然气及储能（冷、热、电）设备为补充，形成能源来源多样化，各种能源互联互通可以实现能源互补、提升区域能源安全性。

（3）多元负荷需求。通过区域级综合能源系统，以电能为中心、以天然气及储能（冷、热、电）为基础，面向该地区供应包括电、热、冷等多种能源在内的需求。

（4）区域级综合能源系统可靠性。综合能源可靠性通过提升包括电源、电网、管网等物理架构；供电、供热、供冷等多能源供应；多能源间耦合设备等多环节可靠性，综合提升区域级综合能源系统的可靠性。

（三）节能性

（1）区域级综合能源系统将实现5%～20%的节能：区域级综合能源系统的建设，通过"多元融合"及"多能互补"手段，实现能源效率提升15%以上；综合能源管理平台在能源生产侧、配置侧和消费侧开展多能控制，实现能源效率提升5%以上。

（2）系统能效比提升1.24倍：传统方案和综合能源方案系统能效比分别为1.44和3.23，综合能源方案大幅提升了区域能源利用效率。

（3）应结合现状企业需求，推动冷、热、电三联供系统蒸汽的使用，以进一步提升能源利用效率。

（4）能效服务，通过综合用能数据可视化，对数字化体系进行系统化分析，优化各项用能指标，对多种能源形式及管理流程形成全景分析、综合分析、专业分析，解决用户用能问题，达到能效和运营的优化。

（四）经济性

1. 能源站经济性

电力投资：两方案均需建设2座110kV变电站。

天然气投资：两方案居民天然气投资相同；能源站天然气管网投资，综合能源方案少于常规方案，投资方为天然气公司。方案对比见表5-10。

表5-10　　方案对比

方案	设备投资（万元）	年运行费用（万元/年）	收益（万元/年）	净收入（万元/年）	回收期年
常规方案	166 232.64	19 355.43	31 269.98	11 914.55	13.98
综合能源方案	129 787.98	14 300.73	30 593.41	16 292.68	7.98

2. 用户经济性

（1）用能成本降低。用电方面，光伏项目预计发电量772.7万kWh；用冷方面，用户每供冷季能源费用可降低至30元/m²；用户通过消费侧智能控制可节约5%～10%的能源费用支出。

（2）时间、人力成本降低。一体化供能、一站式服务，用户接入服务、缴费服务等实现30%以上的提速。

（3）初期投资减少。采用能源站供能，节约了大量用户分体式空调、冷水机组和自备燃气锅炉等投资。

第二节　工业聚集区区域级综合能源系统建设案例

一、项目概况

（一）区位概况

山东某地片区是济南先行区的四大组团之一，其片区区位图以及空间结构分析图如图5-8、图5-9所示。山东某街道被列为济南市城乡统筹改革试验区、山东省“百镇建设示范行动”示范镇、国家重点镇。经过两年的发展，一座现代化的国际级展览中心在山东某镇旧址东侧拔地而起。

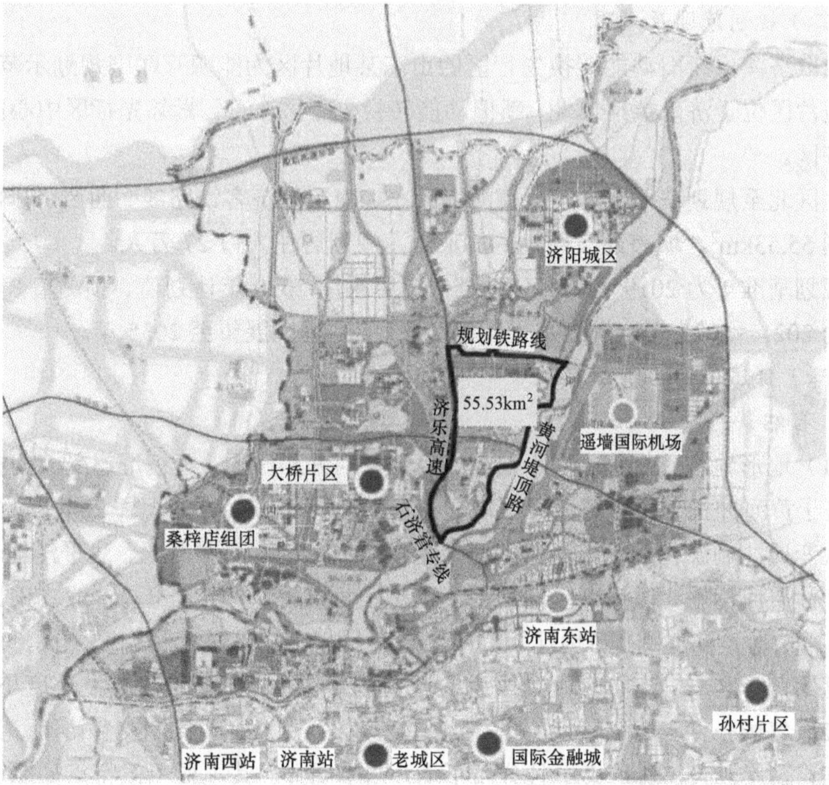

图5-8　山东某地片区区位图

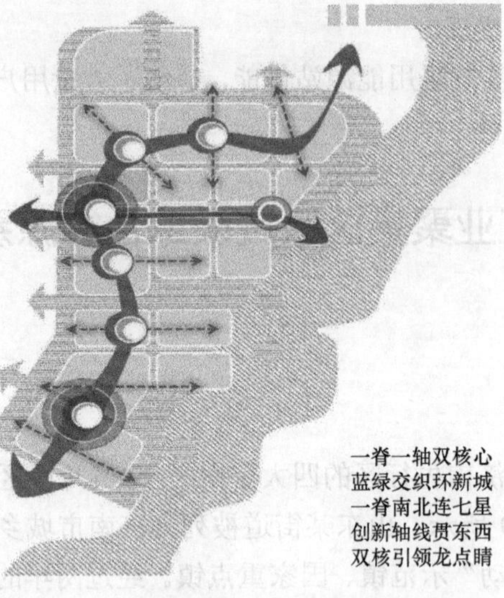

图 5-9　山东某地片区空间结构分析图

（二）规划范围及期限

选取济南市新旧动能转换先行区的山东某地片区为能源互联网规划示范区。山东某地片区位于济南黄河以北，新旧动能转换先行区东部，紧邻先行区中心区及临空经济区。

片区北至规划铁路线、东至黄河堤顶路、南至石济客铁路线、西至济乐路，规划范围 55.53km^2。城市建设用地约 30km^2，规划居住人口 27 万人。

规划基准年为 2019 年（部分基准数据可采用 2020 年计划值、预测值），规划年限为 2021～2025 年，规划水平年为 2025 年，远期展望至 2035 年。

（三）自然条件与资源禀赋

1. 自然条件

（1）地形地貌。山东某地片区地处鲁北黄河冲积平原，地貌形态受黄河影响较大，属于黄河冲积平原，黄河为区域内悬河（堤防 37m，堤外小于 26m）。由于黄河多次变迁冲刷淤积，地貌类型主要分为决口扇形地、河滩高地、浅平洼地、缓平坡地和沙质河槽地。现状以耕地为主，开发程度较低，基本农田与一般农田比例约为 6:4，林地、园地和牧草地穿插其中。地形平坦，总体坡向为南高北低，南北平均坡度约万分之二，东西坡度几乎为零。整体来看，该地形地貌开发难度小。

（2）气候条件。山东某地片区属大陆性气候，受冷、暖气团交替影响，天气变化剧烈，温差较大，雨量集中且分布不均，四季明显。其主要气候特点如图 5-10、图 5-11 所示。

季风环流是气候的重要因素。冬季，盛行西北、北和东北风，造成了冬季干冷、天气晴朗、降水少的天气。夏季，盛行西南、南和东南风，形成了夏季湿热、雨量集中、多雷暴的天气。春、秋两季是冬、夏两季风的过渡季节，风向多变。由于风随季节变化显著，形成了冬冷夏热明显、四季雨量不均的气候特点。

冬季接近四个半月（11 中旬～次年 3 月下旬）；夏季最长，约五个月（5 月上旬～9 月下旬）；春秋最短，均不足两个月。春季干旱风频，夏季炎热多雨，秋季凉爽干燥，冬季寒冷少雪，年最高气温约达 42.0℃，最低约达−21.0℃，年平均气温约为 15.0℃。

全年平均降水 680.50mm，其中夏季 6～8 月降水 375.20mm，日最大降水量为 299.40mm，占全年降水的 60%以上。

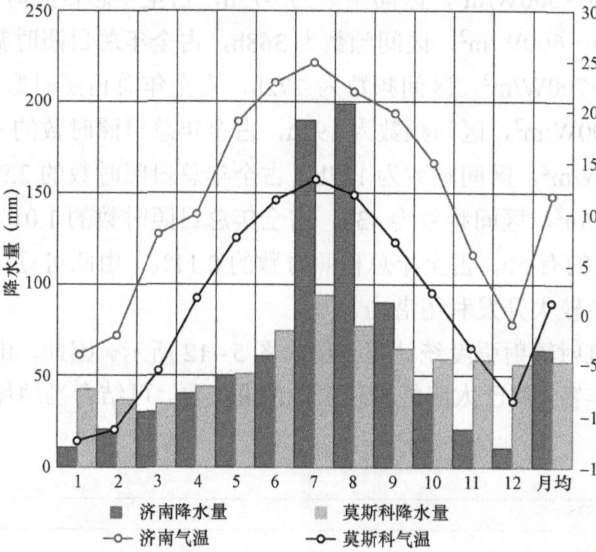

图 5−10 山东某地片区气温与降水量示意图

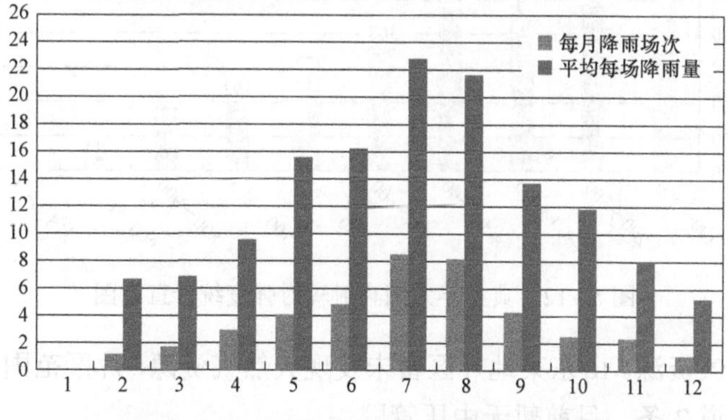

图 5−11 济南市降雨场次与降水量统计

2. 资源禀赋

（1）风能资源。山东某地片区属于风能资源贫乏区，属于 10m 高度风功率密度≤50W/m^2 的区域。地处低山丘陵地带，除了局部山顶、山脊风口等处之外，风速较小，风功率密度小。并且远离海洋，无海上风资源。

因此，山东某地片区所在位置风能资源相对薄弱，不适合开展风力发电应用。

（2）太阳能资源。在济南地区标准年中，总日照时数为 4252h；太阳总辐射强度分布频率最高的区间为 100～200W/m^2，共 825h，占全年总日照时数的 19.4%；总辐射强度为 200～300W/m^2，区间频数为 656h，占全年总日照时数的 15.43%；总辐射强度为 300～400W/m^2，区间频数为 562h，占全年总日照时数的 13.22%；总辐射强度为 400～500W/m^2，区间频数为 475h，占全年总日照时数的 11.17%；总辐射强度为 500～600W/m^2，区间频数为 368h，占全年总日照时数的 8.65%；总辐射强度为 600～700W/m^2，区间频数为 272h，占全年总日照时数的 6.4%；总辐射强度为 700～800W/m^2，区间频数为 192h，占全年总日照时数的 4.52%；总辐射强度为 800～900W/m^2，区间频数为 127h，占全年总日照时数的 2.99%；总辐射强度为 900～1000W/m^2，区间频数为 43h，占全年总日照时数的 1.01%；总辐射强度在 1000W/m^2 以上的有 5h，占全年总日照时数的 0.11%。由此可见，济南地区太阳能资源丰富，具备较大开发利用潜力。

典型年太阳直射辐射强度统计直方图如图 5－12 所示。因此，山东某地片区所在区域光伏资源丰富，属于太阳能光伏资源的Ⅱ类区，可结合当地屋顶资源开展光伏发电应用。

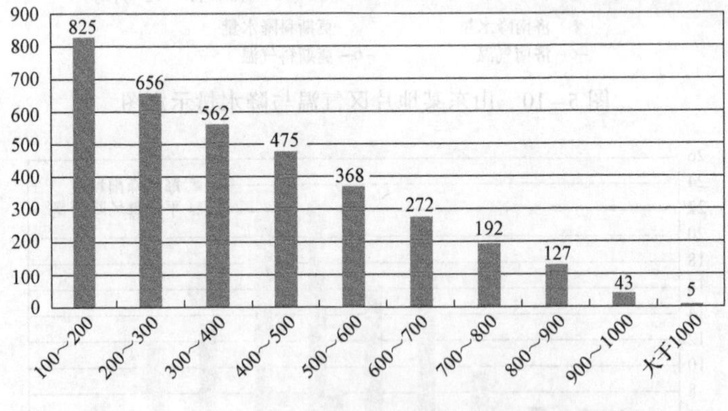

图 5－12　典型年太阳直射辐射强度统计直方图

（3）天然气资源。山东某地片区暂未发现天然气资源，片区范围内现状有城镇高压天然气管道 2 条，目前暂无中压管网。

（4）地热能资源。山东某地片区属于中低温地热带，浅层地热能具备约 3900 万 m^2 供热/制冷能力，中深层地热具备 3000 万 m^2 供热能力。可以适当开发，满足规划区部分供热、制冷需求。

（5）水资源。在地下水资源方面，山东某地片区地处黄河流域生态区，区内地下水资源丰富，即使是黄河枯水期，地下水也完全能够满足各个产业用水需求。地下水水质淡水区面积占 86.2%，微咸水区占 13.5%，咸水区占 0.3%。

在河湖水系方面，山东某地片区现状水网密布，洼地、坑塘众多，利于分散滞蓄涝水。北部有城南水库，为片区的用水提供了补充和保障。

（6）综上所述，山东某地片区太阳能和中、浅层地热能等绿色能源，禀赋程度较高（如表 5–11 所示），易于开发利用，适宜作为主要供能来源。天然气能虽然用能程度不高，但会提升地区化石能源使用比例，增加碳排放，建议作为战略补充能源。风能资源在山东某地片区相对匮乏，不建议开发使用。

表 5–11　　山东某地片区资源禀赋小结

序号	资源类型	是否清洁	禀赋程度	可利用度	资源属性
1	太阳能	可再生能源，清洁	太阳能资源Ⅱ类地区，资源禀赋较高	光伏设备成本持续降低，政策支持力度大，可利用度高	主要本地能源，主要用于生活热水或光伏发电
2	地热能	可再生能源，清洁	中低温地热带，地热资源较丰富，资源禀赋较好	地址条件较好，适宜地埋管式地源热泵，可利用程度高	可用于供热、制冷、温泉，且需要消耗大量电能以提取能量
3	天然气	化石能源，非清洁	山东某地片区无天然气资源，主要依靠外部供气，资源禀赋一般	需建设配套市政管道，可利用程度一般	战略补充
4	风能	可再生能源，清洁	风能资源相对薄弱，资源禀赋较差	开发成本较高，可利用程度较差	不宜使用

二、项目规划方案

（一）负荷预测

1. 远景年 2035 年用能平衡分析

2035 年，全区预计能源供给总量 105.35 万 t 标准煤，其中，本区域可再生能源生产总量达 23.52 万 t 标准煤，占比 22.33%，满足先行区控规 20%的要求，详见表 5–12 所示。

表 5-12　　远景年 2035 年山东某地区能源供给情况

项目	能源供给量（万 t 标准煤）	备注
能源供给总量	105.35	传统计算方法，不计入环境源产生冷量
一、外部能源输入	82.90	
1. 煤炭	1.00	
2. 油品	14.00	
3. 天然气	27.52	燃气锅炉考虑 98%效率
4. 电力	36.81	考虑线损 6%
5. 热力	0.00	主要为区外热电联产、生物质热电厂热力
6. 氢能	2.50	主要为工业副产氢
7. 余热供热	1.06	主要为能源中心垃圾焚烧电厂余热
二、区内能源生产总量	39.39	
1. 光伏发电量	1.29	区内年发电量 10 510.00 万 kWh
2. 环境源能源利用总量	35.52	
（1）地热供热	4.04	
（2）地热供冷	1.90	
（3）污水源供热	0.81	
（4）污水源供冷	0.74	
（5）空气能供热	13.72	
（6）空气源供冷	14.29	
3. 光热利用量	2.58	

2035 年，全区预计能源消耗总量 100.25 万 t 标准煤，单位生产总值能耗为 0.169t 标准煤/万元，低于整个先行区 0.18t 标准煤/万元的水平，较当前 2019 年全国能耗水平（0.5t 标准煤/万元）下降了 66.2%，见表 5-13。

表 5-13　　2035 年山东某地区能源消耗情况

项目	能源消耗量（万 t 标准煤）	备注
能源消耗总量	100.25	传统计算方法，除去天然气供热、电力供热耦合部分，不计环境源产生冷量
一、煤炭消耗	1.00	主要为工业清洁用煤
二、油品消耗	14.00	
1. 交通耗油	1.48	80%的车辆耗油通过电能、天然气替代
2. 工业耗油	12.52	

续表

项目	能源消耗量（万 t 标准煤）	备注
三、天然气消耗	8.21	
1. 供热耗气	0.00	主要为区内燃气锅炉
2. 工业耗汽	3.92	供工业
3. 交通用气	2.20	供天然气汽车等
4. 其余耗气	2.09	供居民、商业
四、电力消耗	42.65	
1. 供热耗电	10.06	已在供热耗能中计算，此项不计入总消耗量
2. 供冷耗电	9.45	
3. 其余耗电	23.15	
五、供热耗能总量	41.94	主要为冬季供暖、热水等
1. 供暖用热	32.29	
2. 燃气供热/冷	9.66	燃气轮机按 50%效率供出热/冷
六、供冷总量	26.38	根据传统耗能计算方式，此项不计入总消耗量
七、氢能总消耗量	2.50	
1. 交通	1.50	
2. 工业	1.00	

2035 年，全区综合能源效率达 72.8%，电力占终端用能比例达 44.2%，能源平衡流向图如图 5－13 所示。

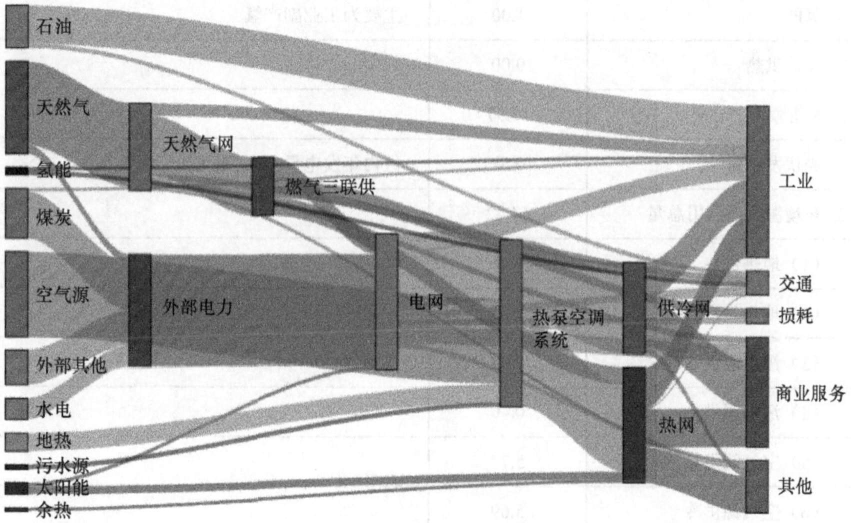

图 5－13　远景年 2035 年能源平衡流向图

2. 水平年 2025 年用能平衡分析

以目标年 2035 年为基准，确定 2025 年用能平衡分析边界条件：① 各类能源消耗、光伏发电量按 2035 年的 40%比例核算；② 中科科创业燃气轮机按完成 55MW，即总装机规模的 50%计算；③ 由于垃圾焚烧电厂规划为远景建设，暂无可利用余热热源。

2025 年，全区预计能源供给总量 50.4 万 t 标准煤，其中，本区域可再生能源生产总量达 9.92 万 t 标准煤，全区预计能源消耗总量 47.84 万 t 标准煤。水平年 2025 年山东某地区能源供给、能源消耗情况如表 5–14、表 5–15 所示。

表 5–14　　水平年 2025 年山东某地区能源供给情况

项目	能源供给量（万 t 标准煤）	备注
能源供给总量	50.14	传统计算方法，不计入环境源产生冷量
一、外部能源输入	34.17	
1. 煤炭	0.40	
2. 油品	5.60	
3. 天然气	12.94	燃气锅炉考虑 98%效率
4. 电力	14.23	考虑线损 6%
5. 热力	0.00	主要为区外热力
6. 氢能	1.00	主要为工业副产氢
7. 余热供热	0.00	
二、区内能源生产总量	15.97	
1. 光伏发电量	0.52	区内年发电量 4204 万 kWh
2. 环境源能源利用总量	14.42	
（1）地热供热	1.46	
（2）地热供冷	0.66	
（3）污水源供热	0.44	
（4）污水源供冷	0.40	
（5）空气能供热	5.77	
（6）空气源供冷	5.69	
3. 光热利用量	1.03	

表 5-15　　　　水平年 2025 年山东某地区能源消耗情况

项目	能源消耗量（万 t 标准煤）	备注
能源消耗总量	47.84	传统计算方法，除去天然气供热、电力供热耦合部分，不计环境源产生冷量
一、煤炭消耗	0.40	主要为工业清洁用煤
二、油品消耗	5.60	
1. 车辆交通耗油	0.59	80%的车辆耗油通过电能、天然气替代
2. 工业耗油	5.01	
三、天然气消耗	3.28	
1. 供热耗气	0.00	主要为区内燃气锅炉
2. 工业耗汽	1.57	供工业
3. 交通用气	0.88	供天然气汽车等
4. 其余耗气	0.84	供居民、商业
四、电力消耗	17.27	
1. 供热耗电	4.21	已在供热耗能中计算，此项不计入总消耗量
2. 供冷耗电	3.80	
3. 其余耗电	9.26	
五、供热耗能总量	17.74	主要为冬季供暖、热水等
1. 供暖用热	12.91	
2. 燃气供热/冷	4.83	燃气轮机按 50%效率供出热/冷
六、供冷总量	10.55	根据传统耗能计算方式，此项不计入总消耗量
七、氢能总消耗量	1.00	
1. 交通	0.60	
2. 工业	0.40	

3. 典型场景下负荷功率平衡

冷热负荷平衡显而易见，可以以电力供需为例，进行负荷功率平衡分析。

（1）夏季大负荷日。夏季大负荷日选择 7 月典型工作日，图 5-14 给出各个小时、各能源设备工况及负荷功率平衡情况。

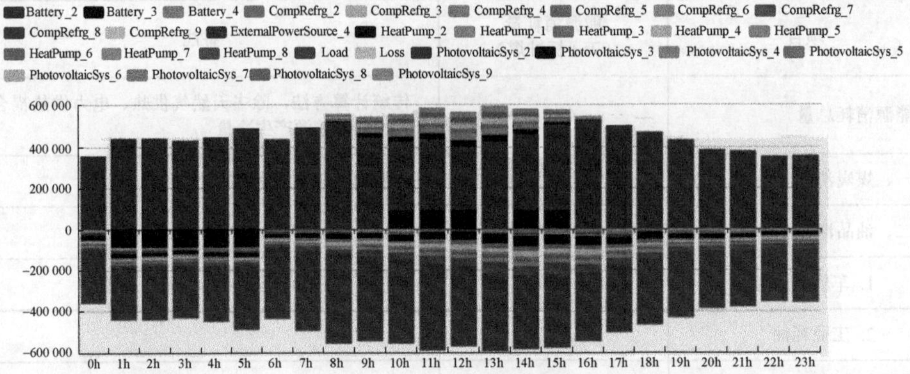

图 5-14　济南山东某地片区夏季大负荷日电平衡图

可以看出当日负荷高峰出现在 13 点，考虑经济性目标后随机优化结果平衡分析：正数表示供能，包含光伏机组、电网供电；负数表示负荷，包含常规电负荷、热泵用电负荷（制冷）、制冷机组用电负荷。

（2）冬季大负荷日。冬季大负荷日选择 1 月典型工作日，图 5-15 给出各个小时各能源设备工况及负荷功率平衡情况。

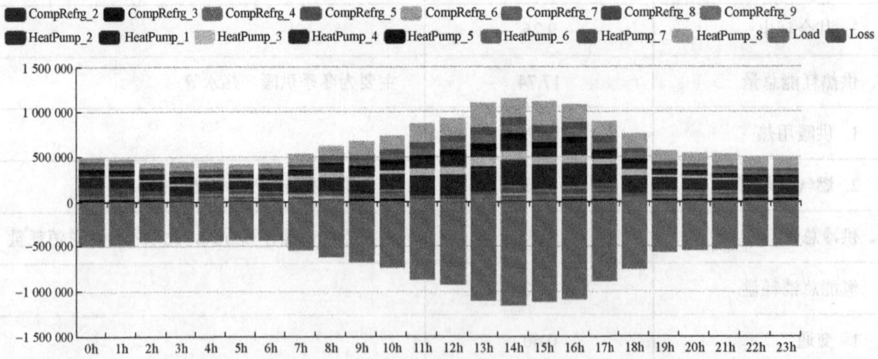

图 5-15　济南山东某地片区冬季大负荷日冷平衡图

可以看出当日负荷高峰出现在 9 时，考虑经济性目标后随机优化结果平衡分析：正数表示供能，包含光伏机组、电网供电；负数表示负荷，包含常规电负荷、热泵用电负荷、储能充电负荷。典型场景负荷功率平衡表见表 5-16。

表 5-16 典型场景负荷功率平衡表 （MW）

项目	夏季大负荷日	冬季大负荷日
一、负荷量	-557.81	-529.67
1. 常规电负荷	-354.78	-256.15
2. 热泵用电负荷	-166.52	-258.52
3. 制冷机组用电负荷	-36.51	0.00
4. 储能充电负荷	0.00	-15.00
二、供能量	578.44	545.02
1. 电网	494.25	501.75
2. 光伏	84.19	43.27
3. 储能放电	0.00	0.00
三、平衡∑（损耗）	20.63	15.35

（二）规划方案

1. 电力部分

（1）电力网。至远景年，形成以 2 座 220kV 变电站为主要电源，6 座 110kV 变电站以标准链式结构深入负荷中心，全面消除 35kV 电压等级，10kV 线路灵活互联，适应各类电源、分布式能源及用能设施灵活接入的坚强智能电网。

山东某地片区网分为 2 个网格，定位为 A 类供电区域，建设与服务区定位相匹配，电网结构坚强，运行方式灵活，各级电网协调发展，保障该区域充足电力供应，为地区发展提供可靠电力支撑。基本目标如下所述。

两个网格实现双环网或单环网结构，能够抵御“$N-1$”故障，供电可靠率达到 99.999%，个别高可靠性用户配合专线及配网自动化快速自愈系统，可保障其供电可靠率达到 99.999 9%。

电网运行方式灵活，满足互联系统调度管理要求，便于事故支援；对未能预见的负荷与电源的变化具备充足的适应能力。配电自动化覆盖率 100%，光纤通信配合无线公网覆盖率达 100%。

网格至饱和年负荷将达到 396.11MW，规划新建 5 座变电站——1 座 220kV 变电站；4 座 110kV 变电站为该网格供电，满足网格供电需求。变电站建设时序表见表 5-17。

表 5-17　　变电站建设时序表

序号	电压等级（kV）	性质	分年度容量构成（MVA）			
			2018 年	2020 年	2025 年	饱和年
1	220	新建			1×240	2×240
2	110	新建			2×63	2×63
3	110	新建			2×63	2×63
4	110	新建			2×63	2×63
5	110	新建			2×63	2×63

饱和年网格形成 2 组单环网与 22 组双环网接线为区域供电，供电线路 92 回。饱和年中压网架构建结果见表 5-18。饱和年网格 10kV 电网地理接线示意图如图 5-16 所示。

表 5-18　　饱和年中压网架构建结果

单环网（组）	双环网（组）	架空单联络（回）	架空两联络（回）	总负荷（MW）	总回数	线均负荷（MW/回）
2	22	0	0	290.32	92	3.16

图 5-16　饱和年网格 10kV 电网地理接线示意图

新岸网格至饱和年负荷将达到 195.89MW，规划新建 2 座变电站——220kV 新岸站；110kV 解营站（寨南Ⅰ）为该网格供电，满足网格供电需求。变电站建设时序表如表 5-19 所示。

表 5-19　　变电站建设时序表

序号	电压等级（kV）	性质	分年度容量构成（MVA）			
			2018 年	2020 年	2025 年	饱和年
1	110	改造	20+31.5	20+31.5	2×63	2×63
2	110	新建			2×63	2×63
3	220	新建			1×240	2×240

饱和年新岸网格形成 11 组双环网接线为区域供电，供电线路 44 回。饱和年中压网架构建结果见表 5-20 所示。饱和年新岸网格 10kV 电网地理接线示意图如图 5-17 所示。

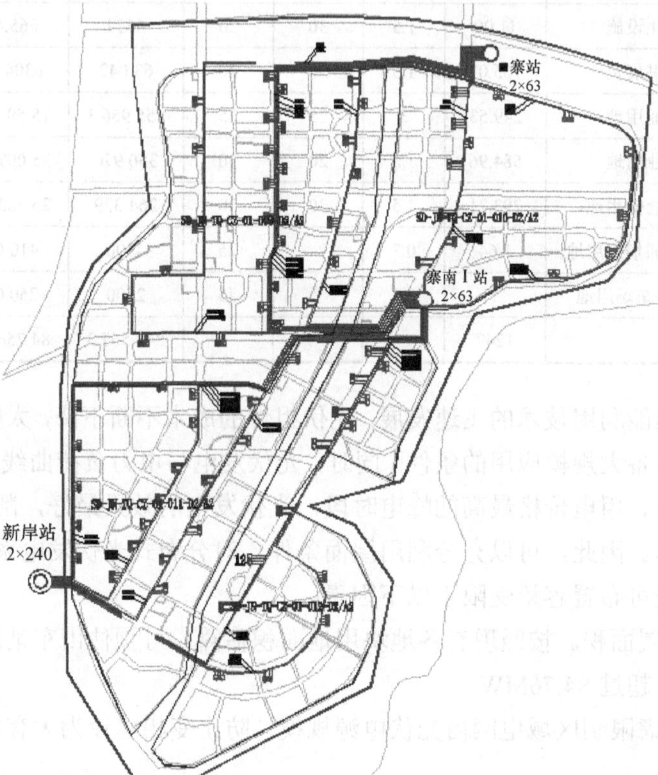

图 5-17　饱和年新岸网格 10kV 电网地理接线示意图

表 5-20 饱和年中压网架构建结果

单环网（组）	双环网（组）	架空单联络（回）	架空两联络（回）	总负荷（MW）	总回数	线均负荷（MW/回）
0	11	0	0	143.57	44	3.26

（2）分布式能源预规划。清洁能源分布式发电系统一般由光伏发电、风力发电实现。通过对资源禀赋分析可知，所在地区太阳能资源较好。因此，为实现清洁能源应用和绿色生态建设发展，将采用分布式光伏发电技术作为主要的电源类型。

拟针对山东某地片区的商业、行政办公、教育科研、工业、物流仓储、公交场站、社会停车场等用地类型，结合建筑屋面安装分布式光伏发电系统。初步估算山东某地片区可安装光伏容量和年均发电量如表 5-21 所示。

表 5-21 山东某地片区分布式光伏安装容量及年均发电量预估算

用地代码	用地分类	用地面积（ha）	容积率	安装占比（%）	利用占比（%）	利用面积（m^2）	安装容量（kW）	年发电量（万 kWh）
A2	文化设施	11.09	1.5	30	20	6654	665.40	82.51
A21	图书展览	105.07	1.5	30	20	63 042	6304.20	781.72
B1	商业用地	249.53	3	25	25	155 956.3	15 595.63	1933.86
M	工业用地	584.96	1.5	20	30	350 976	35 097.60	4352.10
W	物流仓储用地	293.71	1.5	30	30	264 339	26 433.90	3277.80
S41	公共交通场站用地	1.64	0.3		25	4100	410.00	50.84
S42	社会停车场用地	1	0.1		25	2500	250.00	31.00
总计		1247				847 567.3	84 756.73	84 756.73

随着太阳能利用技术的飞速发展，光伏组件的成本不断下降，太阳能光伏发电系统已初步具备大规模应用的条件；同时，光伏发电与电力负荷曲线正相关，即在电力负荷最高、用电价格最高的峰电时段，光伏发电的效果最好，削峰效果明显，经济回报丰厚。因此，可以充分利用屋面条件，对分布式光伏发电系统进行布置。

光伏系统可布置容量受限于以下因素：

1）可布置面积。按照现有各地块用地面积估算，可预估山东某地区可布置光伏系统容量不超过 84.76MW。

2）应考虑限制区域电网内光伏电源规模，防止变相建设为大容量分布式发电项目。

参考当地年利用小时数 1240h，预估得到太阳能光伏发电系统的年发电量约为

10 509 万 kWh。

（3）储能预规划。

1）用能侧。用能侧储能宜结合项目其他能源策略建设实施，建议如下：行政办公、科研高级及商业商务类建筑的用能负荷分布与工作或营业时间相吻合，冬季供热、夏季供冷，全年负荷较为均衡但昼夜负荷差距大。建议采用有热泵+低谷电蓄能（冷、热）技术为主的系统解决方案。充分利用非工作时间进行蓄能，可对电网起到“削峰填谷”的作用。

2）发电侧（分布式发电）。以物流仓储园区为例，物流仓储园区以电能消耗为主，冷、热负荷强度低，应大力推广“分布式光伏+储电技术”，实现太阳能热水、采暖、制冷系统的规模化利用。

3）电网侧。针对电网侧（变电站），可考虑建设储能站，削峰填谷，缓解高峰负荷期间变电站运行压力，推迟电力基础设施的建设时序，减缓投资压力。

理论上，储能系统对新建变电站削峰填谷作用并不显见。因此，片区储能建设考虑以用户侧储能为主，与可再生能源发电配合（如物流园光储充）开展预规划设计。

考虑项目建设意愿，根据储能应用场景下的低储高发、稳定分布式发电出力、提升供电可靠性、事故备用等储能容量配置依据，并结合工程实际经验，预测山东某地储能安装规模约为用电负荷 10%。针对山东某地片区负荷中心规划建设的 3 处变电站（南郭、邓官、解营）搭建储能接入拓扑，每处安装规模考虑最大不超过 15MW/30MWh。

（4）充电站预规划。片区电动汽车充电基础设施配置立足“满足需要、节约资源、适度超前”原则，在规划策略上坚持“因地制宜、节约土地、统一标准、分步实施”。

根据各用地类型充电桩配置原则，初步测算片区充电桩建设规模为 33 688 个（其中直流桩 4277 个、交流桩 29 412 个），可考虑结合 1 处社会停车场用地建设 1 座公用电动汽车充电站、结合 1 处环卫设施用地建设 1 座环卫车辆充电站、结合 4 处公交首末站建设 4 座公交充电站。充电站建设预规划如表 5–22 所示。

表 5–22　　充电站建设预规划

序号	利用用地类型	名称	类型	桩数	快充桩	慢充桩	计算负荷（kW）
1	公共交通场站用地	首末站 1	公交充电	3	3	0	504
2	公共交通场站用地	首末站 2	公交充电	3	3	0	504
3	公共交通场站用地	首末站 3	公交充电	3	3	0	504

续表

序号	利用用地类型	名称	类型	桩数	快充桩	慢充桩	计算负荷（kW）
4	公共交通场站用地	首末站 4	公交充电	4	4	0	672
5	社会停车场用地	公用车场	公用充电	50	10	40	490
6	环卫设施用地	环卫车场	环卫车充电	20	4	16	144

（5）高可靠性和高电能质量供电方案。山东某地片区产业发展以高新产业为主，积极吸纳集聚创新要素资源，培育新动能，以物流产业为主导、氢能源产业为前沿，多产业齐头并进。目前，“三大院所”已入驻片区北部的中科新经济科创园，已开工建设中科院工程热物理研究所、中科院展示中心，已签约落地中科院计算技术研究所、中科院高能物理研究所及人才公寓等项目。

1）供电电源方式。针对重要电力用户，供电方案应采用多电源、双电源或双回路供电，当任何一路或一路以上电源发生故障时，至少仍有一路电源应能满足保安负荷持续供电。特级重要电力用户采用双电源或多电源供电；一级重要电力用户采用双电源供电；二级重要电力用户采用双回路供电。另外，对于供电要求很高的重要用户，还可以考虑配合专线及配网自动化快速自愈系统，保障其供电可靠率达到 99.999 9%。

2）应急电源。重要电力用户应自备应急电源（柴发或应急储能系统），电源容量至少应满足全部保安负荷正常供电的要求，并应符合国家有关技术规范和标准要求。

3）智慧能源调控。构建基于能源互联网技术的智慧能源调控系统，面向能源供应的全环节，实现多能全域调控、状态全息感知、数据全景融通、服务全线升级，为山东某地片区重要用户提供高可靠供电保障和高品质用能用电服务。

4）中低压交直流配网。居民住宅和商业楼宇，主要负荷为低压交流负荷，可能还带有一些分布式发电设备和相关储能设备。直流系统技术需求是通过发挥直流配网供电能力强和传输损耗低的优势，实现居民住宅和商业楼宇安全经济可靠用电。

新产业工业园区，具有电子精密仪器等敏感负荷，还有大型空调换风系统、电梯等中压直流负荷，直流负荷的比例占到 40%～60%。同时，工业园区一般还有各种新能源的接入。

在网络设计上，由于工业园区对供电可靠性和供电连续性要求较高，采用直流配电可以采用双端手拉手供电，也可采用双端供电合环运行。与交流线路双端供电的闭环设计开环运行方式相比，可靠性更高，并且直流母线上可以直接挂载储能，实现不间断供电，能够高效节能地保障工业园区内的重要负荷的供电可靠性要求（见图 5-18）。

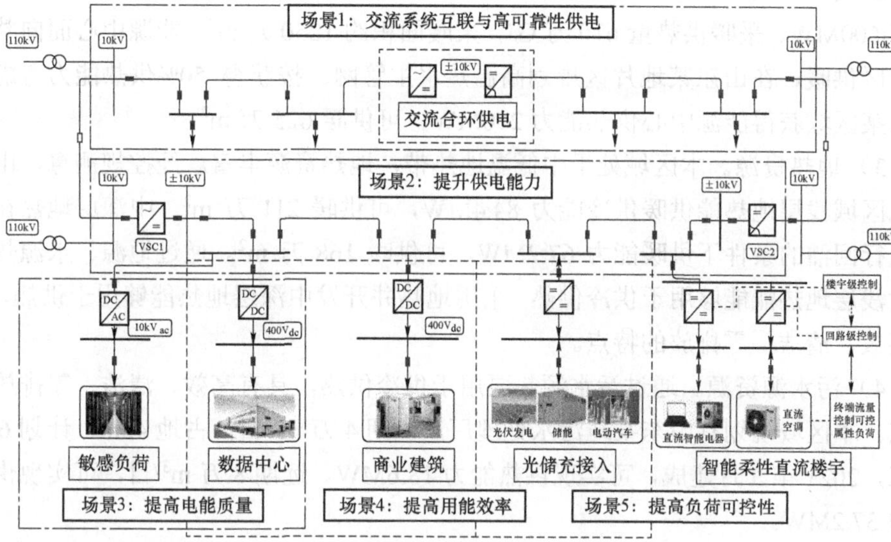

图 5-18　中低压直流配电技术

2. 供热供冷部分

在供热方面，《济南新旧动能转换先行区能源专项规划》针对区域供暖系统，提出“建设以多热源为支点，管网互联互通的供热管网。以地热、生物质等可再生能源作为城市供热的主要能源，以天然气等清洁能源为城市供热调峰备用热源。积极引入外部电、气、余热，保障供热安全。”“发展地热能，加快开发氢能，2035 年实现总能耗中 20%～30%为可再生能源。清洁能源供热比例 100%，可再生能源供热比例大于 50%，实现智慧供热。”在供冷方面，目前各类规划未涉及供冷系统。经调研主管部门，当前供冷系统仍主要考虑由业主或用户自行投资设计。本能源互联网规划在现状规划的基础上，增加对冷负荷需求分析，考虑供热供冷系统协同运行，实现热冷协调统一规划，实现能源电热冷高效利用。

（1）区域热源条件。根据相关已有规划，本区域内主要资源条件如下。

1）外部电力。规划 2035 年本区域将具备 2 座 220kV 变电站、6 座 110kV 变电站。主干管廊敷设 110kV 和 10kV 电力管线，预留 220kV 电力管线，所有路均敷设 10kV 管线。通过电网获得外部电力，对地源、污水源、空气源热泵系统提供电力驱动，为充分利用现有各类可再生热冷源提供了基础，具有清洁、零排放的特点。

2）天然气。通过天然气管网获得外部天然气，是清洁能源，排放氮氧化物。先行区能源中心已规划规模 2×9F 燃气热电联产、生物质热电厂、燃气锅炉房。其中燃气热电联产项目距离山东某区域最近，总装机规模约 800MW，年采暖供热负荷 500MW、采暖供热量 610 万 GJ，采暖面积约 1250 万 m^2。能源中心面向整个先行区供暖，在山东某地片区规划高温热水主管网。按获得 50%供热能力考虑，山东某区域获得能源中心供热能力 250MW，可供暖 625 万 m^2。

3）地热资源。本区域处于中低温地热带，地热资源丰富。经控规测算，山东某地区域浅层地热能供暖供冷能力 84.4MW，可供暖 211 万 m^2，中深层地热在严格执行回灌的条件下供暖能力 67.2MW，可供暖 168 万 m^2。通过地源、水源热泵开发浅层地热能能够用于供冷供热，采用地热井开发中深层地热能够用于供热，具有高效、清洁、零排放的特点。

4）污水源资源。通过污水源热泵用于供冷供热，具有高效、清洁、零排放的特点。本区域规划有山东某地污水处理厂，一期 4 万 m^3/日，占地 4hm，计划 6 月开工，2021 年 3 月建成，可实现供热能力 18.6MW。远期 8 万 m^3/日，可实现供热能力 37.2MW。

5）空气能资源。本区域属于温带大陆性气候区，春季干旱少雨；夏季炎热多雨；秋季天高气爽；冬季严寒干燥，多东北风。冬季空气调节室外计算温度−7.7℃，夏季空气调节室外算干球温度 34.7℃，平均气温 14.91℃，室外昼夜温差不大。非常适合采用空气能热泵技术提取空气能用于供冷供热。

6）垃圾焚烧电厂余热。本区域远期规划垃圾焚烧发电厂，规模 2000t/d。同时也规划有焚烧炉渣、医疗垃圾焚烧厂，可作为余热热源。预计规划装机 50MW。利用乏汽余热回收、深度烟气余热回收等技术，估计实现余热回收 70MW，实现能源梯级利用，具有清洁、零排放的特点。

7）太阳能光热资源。本区域处于太阳能Ⅱ类区，每年太阳总辐射量为 3800 亿 MJ，太阳能资源丰富，可利用光伏发电、光热等技术充分利用太阳能。但由于太阳能的间歇性，应和其他主力热源配合应用。

综上所述，总供能能力如表 5-23 所示。

表 5-23　2035 年山东某区域资源总热、冷供能能力　(MW)

序号	资源	供热能力	供冷能力
1	天然气热电联产	250	0
2	地源热泵	84.4	84.4
3	地热井	67.2	

续表

序号	资源	供热能力	供冷能力
4	污水源热泵	37.2	37.2
5	空气源热泵		
6	垃圾焚烧电厂余热	70	0
合计		558.8	121.6

（2）热冷系统预规划。依据控规方案，要求满足清洁能源供热比例100%，可再生能源供热比例大于 50%。充分利用本区域地热、污水源、余热资源。供热不足部分，主要利用空气源热泵进行补充，供冷不足部分采用空气源热泵、冷水机组补充。考虑到实际条件和特殊需求，安排一定比例分体式空调。针对公共管理与服务、商业服务、工业、物流等非全日用热、用冷负荷，增加分布式蓄能设施。供热、供冷能力估算表见表5-24。

表5-24　　供热、供冷能力估算表　　（MW）

序号	资源	供热能力	供冷能力
1	天然气热电联产	0.0	0.0
2	燃气锅炉	0.0	
3	地源热泵	84.4	84.4
4	地热井	67.2	
5	污水源热泵	37.2	37.2
6	空气源热泵	1162.5	1162.5
7	垃圾焚烧电厂余热	30.0	
8	冷水机组		149.6
9	分体式空调		100.0
10	蓄能	108.8	148.9
合计		1490.1	1682.6

按地源热泵综合能效（*COP*）为4、污水源热泵 *COP* 为4、空气源热泵 *COP* 为2.5计算，可实现从地源、污水源、空气源及余热的供热承担负荷达913.1MW，达到总供热规模的61.3%。

（3）供热供冷网络预规划。山东某地片区将以发展地热能供热为主，以燃气锅炉、外热和污水源热泵能源中心为补充，保障片区供热安全和清洁供热率。除连通性干线之外，热力管廊主要分布于居住用地内部，公建用地和工业用地不采用集中供热的形式，热力管网管径以DN600～DN1200为主。

片区内部热力/空调一次管网设计如图 5–19 所示。

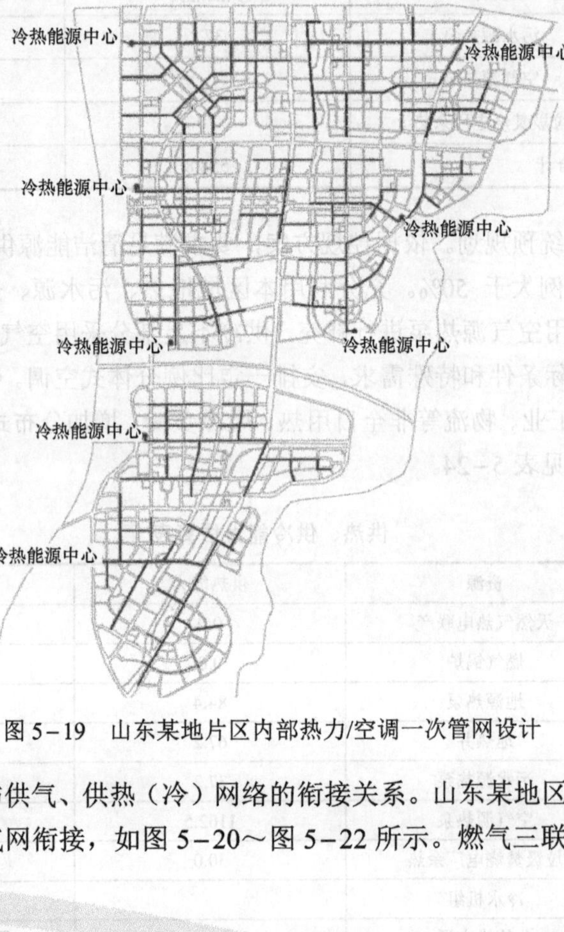

图 5–19　山东某地片区内部热力/空调一次管网设计

（4）配电网与供气、供热（冷）网络的衔接关系。山东某地区配电网通过燃气三联供系统与燃气网衔接，如图 5–20～图 5–22 所示。燃气三联供系统输出电、

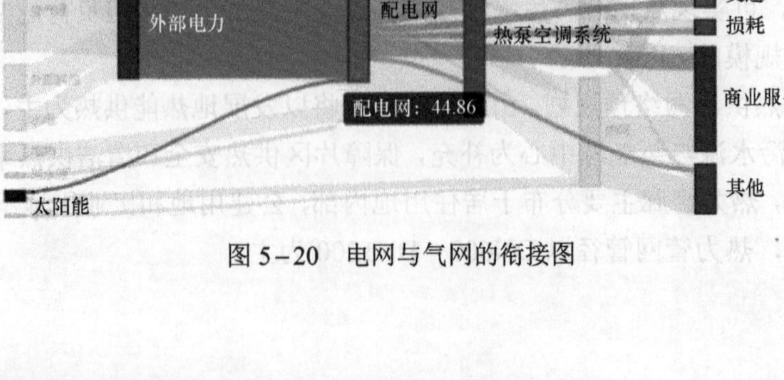

图 5–20　电网与气网的衔接图

冷、热与配电网、热网、冷网相衔接。配电网通过空调热泵系统与热网、冷网相衔接。

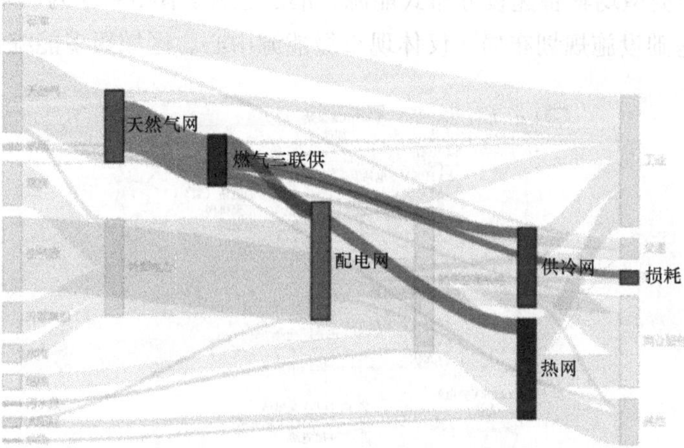

图 5-21　气网与冷热网的衔接

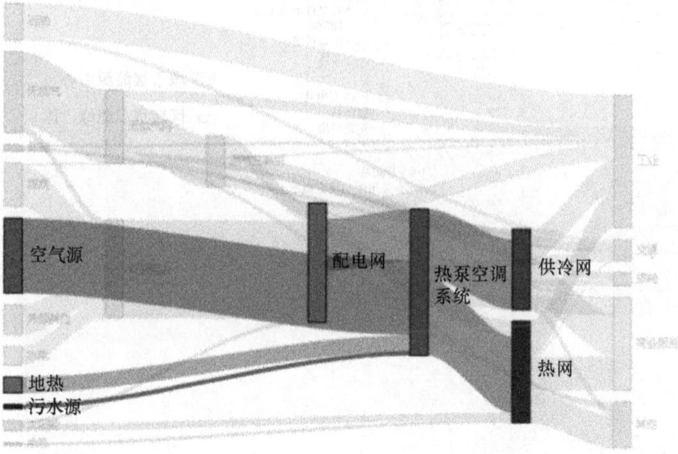

图 5-22　电网与冷热网的衔接

3. 多能融合能源基础设施

多能融合能源基础设施服务于城市用能，其布局采取区域化模式，呈分布式、可生长的特点，与先行区组团化发展模式相适应，为长期建设发展提供灵活性。

依据先行区总体规划的发展思路，结合先行区能源专项规划中三级区域能源系统建设相关内容，按照“城市级能源中心—区域型多能综合体—分布式能源站”的三级系统结构进行布局规划。

基于对山东某地片区设施空间布局的分析，依据前述规划设计原则以及能源网架体系方案设计，山东某地片区整合形成2处城市级能源中心、9处区域级多能综合体。除二类居住用地的用能需求相对集中、稳定，供能方式宜采用市政集中配套为主外，其余类型均具备建设分布式能源站的适宜性。图5-23为山东某地片区多能融合能源基础设施规划布局（仅体现市级能源中心、区域级多能综合体）。

图5-23　山东某地片区多能融合能源基础设施预规划布局

三、项目能效评估

采用基于云计算的多线程优化内核对进行优化模拟仿真，对全年各月份的典型日进行动态优化得到各个时间点的设备出力、负荷情况、电网、热网潮流情况，最终对形成的方案进行指标统计，经济性指标包括设备投资费用、设备年维修费用、年销售费用、年运营支出，环保性能指标包括年CO_2，NO_x，烟尘排放量。同时统计能耗情况如电负荷，冷热负荷等相关参数。在经济性和环保性中进行综合权衡并生成多种方案，选择最合适的方案。

（一）经济性最优方案

经济性最优是在满足未来冷、热、电等负荷情况下，以投入建设投资及维护投资最少为目标，寻求满足负荷平衡等各种约束下的最优方案。通过时序模拟仿真，经济性优化方案如表 5-25 所示。此方案的总投资成本约为 42.1 亿元，年运营支出主要包括外部电源购买、内部机组耗能花费支出。年排放量包含外部电源的污染物排放和内部化石燃料消耗的污染物排放，各类污染物排放情况为，年 CO_2 排放 2 076 724t，年 NO_x 排放 63 852t，年 SO_2 排放 60 442t，年烟尘排放 45 254t；年负荷情况包括年电负荷 25.17 亿 kWh，年热负荷 26.27 亿 kWh，年冷负荷 21.46 亿 kWh。

表 5-25　经济性优化方案结果统计

属性	数值
设备投资费用（万元）	421 068
年 CO_2 排放（t）	2 076 724
年 NO_x 排放（t）	63 852
年 SO_2 排放（t）	60 442
年烟尘排放（t）	45 254
年电负荷（亿 kWh）	25.17
年热负荷（亿 kWh）	26.27
年冷负荷（亿 kWh）	21.46

详细的优化设备配置情况如表 5-26 所示，总投资约 42.1 亿元，其中供冷供热设施投资成本约为 32 亿元，电网投资约为 10.1 亿元，其中储能投资约为 1.6 亿元，光伏投资约 2 亿元，输配电网架投资约 6.5 亿元。

表 5-26　经济优化设备配置方案

位置	设备名称	设备容量（MWh/MW/MVA）
南郭站	储能设施	29
邓官站	储能设施	18
解营站	储能设施	26
钊南站	电压缩制冷机	24
南郭站	电压缩制冷机	6
仙寨站	电压缩制冷机	30

续表

位置	设备名称	设备容量（MWh/MW/MVA）
山东崔寨站（220kV）	电压缩制冷机	78
邓官站	电压缩制冷机	30
山东崔寨站（110kV）	电压缩制冷机	24
解营站	电压缩制冷机	6
新岸站	电压缩制冷机	72
南郭站	热泵机组	348
钊南站	热泵机组	114
仙寨站	热泵机组	228
山东崔寨站（220kV）	热泵机组	144
邓官站	热泵机组	132
山东崔寨站（110kV）	热泵机组	90
解营站	热泵机组	114
新岸站	热泵机组	324
新能源	光伏电池板	61
线路	山东崔寨站（110kV）—新岸站	5.37×2
	钊南站—仙寨站	1.86×2
	仙寨站—邓官站	2.63×2
	南郭站—邓官站	3.83×2
	山东崔寨站（220kV）—邓官站	2×2
	解营—新岸站（220kV）	3.7×2
	山东崔寨站（110kV）—解营	1.96×2
	钊南站—南郭站	2.92×2
	山东崔寨站（220kV）—仙寨站	2.05×2
变电站	110kV 变电站（2×63MVA）	6
	220kV 变电站（2×240MVA）	2

（二）环保性最优方案

环保性最优方案以设备运行中污染物的排放量最少为目标，寻求满足负荷平衡等各种约束下的最优方案。通过时序模拟仿真，环保性优化结果方案如表 5–27 所示。此方案的总投资成本约为 43.2 亿元。相较于经济性结果，环保性优化方案结果统计如表 5–28 所示，总投资约为 43.2 亿元，其中储能设备增量约 16MWh，投资增量电网投资约为 0.3 亿元，光伏设备增量约为 23MW，投资增量约为 0.8 亿元，相较于经济性方案，考虑发电 1200h，光伏设备约增加发电量 2.76 亿 kWh，约减少碳排放量13.1%，投资成本增加约2.61%。

表5-27 环保性优化结果方案

位置	设备名称	设备容量（MWh/MW）
南郭站	储能设施	30
邓官站	储能设施	30
解营站	储能设施	30
新能源	光伏电池板	84

表5-28 环保性优化方案结果统计

属性	数值
设备投资费用（万元）	432 000
年 CO_2 排放（t）	1 804 009
年 NO_x 排放（t）	55 467.4
年 SO_2 排放（t）	52 504.86
年烟尘排放（t）	39 311.35

比较上述两方案，方案一在同时考虑经济性和环保性的情况下较为优异，初始投资较小，投资回报率较高，污染物排放差异不大且均来自区外电源发电污染排放，因此，可考虑选择方案一在考虑区内新能源消纳能力的同时保证经济性的、效益较好。

（三）集中式和分散式供热方案对比

以经济性最优方案为例，将分散供热方式的经济性结果与传统集中供热方式做比较，供热全部考虑燃气机组供应，冷需求按照电制冷机组供应。其仿真优化结果主要指标如表5-29所示。

表5-29 集中供热优化方案结果表

属性	数值
设备投资费用（万元）	371 910
年 CO_2 排放（t）	2 471 324
年 NO_x 排放（t）	182 059.3
年 SO_2 排放（t）	118 320.7
年烟尘排放（t）	67 500.71
年电负荷（亿kWh）	25.17
年热负荷（亿kWh）	26.27
年冷负荷（亿kWh）	21.46

详细的优化设备配置情况如表 5–30 所示，总投资约 37.1 亿元，其中供冷、供热设施投资成本约为 28 亿元，电网投资约为 9.1 亿元，其中储能投资约为 6000 万元，光伏投资约 2 亿元，输配电网架投资约 6.5 亿元。

表 5–30　　集中供热优化方案配置表

位置	设备名称	设备容量/线路长度（MWh/MW/km/MVA）
南郭站	储能设施	30
邓官站	储能设施	7
解营站	储能设施	5
钊南站	电压缩制冷机	300
南郭站	电压缩制冷机	270
仙寨站	电压缩制冷机	234
山东崔寨站（220kV）	电压缩制冷机	168
邓官站	电压缩制冷机	114
山东崔寨站（110kV）	电压缩制冷机	126
解营站	电压缩制冷机	402
新岸站	电压缩制冷机	144
集中供热站	燃气锅炉	1540
新能源	光伏电池板	53.94
线路	山东崔寨站（110kV）—新岸站	5.37×2
	钊南站—仙寨站	1.86×2
	仙寨站—邓官站	2.63×2
	南郭站—邓官站	3.83×2
	山东崔寨站（220kV）—邓官站	2×2
	解营—新岸站（220kV）	3.7×2
	山东崔寨站（110kV）—解营	1.96×2
	钊南站—南郭站	2.92×2
	山东崔寨站（220kV）—仙寨站	2.05×2
变电站	110kV 变电站（2×63MVA）	6
	220kV 变电站（2×240MVA）	2

通过比较集中式、分散式的供热方案，可以看出集中式的供热方案前期投资成本较低，约减少 4.9 亿元，占总投资的 11%，但污染物排放量明显提升，年 CO_2

排放增加 39 万 t，年 NO_x 排放增加 11.8 万 t，年 SO_2 排放增加 5.8 万 t，年灰尘排放增加 2.2 万 t，增加污染物排放量中，碳排放量约占 19%，氮化物排放增量超过 100%，硫化物排放增加 95%，烟尘排放增加 59%。能效水平方面，能效水平的计算逻辑为实际用能量/实际供能量，分散式供热相较于集中式供热，区内能效为 145%，区内、区外综合能效约为 110.85%；集中式锅炉供热区内能效水平约为 118.26%，综合能效约为 103.65%。详细指标对比情况如表 5–31 所示。

表 5–31　　分布式、集中式方案对比表

属性	数值			
	分散式	集中式	差值	百分比（%）
设备投资费用（万元）	421 068	371 910	49 158	–11.67
年 CO_2 排放（t）	2 076 724	2 471 324	394 599	19.00
年 NO_x 排放（t）	63 852	182 059	118 207	185.13
年 SO_2 排放（t）	60 442	118 321	57 878	95.76
年烟尘排放（t）	45 254	67 500.7	22 246	49.16
区内能效（%）	145	118.26	26.74	–18.44
综合能效（%）	110.85	103.65	7.2	–6.5

因此，同时考虑投资合理性、清洁性及能效水平的情况下，选择分散式的方案更适合山东某地片区的能源互联网发展。

第三节　教育科研区区域级综合能源系统建设案例

一、项目概况

滨研院位于天津市滨海新区临港工业区科技园内，规划占地 30.89 万 m^2（约 450 亩），规划建筑面积 35.15 万 m^2，划分为四个功能区：研发区、孵化区、培训区及服务区。

一期工程已经建设完毕并投入使用，包括 3～5 号楼，共 5.56 万 m^2；二期工程中的燃料中心和精馏中心已经建设完毕并投入使用，精馏中心建筑面积 14 457m^2，燃料中心 8509m^2。精馏中心包括 24 号办公楼、26 号变电站、27 号厂房和 30 号办公楼。精馏中心 27 号厂房屋顶可利用面积约 8000m^2，可铺设光伏组件。3 号楼北侧空地未计划启动后续建设项目，可新建 1 座机房，用于布置三联供机组、储能电池、配电柜和监控屏柜等设施设备。精馏中心院内建有1座10kV变电站，即26号变电站，向精馏中心和燃料中心供电，主变容量1250kVA，共2台。具有良好的电网接入条件。

图5-24为滨研院总体规划平面图及卫星视图，图中编号代表各建筑物实际编号。

图5-24　滨研院总体规划平面图及卫星图

（一）太阳能资源

项目所在地天津纬度39.13°，经度117.2°，通过Meteonorm气象数据库查询1991～2010年天津地区太阳能逐时、逐月辐射量数据，得到各月平均太阳辐射量，如表5-32所示，年辐射总量为4820.4MJ/m^2。

表5-32　　Meteonorm 20年平均月太阳辐射量

月份	月平均辐射（kWh/m^2）	月平均辐射（MJ/m^2）
1	62	223.2
2	80	288
3	113	406.8
4	142	511.2
5	172	619.2
6	158	568.8
7	151	543.6
8	135	486
9	119	428.4

续表

月份	月平均辐射（kWh/m²）	月平均辐射（MJ/m²）
10	93	334.8
11	62	223.2
12	52	187.2
年总	1339	4820.4

（二）地热资源

在天津地区发育较好的热储层主要有：新近系明化镇组热储层（Nm）、馆陶组热储层（Ng）、古近系东营组热储层（Ed）。

下面就滨海项目附近的各热储层特征以及开采潜力分别进行描述：

（1）明化镇组热储层富水岩性主要为浅灰绿、黄色粉细砂岩和粉细砂岩夹中砂，顶板埋深440～470m，揭露厚度1150～1300m。砂层约占总厚的41.38%，目前水位埋深60m左右，平均孔隙度32.89%，单井涌水量50～80m³/h；出水温度38～55℃，水化学类型为HCO_3–Na型，矿化度1.0g/L左右。

本区新近系明化镇组热储目前尚未开发利用，根据本次计算的新近系明化镇热储地热流体可开采量分析，研究区明化镇组热储厚度大，岩性以中细砂岩、粉细砂岩为主，富水性好，在周边仅有零星开采，水位降幅较小，具有较强的开发潜力。

（2）馆陶组热储层岩性以粉细砂岩和含砾砂岩为主，其中底部沙砾岩赋水性差异较大，馆陶组顶板埋深1650～1750m，揭露厚度350～450m。砂层约占总厚度的59%左右，目前水位埋深70m左右，平均孔隙度为25.50%，单井涌水量40～80m³/h，出水温度58～70℃，水化学类型多为Cl•HCO_3–Na型，矿化度1.60～1.80g/L。本区新近系馆陶组热储目前尚未开发利用，研究区新近系馆陶组地热流体可开采量分析，新近系馆陶组地热流体为中等开采潜力区。

（3）东营组热储层富水岩性以砂岩和含砾砂岩为主，顶板埋深2100～2200m，揭露厚度300～500m。砂层约占总厚度的39%，平均孔隙度为24.74%，单井涌水量40～70m³/h，出水温度64～78℃，水化学类型为Cl•HCO_3–Na型，矿化度2.86～4.50g/L。

本区古近系东营组热储目前尚未开发利用，研究区古近系东营组地热流体可开采量分析，研究区周边地区古近系东营组地热井仅有T20–2和TR21，距研究区较远，且开采量较小，对研究区的影响较小可不予考虑。

在滨海项目起步区进行地热资源的利用时，可根据上述的地热资源条件确定合理的开发强度和用能方案。

（三）气象分析

项目所在地地处渤海湾，属于温带半湿润大陆季风气候，冬天气候干燥寒冷，夏季炎热多雨，春季温暖多风，秋季凉爽，温度适宜。

工程站址与处于滨海新区，与滨海新区区距离较近，参考滨海新区气象站提供的气象资料，各气象要素特征值如表 5-33 所示。

表 5-33　天津市滨海新区累年基本气象要素特征值

项目		单位	数据
气温	累年平均	℃	12.3
	累年极端最高	℃	40.9
	累年极端最低	℃	-15.4
气压	累年平均	HPa	1016.0
水气压	累年平均	HPa	11.8
降水量	累年平均年总量	mm	553.8
	累年一日最大	mm	191.5
风速	累年平均	m/s	4.1
	累年最大	m/s	27.0
雷暴	累年平均	次	24
	累年最多	次	41
	累年最少	次	13
沙尘暴	累年平均	日	1
	累年最多	日	3
大风	累年最多	日	69
结冰期	累年平均	日	108
	累年最长	日	123
	累年最短	日	93
冻土深度	累年最大	cm	59
积雪深度	累年最大	cm	26

（四）气象条件的影响

1. 气温的影响

本工程室外设备主要为光伏组件，工程所选光伏组件的工作温度范围-40～85℃，正常情况下光伏组件的工作温度可保持在环境温度 30℃的水平。

项目所在地累年平均气温为 12.3℃，累年极端最高气温 40.9℃，累年极端最低气温－15.4℃。因此按照项目所在地气温数据校核，光伏组件的工作温度在允许范围内，可以正常工作。

2. 风速的影响

本工程设计的光伏支架、设备机房的抗风能力按照累年最大风速 27m/s 设计，在此风速下光伏支架及设备机房不应损坏。

3. 雷暴的影响

本工程场址的累年平均雷暴发生次数为 24 次，最大为 41 次，应根据光伏组件布置区域面积及运行要求，合理设计防雷接地系统。

4. 沙尘暴的影响

本工程场址的累年平均沙尘暴发生天数为 1 天，最多为 3 天，室外设备的防护等级不应低于 IP65，且系统建成后，应注意室外设备，特别是光伏组件的清洁工作。

5. 降水的影响

本工程场址的累年平均年总降水量 553.8mm，累年日最大降水量 191.5mm，室外设备的防护等级不应低于 IP65，并光伏支架进行防锈处理，室外布置的线缆槽盒应做防水处理。

二、项目规划方案

（一）示范点电负荷需求

精馏中心共有三座耗电建筑，分别是 24 号办公楼，27 号厂房和 30 号实验楼，26 号变电站不在电负荷需求分析范围内。精馏中心总设计负荷 1055kW，厂房用电负荷占比 46.7%。精馏中心于 2015 年 8 月正式投入使用，每周工作 5 天，周六日休息。精馏中心 3 个月内累计耗电量 105 735kWh，平均每月耗电量 35 245kWh，每月按 22 天工作日计算，则工作日平均每天耗电量 1602kWh。

据此，对精馏中心进行工作日逐时电负荷预测，休息日电负荷按 0 计算。需要说明的是，电负荷预测结果仅包含普通照明负荷、工艺电源负荷、电脑等耗电设备，并不包含消防安全用电的电力消耗。

1. 用电负荷统计

首先对精馏中心用电负荷及用电习惯进行统计，24 号楼和 30 号楼共计办公室 60 间，每间办公室装备 2 台电脑，每台电脑按 300W 计算，每间办公室安装 4 盏照明灯，每盏灯按 40W 计算；27 号楼厂房共有照明灯具 50 盏，每盏灯按 200W 计算；通过与精馏中心生产负责人了解得知，厂房在投入生产后，生产设备最大用电负荷 200kW 左右，正常用电负荷在 150kW 左右。据此可得精馏中心总负荷约

255.6kW。

2. 用电习惯

精馏中心周一至周五为工作日，正常上班，周六周日为休息日，无加班。工作日期间用电习惯按下表计算，全年工作日习惯相同；休息日期间用电负荷为0。

3. 电负荷预测

根据以上设定，可以得到精馏中心工作日电负荷数据及曲线如下。最大负荷为252.4kW，最小负荷为0。全天用电量2159.2kWh，比实际日均耗电量1602kWh大 557.2kWh，考虑到精馏中心刚刚投入使用，用电负荷尚未稳定，还在增加阶段，因此可以认为本负荷预测结果在合理范围内。典型日电负荷曲线如图 5-25 所示。

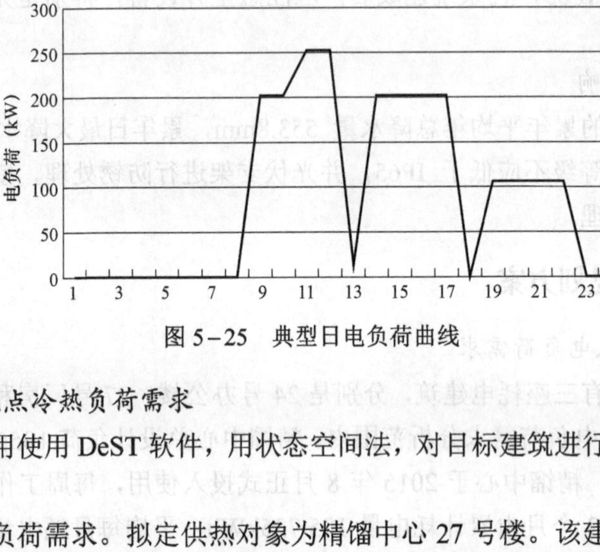

图 5-25　典型日电负荷曲线

（二）示范点冷热负荷需求

本报告利用使用 DeST 软件，用状态空间法，对目标建筑进行全年逐时冷热负荷需求预测。

示范点热负荷需求。拟定供热对象为精馏中心 27 号楼。该建筑物为标准工业厂房，根据 27 号楼暖通系统设计图纸可知厂房总体热负荷设计指标如表 5-34～表 5-36。

表 5-34　室外设计参数

季节	通风温度（℃）	采暖温度（℃）	室外风速（m/s）	最大冻土深度（cm）
冬季	-4	-8	4.4	69

表 5-35　室内设计参数

房间名称	精馏设备加工车间	卫生间	更衣室
冬季温度（℃）	8	16	22

表 5-36　　室内设计参数

房间名称	精馏设备加工车间	配电室、卫生间	精馏设备加工车间（实验区）
换气次数（次/h）	1	8	8

（1）系统设计指标。单体建筑面积为 7175.9m²；系统采暖热量（设计热负荷）为 351.6kW；采暖热指标为 49W/m²。

（2）逐时热负荷预测。本报告以设计院给定的设计热负荷为依据，进行建筑物逐时热负荷预测，供暖期为 11 月 1 日～次年 3 月 31 日。全年 8760h 逐时热负荷预测最大热负荷 376.64kW。从结果可以看出，热负荷预测结果与设计热负荷非常接近，可以认为热负荷预测结果在合理范围内。

从图 5-26 可以看出，热负荷从 11 月开始逐渐升高，1 月下旬至 2 月上旬这一时间段达到最大，然后逐渐降低，直至供暖期结束，与供暖期温度先逐渐降低，后逐渐升高的趋势相同。选取 1 月 24 日作为典型日进行分析。

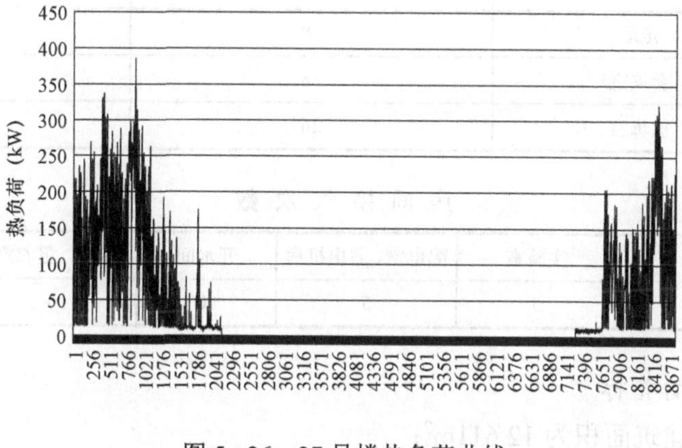

图 5-26　27 号楼热负荷曲线

供暖期典型日热负荷曲线如图 5-27 所示。从图 5-27 可以看出 0～8 点，环境温度低，热负荷较大，白天环境温度逐渐升高，热负荷逐渐降低，当太阳落山后，环境温度逐渐下降，热负荷逐渐升高。

（三）示范点冷负荷需求

本工程拟供冷区域为 3 号楼二层 1500m² 区域，厂房总体冷负荷设计指标如表 5-37～表 5-39 所示。

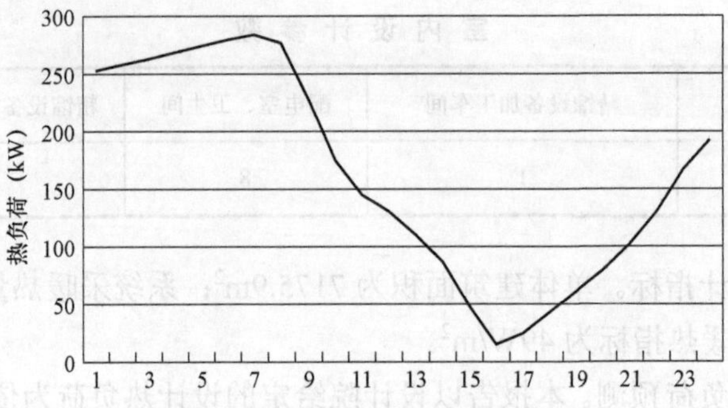

图 5-27　供暖期典型日热负荷曲线

表 5-37　　室外设计参数

季节	空调温度（℃）	通风温度（℃）	室外风速（m/s）
夏季	31.4	29	4.4

表 5-38　　室内设计参数

房间名称	夏季温度（℃）	夏季相对湿度（%）
生活泵房、水箱间	—	40～65
卫生间、走道	28	—
实验室、会议室	26	—
办公室、值班室	26	—

表 5-39　　房间换气次数

房间名称	实验室	配电室、弱电机房	开水间	淋浴、更衣室	卫生间
换气次数（次/h）	5	5	10	10	10

1. 系统设计指标

（1）单体建筑面积为 12 611m^2；

（2）空调系统冷量（设计冷负荷）为 1483.2kW；

（3）二层建筑面积为 2485m^2；

（4）折合二层 1500m^2 区域冷负荷为 176.6kW。

2. 逐时冷负荷预测

本报告以设计院给定的设计冷负荷为依据，进行建筑物逐时冷负荷预测，空调期为 6 月 1 日～9 月 30 日。全年 8760h 逐时热负荷预测最大冷负荷 185.47kW。从结果可以看出，冷负荷预测结果与设计冷负荷非常接近，可以认为冷负荷预测结果在合理范围内如图 5-28 所示。

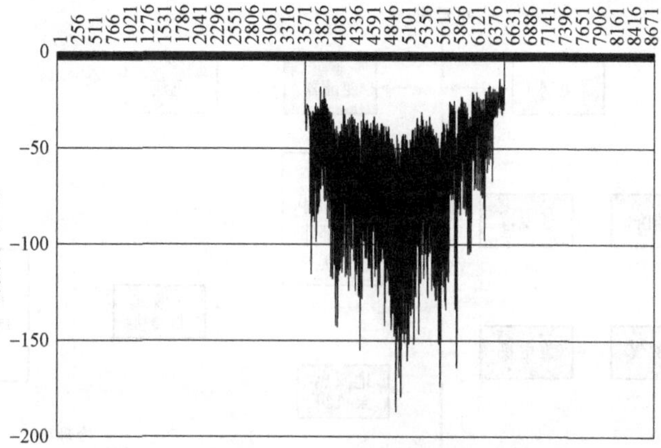

图 5-28　3 号楼二层部分区域冷负荷曲线

选取 7 月 28 日作为典型日进行分析，空调期典型日冷负荷曲线如图 5-29 所示。

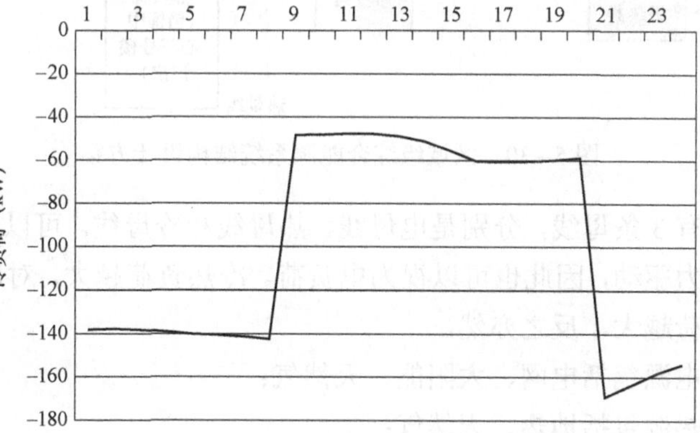

图 5-29　典型日冷负荷曲线

本工程可再生能源总装机容量制冷工况下为 1001.18kW、制热工况下为 1100.88kW，其中光伏发电 605.88kWp，地源热泵系统制冷功率为 115.3kW、制热功率为 135kW，光热系统制热功率 240kWp；配置冷热电联产系统，燃气内燃机组额定发电功率为 120kW，溴化锂机组额定制冷功率为 150kW，额定制热功率为 120kW；同时配置 450kWh 电池储能用于可再生能源调节。

（四）结构设计方案

本工程为冷热电联供型区域级综合能源系统，兼具储电/蓄热装置，结构复杂，各系统之间存在耦合关系，需按照能源网系统设计，如图 5-30 所示。

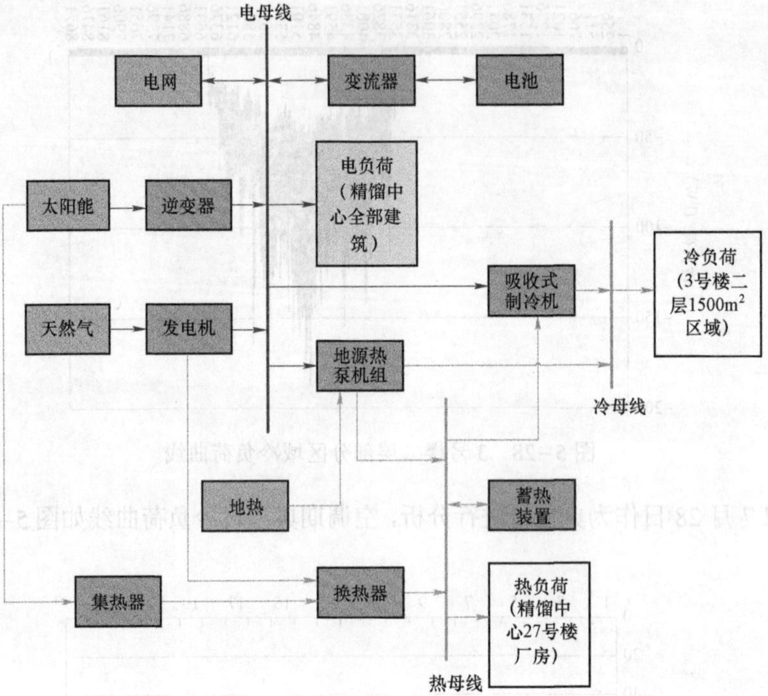

图 5-30　区域级综合能源系统结构设计方案

系统设置有 3 条母线，分别是电母线、热母线和冷母线。可以看出供热、供冷设备均需要电力驱动，因此也可以视为电负荷。冷热负荷越大，对应机组的耗电量越大，即电负荷越大，反之亦然。

（1）系统电源包括电网、太阳能、天然气；

（2）系统热源包括地热、天然气；

（3）系统冷源包括地热、天然气；储电设备为蓄电池；蓄热装置为蓄热水箱。

（五）方案配置

1. 光伏发电

在精馏中心 27 号楼厂房屋顶铺设 605.88kW 光伏组件，分为两组，通过 12 台 50kVA 光伏逆变器接入上级电网。

2. 冷热电联产

本工程建设 1 套冷热电联供系统，燃气内燃机发电机组额定发电功率 120kW，烟气热水型溴化锂吸收式冷温水机组额定制冷功率 150kW，制冷 *COP* 为 1.3，额定制热功率 120kW，制热 *COP* 为 1。

3. 地热源热泵

本工程建设一套115.3kW制冷/135kW制热的地热源热泵系统，与水蓄冷/热储能设备配套使用，对冷热负荷进行供能。

4. 储能电池

本工程配置450kW×1h铅碳蓄电池组，作为电力调节单元，与分布式电源一起组成微电网系统。

5. 蓄冷/热储能

本工程建设1套15m^{3}的冷/热水储能设备，与光热系统、地热源热泵配合工作，对冷热供能进行调节。

三、项目能效评估

应用综合能源微网系统一体化设计软件进行方案设计，通过软件仿真计算，得到最优的系统容量配置方案。优化设计过程中主要考虑如下设计要素。

（一）优化目标

经济最优，即全寿命周期内总成本最低。

（二）输入数据

（1）电负荷预测数据：电负荷预测结果。

（2）热负荷预测数据：热负荷预测结果。

（3）冷负荷预测数据：冷负荷预测结果。

（4）全年逐时太阳能辐射数据：Meteonorm 20年平均月太阳辐射量数据。

（5）主要系统成本参数见表5-40。

表5-40　　主要系统成本表

系统名称	初建成本（元/W）	更新维护成本（元/Wp/年）	使用寿命（年）	备注
光伏发电系统	6	0.02	25	水费+人工费
储能电池	1.1	0.97	10	免维护，需更新
储能变流器	1.25	0	25	
三联供系统	5.8	0.01	20	（1）按发电机组额定功率计算单位成本； （2）维护成本包括补水、检修及人工
地源热泵系统	1.67	0.02	20	按制热功率计算单位成本，维护成本包括补水、检修及人工

（6）电价按天津市一般工商业峰谷电价计算（见表5-41）。

表 5-41　天津市一般工商业峰谷电价

项目	峰	平	谷
电价（元/kWh）	1.213 3	0.793 3	0.393 3
时间段	8:00～11:00，18:00～23:00	7:00～8:00，11:00～18:00	23:00～07:00

（7）天然气价格按照天津市统一天然气价格计算为 2.77 元/m³。

（三）约束条件

（1）系统运行电功率平衡。

（2）系统运行冷源/荷平衡。

（3）系统运行热源/荷平衡。

（4）燃机运行容量及最小运行功率约束。

（5）储能系统在蓄能或者放能的过程中必须满足储能的 SOC 运行上、下限，而储能系统在初始蓄能时的剩余能量必须同储能系统结束运行时的剩余能量相等；储能系统除能量约束外，运行时实际充放电功率也有限制；同时，由于储能系统内在特性的特殊性，蓄电池不能同时充放电；考虑储能系统的寿命，尽量减少储能系统的充放电次数。

（四）优化设计方案

应用综合能源一体化设计软件对系统进行容量优化设计。

1. 优化目标

经济最优：系统全寿命周期内（20 年）总成本最低。

2. 设备构成

设备容量优化配置方案如表 5-42 所示。

表 5-42　设备容量优化配置方案

序号	设备名称	单位	容量
1	光伏	kWp	605.88
2	发电机	kW	120
3	吸收式制冷机组	kW	150
4	地源热泵	kW	135 热/115.3 冷
5	电池储能	kWh	450
6	变流器	kVA	450
7	蓄热容量	kWh	875 热/262.5 冷

3. 成本分析

通过优化设计软件仿真可得系统全寿命周期内各项成本如表 5-43 所示，20

年内系统总成本为1067.3万元，其中初建成本为585.5万元，运行维护成本（更新成本、运维成本和燃料成本之和）为481.8万元。

表5-43　　系统成本分析　　（万元）

类型	初建成本	更新成本	运行维护成本	燃料	总计
光伏	357	0	23.8	0	380.8
发电机	25	0	0	398.5	423.5
地源热泵	50	0	13.6	0	63.6
吸收式制冷机	31	0	2.4	0	33.4
电池	50	43.5	0	0	93.5
变流器	56.3	0	0	0	56.3
蓄热装置	16.2	0	0	0	16.2
系统	585.5	43.5	39.8	398.5	1067.3

4. 系统供能能力

通过软件仿真计算可得各系统全年供电、供冷、供热的详细数据，由于软件本身在设计时加入了“源—荷平衡”约束条件，因此可以得到如下结论：

（1）全部电源的年供电量—分布式电源上网电量等于全年电负荷耗电量。

（2）全部冷源的年供冷量与全年冷负荷相当。

（3）全部热源的年供热量与全年热负荷相当。

由表5-44可以看出，系统投入运行后，光伏发电量占全部电源发电量的比例为66.36%。需要说明的是本次仿真中光伏安装倾角全部按5°计算。

表5-44　　系统供电

设备	发电量（kWh/年）	比例（%）
光伏	652 994.18	66.36
其中上网电量	0	
燃气内燃机发电机组	130 254.67	13.24
其中上网电量	0	
电网购电	200 826.99	20.4
总计	984 075.84	100

由表5-45可以看出，系统投入运行后，依靠地源热泵、三联供机组和光热系统供热，可以满足热负荷需求。

表 5-45　　系统供热

设备	供热量（kWh/年）	比例（%）
地源热泵	86 331.38	27
三联供	76 739.00	24
光热系统	153 478.00	49
总计	316 548.39	100

由表 5-46 可以看出，系统投入运行后，依靠地源热泵、三联供机组和光热系统供冷，可以满足冷负荷需求。

表 5-46　　系统供冷

设备	供冷量（kWh/年）	比例（%）
三联供	63 074.87	28.42
地源热泵	48 483.55	21.84
太阳能光热系统	110 381.03	49.73
总计	221 939.46	100

（五）考核指标校验

示范工程考核指标要求示范工程的总装机不低于 1MW，可再生能源能量渗透率大于 60%，孤网运行且可再生能源充足情况下的可再生能源功率渗透率大于 70%，微网正常运行状态下光伏发电接纳能力为 100%。

规定并网运行时，电部分、冷热部分的能量渗透率均大于 60%，则判定可再生能源能量渗透率大于 60%。具体计算方法如下：

（1）可再生能源能量渗透率电部分=（光伏发电量−地源热泵制热耗电量−循环水泵等附属设备所耗电量）/总电力负荷电量=（114 354.60−16 381.25−7731.90）/138 470.00=65.17%。

（2）由于微网供热环节未引入其他热源，示范项目可再生能源渗透率热部分为 100%。

可以看出，按照规定的计算方法，本工程可再生能源能量渗透率电部分为 65.17%，冷热部分为 100%，可以判定可再生能源能量渗透率大于 60%。

另外，本微网为并网系统，且按照“自发自用，余电上网”进行接入系统设计，当微网内用电负荷小于光伏发电时，盈余电量可以倒送电网。因此正常状态下，光伏所发电能能够实现 100%消纳。

小　结

本章采用混合经济区、工业聚集区、教育科研区等三种类型区域的区域级综合能源系统建设方案分析，通过项目概况、项目规划方案、项目能效评估等三个方面阐述案例。通过区域级综合能源系统的建设，各区域的用能水平、用能效率均有较大提升。

思考题

1. 各类型区域的区域级综合能源系统的特点是什么？
2. 区域级综合能源系统建设的效能评估方法有哪些？
3. 简述各类型区域的区域级综合能源系统在提升能源利用效率的特征？

附录　综合能源设备特性表

附表　　综合能源设备特性表

<table>
<tr><th colspan="4">设备</th><th>参数</th><th>数值</th></tr>
<tr><td rowspan="3">电力生产设备</td><td colspan="3">风电</td><td>总转化效率</td><td>0.22</td></tr>
<tr><td colspan="3">光伏</td><td>光—电转化效率</td><td>0.17</td></tr>
<tr><td colspan="3">生物质发电</td><td>系统发电效率</td><td>0.3</td></tr>
<tr><td rowspan="20">能源转换设备</td><td rowspan="10">“电转 X”耦合设备</td><td>电—气耦合设备</td><td>电制氢设备</td><td>能效比</td><td>0.5</td></tr>
<tr><td rowspan="8">电—热耦合设备</td><td>电锅炉</td><td>电—热转化效率</td><td>0.95</td></tr>
<tr><td>蓄热锅炉</td><td>热效率</td><td>0.96</td></tr>
<tr><td rowspan="2">地源热泵</td><td>制热能效比</td><td>4</td></tr>
<tr><td>制冷能效比</td><td>4.5</td></tr>
<tr><td rowspan="2">空气源热泵</td><td>制热能效比</td><td>3</td></tr>
<tr><td>制冷能效比</td><td>4</td></tr>
<tr><td rowspan="2">水源热泵</td><td>制热能效比</td><td>4</td></tr>
<tr><td>制冷能效比</td><td>4.5</td></tr>
<tr><td>电—冷耦合设备</td><td>电制冷机</td><td>能效比</td><td>3</td></tr>
<tr><td rowspan="9">“气转 X”耦合设备</td><td rowspan="4">气—电耦合设备</td><td rowspan="2">燃气轮机</td><td>气—电转化效率</td><td>0.33</td></tr>
<tr><td>热转换效率</td><td>0.47</td></tr>
<tr><td rowspan="2">燃气内燃机</td><td>气—电转化效率</td><td>0.4</td></tr>
<tr><td>热转换效率</td><td>0.35</td></tr>
<tr><td>气—热耦合设备</td><td>燃气锅炉</td><td>气—热转化效率</td><td>0.9</td></tr>
<tr><td rowspan="2">气—电/热耦合设备</td><td rowspan="2">热电联产（CHP）机组</td><td>气—热转化效率</td><td>0.45</td></tr>
<tr><td>气—电转化效率</td><td>0.3</td></tr>
<tr><td rowspan="2">气—电/热/冷耦合设备</td><td rowspan="2">CCHP</td><td>气—热转化效率</td><td>0.45</td></tr>
<tr><td>气—电转化效率</td><td>0.3</td></tr>
<tr><td colspan="2">热转冷耦合设备</td><td>溴化锂吸收式制冷机组</td><td>热—冷转化效率</td><td>0.9</td></tr>
<tr><td rowspan="4">能源存储设备</td><td colspan="2">储电设备</td><td>储能电池</td><td>利用效率</td><td>0.8～0.9</td></tr>
<tr><td colspan="2">储热设备</td><td>蓄热箱</td><td>利用效率</td><td>＜0.6</td></tr>
<tr><td colspan="2">储冷设备</td><td>蓄冰槽</td><td>利用效率</td><td>＜0.6</td></tr>
<tr><td colspan="2">储气设备</td><td>储气罐</td><td>—</td><td>—</td></tr>
</table>

参 考 文 献

［1］程浩忠，胡枭，王莉，等．区域综合能源系统规划研究综述［J］．电力系统自动化，2019，43（7）：1-13.

［2］崔全胜，白晓民，董伟杰，等．用户侧区域级综合能源系统规划运行联合优化［J］．中国电机工程学报，2019，39（17），4968-4981.

［3］于波，孙恒楠，项添春，等．区域级综合能源系统规划设计方法［J］．电力建设，2016，37（2）：82-88.

［4］付建民，杨斌，王小君，等．考虑建筑储能特性的高铁站区域级综合能源系统规划方法[J]．电力建设，2020，41（3）：13-22.

［5］黎静华，黄玉金，张鹏．区域级综合能源系统多能流潮流计算模型与方法综述［J］．电力建设，2018，39（3）：1-11.

［6］赵瑾，雍静，郇嘉嘉，等．基于长时间尺度的园区区域级综合能源系统随机规划［J］．电力自动化设备，2020，40（3）：68-73.

［7］孙强，高松，谢典，等．协调可靠性与经济性的园区区域级综合能源系统优化规划［J］．电力系统及其自动化学报，2020，32（4）：76-82.

［8］张利军，王一铮，陈飞，等．计及能源网络特性的区域级综合能源系统最优协调规划［J］．电力科学与技术学报，2020，35（1）：3-13.

［9］马文晓，白晓民，沐连顺．基于人工神经网络和模糊推理的短期负荷预测方法［J］．电网技术，2003，27（5）：29-32.

［10］杜琳，孙亮，陈厚合．计及电转气规划的区域级综合能源系统运行多指标评价［J］．电力自动化设备，2017，37（6）：110-116.

［11］闻旻，刘育权，胡枭，等．含分布式供能设备的区域级综合能源系统规划评价［J］．电测与仪表，2018，55（21）：68-74.

［12］周鹏程，吴南南，曾鸣．区域级综合能源系统建模仿真规划调度及效益评价综述与展望［J］．山东电力技术，2018，45（11）：1-5.

［13］陈彬彬，孙宏斌，尹冠雄，等．区域级综合能源系统分析的统一能路理论（二）：水路与热路［J］．中国电机工程学报，2020，40（7）：90-99+350.

［14］王文学，胡伟，孙国强，等．电一热互联区域级综合能源系统区间潮流计算方法［J］．电网技术，2019，43（1）：99-111.

［15］黎静华，黄玉金，张鹏．区域级综合能源系统多能流潮流计算模型与方法综述［J］．电力

建设，2018，39（3）：1-11.

［16］ 曾鸣，刘英新，周鹏程，等. 区域级综合能源系统建模及效益评价体系综述与展望［J］. 电网技术，2018，42（6）：1697-1708.

［17］ 宋阳，张新鹤，王磊. 捆绑合作模式下计及综合能源服务商新型项目的低碳调度［J］. 电力建设，2019，40（3）：13-20.

［18］ 田园园，廖清芬，刘涤尘，等. 面向综合能源供给侧改革的城市配网规划方法［J］. 电网技术，2016，40（10）：2924-2933.

［19］ 郭祚刚，喻磊，胡洋，等. 基于合作博弈的综合能源服务商现货市场风险规避策略［J］. 中国电力，2019，52（11）：28-34.

［20］ 田立亭，程林，郭剑波，等. Multi-energy System Valuation Method Based on Emergy Analysis［J］. 电网技术，2019，43（8）：2925-2933.

［21］ 宫建锋，曹雨晨，胡志冰，等. Energy Management of Industrial Park Integrated Energy System Based on Improved Genetic Algorithm［J］. 电力建设，2019，40（8）：51-58.

［22］ LUMBRERAS S，RAMOS A.The new challenges to transmission expansion planning. Survey of recent practice and literature review［J］. Electric Power Systems Research，2016，134（May）：19-29.

［23］ GEORGILAKIS P S，HATZIARGYRIOU N D.A review of power distribution planning in the modern power systems era：Models，methods and future research［J］. Electric Power Systems Research，2015，121（121）：89-100.

［24］ Conrado Borraz-Sánchez，Bent R，Backhaus S，et al.Convex Relaxations for Gas Expansion Planning［J］. Informs Journal on Computing，2016，28（4）：645-656.

［25］ Geidl M，Andersson G. Optimal Power Flow of Multiple Energy Carriers［J］. IEEE Transactions on Power Systems，2007，22（1）：145-155.

［26］ UNSIHUAY C，MARANGON-LIMA J W，Souza A C Z D. Integrated Power Generation and Natural Gas Expansion Planning［C］//2007 IEEE Lausanne Power Tech，July 1-5，2007，Lausanne，Swizerlan.New York：IEEE，2008：1404-1409.

［27］ ZHANG X，SHAHIDEHPOUR M，ALABDULWAHAB A，et al. Optimal expansion planning of energy hub with multiple energy infrastructures［J］. IEEE Transactions on Smart Grid，2017，6（5）：2302-2311.

［28］ SHAO C，SHAHIDEHPOUR M，WANG X，et al. Integrated planning of electricity and natural gas transportation systems for enhancing the power grid resilience［J］. IEEE Transactions on Power Systems，2017，32（6）：4418-4429.

［29］ ZHANG XIAOHUI，LIU XIAOYAN，ZHONG JIAQING，GAO WENBO. Electricity-gasintegrated energy planning based on reward and penalty ladder-type carbon trading cost [J]. Generation, Transmission & Distribution, IET, 2019, 13 (23): 5263-5270.

[30] FENG W, JIAN GANG S. A Method for Estimating Structural Hysteretic Energy based on Modal Energy Analysis[J]. Journal of Dalian Nationalities University, 2014, 16(3): 297-301, 314.

[31] ZHOU H, XUE X L, YANG W S. Simulation Technology of Environmental Impacts by Zero-energy Residential Buildings Based on Emergy Analysis Method [J]. Journal of Harbin Institute of Technology, 2014, 21 (3): 38-45.

[32] Lindkvist, Carmel, Juhasz-Nagy, Eszter, Nielsen, Brita Fladvad, Neumann, Hans-Martin, Lobaccaro, Gabriele, Wyckmans, Annemie. Intermediaries for knowledge transfer in integrated energy planning of urban districts [J]. Technological forecasting and social change, 2019, 142 (MAY): 354-363.

[33] TAYLOR J A, HOVER F S. Convex models of distribution system reconfiguration [J]. IEEE Transactions on Power Systems, 2012, 27 (3): 1407-1413.

[34] BARATI F, SEIFI H, SEPASIAN M S, et al.Multi-period integrated framework of generation, transmission, and natural gas grid expansion planning for large-scale systems [J]. IEEE Transactions on Power Systems, 2015, 30 (5): 2527-2537.

[35] UNSIHUAY-VILA C, MARANGON-LIMA J W, SOUZA A C Z D, et al. A model to long-term, multiarea, multistage, and integrated expansion planning of electricity and natural gas systems [J]. IEEE Transactions on Power Systems, 2010, 25 (2): 1154-1168.

[36] HU Y, BIE Z, DING T, et al. An NSGA-II based multi-objective optimization for combined gas and electricity network expansion planning [J]. Applied Energy, 2016 (167): 280-293.

[37] PAZOUKI S, MOHSENZADEH A, ARDALAN S, et al. Optimal place, size, and operation of combined heat and power in multi carrier energy networks considering network reliability, power loss, and voltage profile [J]. IET Generation Transmission & Distribution, 2016, 10 (7): 1615-1621.

[38] HE J, CHEN L, XU F, et al. Optimal planning of clean heating with renewable energy sources [C] //2017 IEEE International Conference on Energy Internet, April 17-21, 2017, Beijing, China.New York: IEEE, 2017: 1-6.

[39] Hafez O, Bhattacharya K. Optimal planning and design of a renewable energy based supply system for microgrids [J]. Renewable energy, 2012, 45 (3): 7-15.

